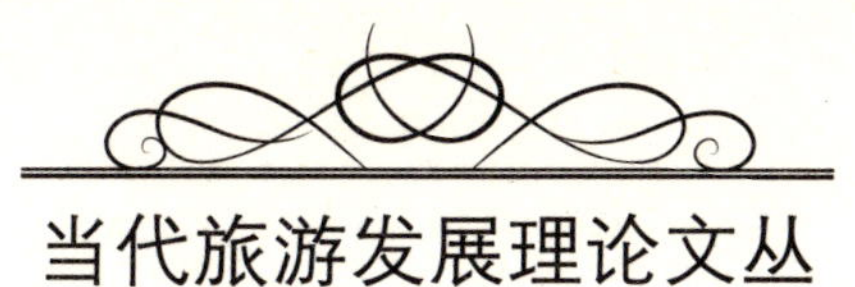

当代旅游发展理论文丛

中国旅游经济监测与预警研究

A Monitoring and Early Warning System of Chinese Tourism Economy

戴斌 周晓歌 李仲广 等著

北京·旅游教育出版社

国家哲学社会科学基金资助项目(10BG&050)

国家旅游局年度重点研究项目

中国旅游研究院标志性学术成果建设项目

《当代旅游发展理论文丛》总序

改革开放以来,我国旅游业从小到大,由弱变强,实现了历史性跨越发展。2012 年我国国内旅游达 29.6 亿人次,是世界上第一大国内旅游市场;接待入境旅游者人数 1.32 亿人次,国际旅游外汇收入 500 亿美元,居全球第四位;国内居民出境旅游人数 8318 万人次,花费 1020 亿美元,已超过德国和美国,成为世界第一大出境旅游市场和旅游消费支出国。当前,我国正在朝着世界旅游强国加速迈进,旅游业的发展环境正面临转折与变革。旅游成为人民生活水平提高的一个重要指标,也是实现"中国梦"的重要组成部分。美丽中国建设正期待旅游业发挥其产业优势和市场潜力率先担起这一历史重任,人民群众正期待旅游业成为令他们更加满意的现代服务业。

旅游业发展面临新形势、新任务,对理论研究也提出了更高、更加迫切的需求,我国旅游业的发展开始进入用理论指导实践的新阶段。改革开放之初,我国新时代的旅游研究和实践同时起步。在过去 30 多年里,我国旅游研究有了一定的积累与沉淀,从引进国外研究理论及成果,到结合旅游产业实践开展研究,获得了一些认识,形成了若干理论成果,对于实践发展起到了较好的支撑作用。但是近些年来,随着旅游研究和实践各自的加速发展,在前进方向上二者出现了偏离,特别表现在相对于旅游产业实践,旅游理论研究表现出一定的脱节和滞后现象。在追求逻辑自洽的自生性机制驱动下,旅游理论研究在方法论和表现形式上出现了工具理性多于价值理性的倾向,对策研究往往被学术圈的人士认为没有理论水平和学术含量,学术期刊发表的所谓主流范式的论文因没有实质内容或创见性的观点又让业界人士敬而远之。我们看到,尽管旅游研究成果从数量上非常丰富,但在支撑产业发展的基础理论领域还缺乏有分量的系统研究成果,学术研究不能真正把握产业运行各方的利益博弈态势,还没有真正形成引领产业发展且具有深邃思想的理论体系。无论是对当代发展理念的阐释,还是发展路径的选择,以及旅游产业未来可能的演化方向,旅游理论建设都明显滞后于时代的发展,使得旅游研究面临被旅游产业主体和更大范围内的学术圈边缘化的尴尬境地。

我国旅游业的发展对理论研究的需求从来没有像现在这么紧迫，以创新的当代旅游发展理最大限度凝聚社会共识也比以往任何时候更加重要。同时，中国日益成为全球旅游业中的重要组成部分，其影响和地位逐步上升，我们不仅有责任在旅游产业方面为全球做出贡献，在理论发展方面也要为世界旅游发展思想库提供中国的理论样本。在这一背景下，中国旅游研究院倡议集中学界、业界之合力，立足中国国情，围绕当代旅游发展的基础理论和重大问题、关键问题进行系统研讨，出版一套《当代旅游发展理论文丛》，这是于旅游产业实践和理论研究都有大功的好事，我理应给予支持。

是为序。

杜江　博士

国家旅游局副局长

2013 年 5 月 10 日

前　言

受国家旅游局委托和国家哲学社会科学基金资助，由中国旅游研究院院长戴斌教授主持的《中国旅游经济监测与预警研究》项目，是我国旅游理论研究和产业实践的一项重大基础工程。经过4年的理论建设和实践检验，已经形成了相对成熟的研究成果和行之有效的工作体系。

随着我国旅游经济进入大众化发展阶段，需求面形成了以国内旅游为基础，国内旅游、入境旅游和出境旅游三大市场协调发展的新格局，供给面则呈现出传统的旅行社、饭店、景区行业存量重组变革，境内外不同所有制投资主体共同推动业态创新等特征。2009年12月，国务院颁布《关于加快发展旅游业的意见》，明确提出把旅游业培育成为"国民经济的战略性支柱产业和人民群众更加满意的现代服务业"的战略方针，旅游业与第一、第二和第三产业的融合开始加速。加上旅游大国地位的不断稳固，我国与世界旅游乃至世界经济、政治、外交领域的联系越来越密切。在这一背景下，以当代旅游发展理论为指导，加强旅游经济运行的预见性，并进行有针对性的宏观调控无疑具有十分明显的现实意义。

中国旅游研究院的建院定位是"促进中国旅游产业发展和国际交流的政府智库、业界智囊、学术高地"。本项目的目标和任务都很明确，就是要将研究对象从传统的旅游市场、旅游产业扩展到包括旅游需求、旅游供给、政策设计与行政监管、旅游服务贸易在内的整个旅游经济系统，推动国家和地方旅游行政主管部门在微观规制和市场推广等传统工作内容的基础上，以宏观思维、宏观变量和全局意识对旅游经济进行宏观调控和分类指导，也为旅游理论研究提供丰富的即时数据支持，为面向政府的政策建议奠定扎实的实证基础。在项目研究和实践转化的过程中，旅游研究特别是旅游经济研究领域得到了有效的拓展，也在事实上推动了旅游主管部门工作方式的转变，目前已成为研究院的标志性学术成果和国家旅游局的年度性的重点工作，季度、半年、全年和中长期旅游经济形势分析就是在此基础上展开的。

随着研究的不断深入和成果转化的累积，项目自身的理论总结和学术提升日显必要。《中国旅游经济监测与预警研究》项目主要从以下几方面展开：首先，注重在日常研究报告中加以总结提炼，形成前期的理论积累，逐步形成了当代旅游经济发展理论的雏形。其次，申请国家哲学社会科学基金研究项目，授受更大范围内专家学者群体的评价与检验，强化理论研究的规范性，并取得了若干阶段性的学术成果。最后，成立研究小组进行专题研究，最终形成本书的主体内容。在本书写作和理论建构的过程中，我们始终坚持学术研究的基本原则，从理论准备、理论框架、理论检验、理论成果和理论应用五个方面进行系统总结提炼。基于宏观经济预警理论和产业实践的"中国旅游经济监测和预警模型"构建了一套科学性和实用性兼容的指标体系，并在定期监测的过程中进行验证和模型优化。综合市场调查、业界访谈、专题研讨等研究方法，确保各个相对独立的监测模块在规范运作的基础上实现有机整合，从而保证了政府决策机构对旅游经济运行的总体判断、问题确认、趋势预测和政策设计建立在真实可靠的学术基础上，并及时回应政府和业界对重大现实问题的关切。

在项目研究和成果应用的过程中，课题组先后得到了政府、旅游业界和学术机构以及专业学者的关心、支持和帮助。作为国家旅游局连续开展的年度重点项目，邵琪伟局长、王志发副局长、杜一力副局长、杜江副局长、祝善忠副局长和党组成员、规划财务司吴文学司长一直关注本项目的进展，并结合定期旅游经济形势分析会给予具体的指导。政策法规司刘小军司长、张海燕副司长和统计处黄雅萍处长以及蒋正鸣、张梅、赵成等领导和同志们更是直接参与了项目的研究过程，并在经费、数据和调研方面给予课题组以务实高效的支持。基于该项目申报的"中国旅游经济运行预警模型及其应用"获得国家社会科学基金项目资助(10BG&050)，中国旅游研究院的李仲广、宋子千、马晓龙、蒋依依、唐晓云、杨宏浩、杨彦锋、战冬梅、杨劲松、夏少颜等同志作为课题组主要成员参加了该项研究工作。事实上，由于本项目是中国旅游研究院的基础性学术工程和重点研究项目，几乎所有的研究人员、工作人员和研究助理都不同程度参与了本项工作，并贡献了他们的才智和力量。

本书由戴斌、周晓歌和李仲广执笔负责主体内容的写作并负责全书的定稿工作。对本书成稿做出贡献的人员还包括：宋子千博士牵头负责第五章的写作，李创新博士参与研究思路部分的写作，清华大学媒介调查实验室赵曙光博士负责旅游意愿监测模型的设计和旅游市场景气调查，陈旭博士负责旅游经济景气指标信号图设计制作，阎霞硕士负责定性评价的定量转换模型设计。本书的出版还得到旅游教育出版社的大力支持，在此一并致以真诚的谢意。

中国旅游经济监测与预警系统是仍然处于建设发展期的探索性研究项目，本书作为该项目的阶段性理论总结，除了文中坦承的不足之处，一定还有不少缺憾与不足，恳请学术界和旅游业界批评指正，共同推动有中国特色的旅游发展理论体系的建设与完善。

目　录
CONTENTS

第一章
导论

中国旅游经济已经步入国民常态消费为主的大众旅游初级阶段。随着旅游业综合功能的发挥,其战略意义开始得到国家层面的高度重视,我国旅游业正处于前所未有的战略机遇期。如何科学把握大众旅游时期的产业运行特征和发展趋势,为科学决策提供理论依据,不仅是政府和业界迫切需要解决的现实问题,更是当前旅游学术研究切实服务于产业实践和社会发展的主要任务。

第一节　研究背景

一、问题提出

近年来,随着我国经济社会发展持续向好,旅游需求和市场规模日益扩大,产业供给及市场结构日趋完善,我国旅游经济已经进入了以国民旅游需求大规模释放为典型特征的大众旅游发展初级阶段。旅游业对于社会经济发展的促进作用日益凸显,已经成为国家战略体系的有机组成部分。为了保持旅游经济持续健康发展,旅游主管部门、旅游企业和国家宏观决策部门亟须加强对旅游经济运行的预见性和相应的调控能力。

(一)旅游业应对外部冲击和加强宏观指导的需要

近年来,我国国内旅游与出境旅游市场总体仍然保持较高的增长,但入境旅游市场增幅下降明显,国民的旅游消费信心和消费意愿也出现一定程度的波动。2008 年,为了应对国际金融危机,加大旅游公共服务工作的力度,国家旅游主管部门把旅游经济监测与预警系统建设列为年度重点工作。在经济、政治、安全和公共卫生等因素日趋复杂多变的国际背景下，我国旅游经济的平稳运行也需要加大信息引导和对未来发展趋势进行预判。在新的历史条件下，适应深化和完善社会主义市场经济体制的要求，政府职能要加快从微观到宏观管理的转化，尤其是加强社会管理和公共服务的职能。而旅游行政主管部门职能转变的主要方向就是制定宏观指导政策、加强预警、引导产业健康发展等。

（二）适应我国政府建立完善的经济形势分析制度的需要

21 世纪之初，我国加强了对经济运行的宏观调控力度，宏观部门的研究机构开始发布年度经济分析和预测报告。2003 年始，在一年一度的中央经济工作会议的基础上，国务院每半年召开一次经济形势分析会议。到 2006 年，经济形势分析会议改为按季度召开。2009 年，由于国际金融危机的冲击，国家需要及时掌握各行业各部门的具体运行情况，因此国务院有关部委和直属机构按季度上报相关产业和领域的季度运行情况和趋势预测。根据国务院的要求，国家旅游局把旅游市场分析工作转变为季度召开旅游经济形势分析会议。在以上背景下，建立旅游经济监测与预警系统，为旅游经济形势分析制度奠定数据基础和理论依据显得尤为迫切。把旅游经济监测与预警系统纳入我国旅游经济形势分析制度，是我国旅游经济发展趋于成熟的重要表征和保持持续增长的内在要求。近年来随着旅游经济的规模快速扩张和发展环境的复杂化，也要求对其走势进行理性分析和科学判断。

（三）为建立和完善旅游经济宏观调控体系提供科学依据

2009 年年底，国务院出台的《关于加快发展旅游业的意见》明确提出要“把旅游业培育成为国民经济的战略性支柱产业和人民群众更加满意的现代服务业”，旅游业正式进入了国家经济社会发展的战略体系。这就要求政府部门和旅游业界在科学把握旅游经济格局与阶段性特征的基础上，通过统计体系的完善和科研组织，努力构建与新时期旅游经济发展形势相一致的宏观调控体系。原有的市场分析缺乏产业基本面的数据和分析预测等方面的内容，无法真正反映旅游经济运行全貌，导致形势判断和宏观决策缺乏必要的数据和信息支撑。只有将分散的旅游市场、旅游产业、发展环境等数据和信息进行有机整合，建立对旅游市场、旅游产业、区域旅游、国际旅游、港澳台旅游以及旅游政策和重大事件等方面的常态化分析制度，才能为我国旅游经济宏观调控体系的建设奠定坚实的基础。

（四）我国旅游业进一步国际化的需要

随着旅游大国地位的稳固和旅游强国战略的稳步推进，国际化已经突破了客源国际化这一局部特征，尤其是出境旅游的大发展加大了我国旅游业的开放程度和旅游市场的全面国际化趋势。中国旅游业的全球化发展必然要求用国际视野对自身的发展做出理性判断。2006 年年底，就已有 70 多个国家和地区完成或正在着手编制旅游卫星账户，逐步实现对国民经济中旅游业地位的科学研判。江苏、浙江、广西等一些地方旅游主管部门开始试行编制旅游卫星账户，将旅游经济统计与国民经济核算体系统一起来，使旅游业的经济活动同其他传统产业一样纳入宏观经济统计的主流。相对于旅游卫星账户侧重于旅游产业在国民经济中的产业位势的静态分析，我国旅游经济的持续增长还要求对旅游市场、旅游产业运行等实行多层次、多因素影响下的动态监测和预警研究。近年来，世界经济论坛开始发布“世界旅游竞争力指数（TTCI）”，世界旅游组织定期发布“全球旅游业晴雨表”。这些统计工作和指数的发布为不同国家和地区之间的旅游发展水平进行比较提供了一个及时有效的标准。中国旅游业的发展模式、运行特征和管理体系有别于西方发达国家和地区，探索适合我国国情并与国际接轨的旅游经济宏观调控体系需要更多的实践探索和研究努力。而从实证范式出发的旅游经济监测与预警研究和实践工作则是一个很好的尝试。

（五）社会的广泛关注要求及时、系统地发布旅游经济运行信息

近年来，从“国民经济新的增长点”到“国民经济的重要产业”再到“战略性支柱产业”，国家赋予了旅游业前所未有的重要战略定位。国家宏观决策部门也需要及时准确地了解旅游消费、旅游产业和旅游就业等具体状况，以及旅游经济对宏观经济运行的动态影响等。旅游投资和产业运行主体在制订月度、季度、年度工作计划和中长期发展战略时，对影响旅游业发展的宏观政策信息的了解至为关键。旅游经济监测与预警系统正是解决这些问题的有效手段，而且具有很强的示范效应，借此可以科学评价并不断扩大旅游业的经济社会影响。

二、理论基础

当前，宏观经济运行监测与预警的研究体系、研究方法和研究工具已较为成熟，也有较为普遍的成果应用和行业实践，国内外专门针对旅游经济监测与预警的相关研究也有一些初步的成果。这些理论成果是我们进一步开展旅游经济监测与预警研究的

重要理论基础。

(一)宏观经济运行监测与预警研究比较成熟

宏观经济运行监测与预警系统的基本方法集中于扩散指数法 DI(Diffusion Indexes)和合成指数法 CI(Composite Indexes),例如目前中国有代表性的"中经指数"和"高盛(中国)先行指数"等。近年来,随着我国市场经济体制的不断发展完善,经济预测越来越受到决策者的重视。宏观经济运行监测与预警模型研究得到了蓬勃发展,在经济形势分析、政策分析和经济预测方面都发挥了重要作用。国家统计局的中国经济景气监测中心已经开发出中国经济运行景气监测与预警系统,并定期发布中国经济景气运行月度报告。从行业层面来看,根据各行业自身运行特点和规律所展开的产业监测与预警体系研究也较多,如在房地产业(Fei Ma etc. ,2006)、纺织行业(Karfunkle,1969)以及钢铁业、农业、互联网行业和环境保护等领域都有相应的研究成果。尤其值得关注的是,近年来随着金融危机对全球经济的不断冲击,金融经济景气监测和预警研究获得了较大发展(仲彬,陈浩,2004;唐可欣,2010;Jeffery W Gunther, Robert R Moor,2003),同时涌现了大量针对金融风险和危机预警的研究(陈守东等,2006; Andreou,2009;Barrell R. etc. ,2010)。宏观经济领域、金融等行业领域丰富的研究文献为我们开展旅游经济监测预警研究提供了可资借鉴的研究思路和方法模型。

(二)旅游经济领域相关研究有所探索

旅游经济监测与预警研究是对旅游经济运行状态进行刻画、描述、推断、评价和警情预报等方面的综合分析。它具有对旅游经济运行态势进行综合监测和预警的功能。近年来,随着人们对旅游危机安全事件的日益关注,在旅游研究领域产生了大量有关旅游安全、危机的预警研究(Bruce Prideaux, Eric Laws, Bill Faulkner,2003;任学慧、王月,2005;赵怀琼、王明贤,2006;谢朝武,2010)。还有少量研究关注了目的地(霍松涛,2006)、旅游企业预警问题(李锋,2007;刘畅等,2009)。在产业层面的监测与预警研究才刚刚起步,这与旅游学术整体上侧重于微观层面研究而在产业整体层面的研究滞后的现状是分不开的。目前,旅游经济监测与预警方面的研究主要是针对某一具体旅游行业或者旅游市场的景气研究,如饭店产业景气指数(Choi Jeong Gil,2003;游灏等,2008;戴斌、阎霞等,2008;秦炳旺,2009)、旅行社景气周期的指数化、旅游市场景气指数等研究。张凌云等(2009)在回顾国内旅游景气指数研究的基础上,提出了一套旅游景气指数编制的方法。然而这些研究都是基于历史的年度统计数据,难以对旅游经济的整体运行进行动态的、及时的监测和预警。

尽管国内学术界对旅游经济监测与预警的理论研究相对冷清，但国内外服务于产业实践的应用型研究近年则有较大的进展。该类研究主要是在旅游组织和商业咨询机构的推动下开展的，如世界旅游组织在全球范围内推行旅游卫星账户并定期发布世界旅游业晴雨表，国际旅游联合会定期发布世界旅游经济数据等，都是从宏观角度对全球各地旅游经济走势进行的监测与预警发布。一些旅游经济发达国家也形成了比较成熟的旅游经济运行监测和数据发布体系。如美国旅游协会数据中心定期发布的年度旅行力指数，对美国和各州旅游产业的经济运行状况进行监测，并预测发展趋势。我国部分省市近年来也陆续开始对旅游市场、旅游产业运行进行监测分析。旅游咨询机构如仲量联行、浩华酒店管理顾问公司和华盛国际（HVS International）等也定期发布针对整个旅游产业与具体行业运行和市场状况的研究报告及数据，为战略投资者和企业经营者作决策提供依据。总体而言，国内按季度发布的各类旅游经济运行报告，多数是以入境旅游市场数据为主，在年度分析的时候会包括国内旅游市场数据，整个旅游产业基本面的数据分析和预测内容相对匮乏。而且现有的这些旅游经济运行分析报告在指标体系设计的完整性、数据处理的科学性和产业信息分析的系统性方面都有待改进，这也意味着相关方面的理论研究尚有很大发展空间。

三、研究目的和研究意义

（一）研究目的

在旅游发展的现实动因和理论背景下，研究适应我国国情的旅游经济监测与预警系统，为我国旅游主管部门建立一套科学、系统、常态化的旅游经济形势分析制度提供理论依据已经显得非常迫切。本研究致力于在科学的研究范式指导下，探索确立我国旅游经济运行的分析方法和监测预警模型，实现系统精密的数量计算、科学分析程序与传统的经验判断有机结合，初步建立起我国旅游经济的监测与预警机制，进而能够正确、全面地研判各种特定时期的旅游经济运行状态，并对未来的旅游经济走势做出科学预测。

（二）研究意义

本研究期待通过旅游经济监测与预警工作的开展和学术研究，不仅能服务于政府决策，也对旅游经济理论的研究有所贡献。通过连续的季度和年度景气指数以及预警报告的发布所建立的旅游经济分析数据库，不仅为旅游经济研究提供坚实的数据支撑，而且

对于旅游经济发展政策的制定具有战略指导意义。本项研究从一开始就注重学术成果对产业实践的指导意义，通过按季度发布旅游市场和旅游产业运行指数以及关键景气指数，加强旅游行政主管部门对全行业的宏观调控与行政指导力度，同时也为企业制定发展战略提供相应的借鉴与指导。

从理论价值来看，形成有关旅游经济运行的原创、权威数据库，不仅有利于我们深化对旅游经济发展演化规律的认识，也是完善旅游经济研究的重要数据基础工程。构建一套充分反映旅游经济运行特点的指标体系和预警模型，有利于拓展和深化旅游经济分析的研究领域，为未来该领域的深入研究奠定一个理论基础，进一步丰富旅游经济的研究内容。

从应用价值来看，旅游业是一个综合性强、关联性大、对外部影响较为敏感的行业，动态掌握旅游经济运行，对潜在风险进行实时监测并提出警示性建议，无论对于政府还是产业的战略决策者都具有重要参考价值。旅游经济运行的监测与预警预报系统建设是国家宏观经济监测的重要组成部分，能够满足国家旅游主管部门实现职能转型和加强公共服务的需要。在微观运营层面，有关旅游产业运行的预警预报信息对于旅游投资主体和运营主体科学、理性把握旅游经济走向、制定投资和运营战略都有重要指导意义。

第二节　研究思路和内容框架

一、研究思路

本研究首先对宏观经济预警研究、旅游经济理论及预警研究的既有文献进行了梳理和评述，为后文介绍旅游经济监测与预警模型的设计原理、指标体系、模型选择打下理论基础。在充分考虑我国旅游经济发展实际情况的基础上，确定了我国旅游经济监测与预警模型的分析框架，结合全国范围内实地调研获取的一手数据和统计数据，初步开展旅游经济运行景气指数运算和趋势预测等研究工作。经过近四年的实际运用，我们对模型的分析预测结果和实际结果进行了比较，并结合相关理论明确了未来对预警模型和指标进行进一步修正与完善的方向。最后有选择、有重点地对旅游经济预警模型的实际应用成果案例进行了详细介绍，并对旅游经济监测与预警工作的社会影响和未来的理论发展方向做出了展望。

二、内容框架

在上述研究思路的指导下，本书共涵盖以下六章内容。

（一）导论

概括介绍本研究的研究背景、研究思路与框架、技术路线与研究方法、主要创新与不足。

（二）旅游经济运行监测预警的理论研究

重点对国内外旅游经济发展研究、宏观经济预警理论及其应用、旅游经济预警理论及其应用三个领域的相关研究成果进行了回顾。宏观经济运行预警的基本原理和实践经验为旅游经济运行监测提供了基本的工作依据。旅游经济研究领域的相关成果，旅游预警专题研究方面的理论成果与应用成果总结则为旅游经济监测与预警研究提供了最为直接的分析思路和理论基础。通过相关理论成果的系统梳理也进一步阐明了旅游经济监测与预警研究和构建当代旅游发展理论的重要关系。

（三）旅游经济监测与预警模型构建

对旅游经济监测与预警模型设计的原理与方法、模型构建与模块设计进行了系统研究，并对指标体系的筛选与确立过程进行了详细研究。

（四）数据收集和模型初步检验

围绕构建模型和指标体系的需要详细呈现了研究必需的数据收集与处理过程。在分别对旅游经济监测与预警模型进行理论、数据和应用三方面的初步检验的基础上，探讨了下一步模型的修正与完善方向。

（五）旅游经济监测与预警实践

以2011年旅游经济监测预警实践为例，重点呈现了整体旅游经济运行形势判断、市场运行景气监测、旅游产业运行景气监测和未来旅游趋势预测等方面模型应用的主要结果。

（六）旅游经济预警的社会影响和理论展望

深入探讨了旅游经济监测与预警研究的政策转化、产业影响和未来的理论深化方向。

第三节 技术路线和研究方法

一、技术路线

旅游经济监测与预警系统研究是在实践中不断推进的,监测预警模型的构建、完善与应用是一个互为促进、循环往复的过程。因此,整个研究过程的重心是监测与预警模型和系统的构建和应用检验。在文献梳理、实地调研和统计数据分析的基础上,结合旅游经济运行的特征和目标、分析框架和所需数据及指标,筛选确立反映旅游经济景气的先行指标、一致指标和滞后指标,构建适合旅游经济运行特点的监测预警研究方法和模块,最终形成了旅游经济监测与预警系统。在模型应用上,建立数据采集、处理和结果发布系统,并通过测试和调整来不断完善预警模型。在成果应用方面,主要是在初步建立旅游经济数据库、企业经营数据直报系统、市场调研和产业调研机制的基础上,对各类数据进行相应分析处理,编制各类中国旅游经济运行分析总报告和分报告。总的来看,在指标设计、确定模型、数据收集、数据处理和分析、撰写报告和成果发布等关键环节遵循的方法路径如下:

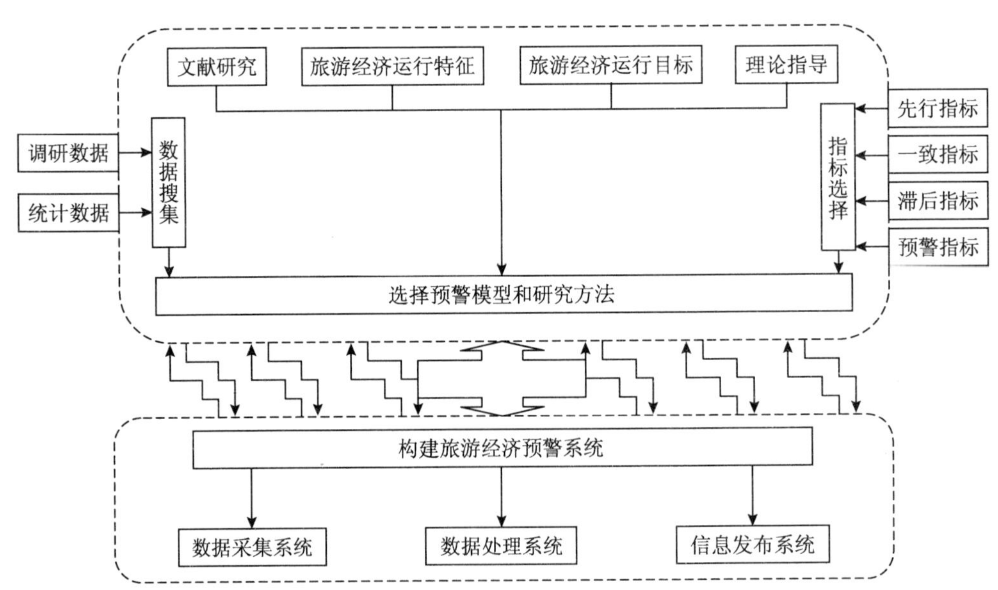

图 1-1 旅游经济监测与预警模型及应用研究技术路线

（一）构建旅游经济监测与预警的指标体系

根据特定的监测内容和目标，综合已有统计资源和调研数据，初步筛选出反映旅游经济运行各个层面的经济指标，以及一些经计算得到的景气指数，并进一步将之划分为先行指标、一致指标、滞后指标和预警指标。这些指标的变动情况，对于宏观部门和旅游系统人员及时了解旅游经济各方面的运行和动向具有重要参考意义，也为将来构建更为科学系统的预警模型奠定分析框架并累积数据源。

（二）数据收集和数据库建设

旅游经济监测与预警指标体系的科学构建需要丰富的数据支撑。只有巩固和完善数据基础，特别是重点完善旅游产业数据库，才能使下一步的旅游经济监测与预警结果更加规范、具体、准确，更加符合各方面对预警信息的要求。鉴于我国旅游统计工作尚待完善，在充分收集和利用现有统计资源的基础上，还需要通过自主调研渠道取得的一手数据。与本项研究有关的数据来源主要有三类：来自国家旅游局、国家统计局，以及旅游企业的官方统计数据；来自景气调查的产业和市场数据；来自预警系统各相关模块的运算数据，由此形成旅游产业和旅游市场数据库。

（三）预警模型构建及选择数据分析方法

经济监测与预警工作，主要是构建一些绝对值和相对值指标，采集其月度或季度数据的时间序列，及时反映这些指标的变动情况，并根据统计模型和计算方法，分析各指标的变动趋势。在构建旅游监测与预警模型时，主要借鉴国家统计局中国经济景气监测中心的类似方法进行分析，具体包括景气计算标准、加权法、季度（月度）统计法和专家法。这些方法在经济景气监测领域中被广泛应用。旅游经济运行监测中，对于旅游市场的预测，本研究主要使用了以季节调整的移动平均法为主的综合预测方法，在多种试运算的基础上，综合专家组意见确定有关预测数据。本研究经过组织技术力量，研制自动分析系统，进一步提高了数据分析的科学性和自动化水平。

（四）研究成果的实际应用

积极将理论研究成果运用于产业实践，集中体现在编制旅游经济运行报告和发布预警信息及研究成果等方面。编制的旅游经济运行报告内容由六部分构成，分别是本季度旅游经济运行分析与下一季度趋势预测、旅游经济运行主要指标趋势与结构图、旅游市场主要指标时间序列、旅游产业主要指标时间序列、旅游经济景气与预警指标时间序列、旅游经济环境指标时间序列等。以上内容框架是根据旅游需求、旅游供给、旅游业人员和影响因素等旅游经济所涉及的各个方面来确定的，同时也反映了旅游经济运行的动向和趋势。

（五）理论模型的检验和修正

旅游经济监测与预警工作是一项长期系统的工程，其理论研究也需要在经过实践检验不断修正和完善现有模型的基础上实现创新。现阶段的研究还处于理论探索阶段和数据库的建设阶段，因此无论是指标的筛选还是模型方法都需要在不断的实践检验过程中进一步修正。

二、研究方法

旅游经济本身的综合性、关联性和敏感性等特征决定了旅游经济监测与预警系统的复杂性和研究方法的综合性。在方法论层面我们主要侧重于经济学的基本研究视角。在具体的研究工具上参考宏观经济景气监测和预测方法，建立了旅游经济运行监测系统和预警模型。数据的搜集和分析方法上考虑了我国旅游产业的发展现实，综合采用了多种定性和定量方法。

（一）研究方法论

1. 实证研究和规范研究相结合的方法

实证研究和规范研究是经济学的基本分析方法。实证分析的主要目的在于从整体上解释我国旅游经济运行的现实状况，而规范分析的目的在于通过价值判断为政策制定和产业实践提供一个直观的理论依据。

2. 定性分析和定量研究相结合的方法

定性分析是对研究对象的质的分析，定量研究则侧重分析事物的数量比例及其变动关系。两种方法是相互补充的，单一的定性或者定量分析很难深刻反映旅游产业经济的系统性和复杂性。要从总体上获得最优化结果，准确把握旅游产业结构、布局、组织和产业政策的合理化，全面分析市场绩效、产业关联、资源的优化配置等问题，必须既要进行定性分析，又要进行定量分析。从现有文献来看，宏观经济运行监控和预警方面的研究多半采用了计量分析、时间序列分析、人工智能等数理模型和计算机模拟方法。旅游经济在宏观层面的研究近年来呈现定量和定性研究混合发展的趋势。旅游经济运行是一个复杂的社会经济现象，它牵涉最直接的利益相关者——产业本身、目的地、企业、游客——以及旅游主管部门和研究者，以及旅游经济运行的市场要素、环境要素在不同层面的利益诉求。只有通过定性和定量结合的集成方法才能反映出产业各层面的真实状况。在旅游经济运行的景气状况和预警结果方面主要采用了定量为主的方法，以实现研究结果呈现形式的精确化和直观性。

3. 静态分析和动态分析相结合的方法

静态分析和动态分析也是产业经济学经常使用的重要方法。前者侧重研究对象在某一时间点或横截面上的表现，后者则侧重研究对象随时间推移所显现的变化规律。静态分析是动态分析的起点和基础，动态分析是静态分析的深化和发展。如前所述，已有研究成果多是基于历史的、以年度为单位的统计数据，无法对旅游经济的整体运行进行动态的、及时的和预先的监测。本项研究侧重旅游产业经济运行的动态分析，以反映出旅游经济运行的发展规律，同时又对年度、季度等特定时点上的产业整体运行特征、产业布局、产业结构、产业组织现状等方面进行了静态分析。

（二）主要研究方法

1. 宏观经济景气监测和预测方法

尽管调查对象在景气打分中存在一定的主观因素，但是经济景气监测方法仍然是宏观经济调查统计领域中经常使用，并且比较成熟的分析工具。经济景气监测的主要目的是为了实时掌握宏观经济的总体增长态势并进行历史比较。既可以按宏观经济的需求、投资、贸易等主要领域进行监测，也可以按从各领域抽取整合后的先行指标、一致指标、滞后指标进行监测，并选择有代表性的指标来构建宏观经济的景气指数或预警指数。近年来，经济景气监测方法已经不限于宏观经济领域，开始在金融、房地产等具体行业得到广泛应用。在借鉴宏观经济景气监测和预测方法的基础上，我们构建了先行、一致和滞后指标体系，旅游市场景气指数，旅游产业景气指数和预警模型等能够反映我国旅游经济运行特征的监测与预警系统。

2. 计量分析方法

计量分析方法运用统计原理分析从实际经济领域获得的各种变量数据，归纳出各种经济变量之间的可能的数学关系。研究过程中，我们在相关经济理论和模型的基础上综合运用了相关分析、回归分析、趋势分析以及季节性分析等方法，进行模型构建、参数估计和经济预测等，比较典型的是景气指数的合成指数法。在计算机辅助手段方面，常用的统计分析软件主要有 Excel、SPSS 等，以及经济计量学软件包 Eviews 等。为加强研究的针对性，本研究还建立了专门的旅游经济运行监测与预警数据库，通过计算机模拟自动实现部分数据分析功能。

3. 专家小组和联席分析制度

在旅游经济基础数据和预警模型计算结果的基础上，本研究组成包括旅游政策、旅游产业、区域旅游和国际旅游等领域在内的专家学者的核心小组，对当季度的旅游经济运行有关的主要观点、判断和预测进行集体研讨，并与旅游行政主管部门的相关政策研究人员进行联席会商，共同确定旅游经济运行景气的季度分析结果。

4. 景气调查法

景气调查法是经济景气分析中一种非常有效的实证景气观测方法。它需要在对问卷调查数据进行汇总处理的基础上，计算有关景气指数来反映本期的旅游经济实际景气状况和下期的景气趋势。具体的旅游景气调查内容包括旅游企业景气调查、旅游市场景气调查以及旅游专家信心景气调查等。具体数据采集方法包括针对旅游专家、目的地、企业和游客的实地调研、问卷调查、深度访谈、参与式观察等方法。

旅游市场和旅游企业调查是分析市场基本面和产业基本面的现实基础。我国旅游行政主管部门对旅游市场监测比较及时，对入境旅游、出境旅游进行月度统计，对国内旅游进行季度统计。在产业监测方面，部分地方旅游局对旅行社、星级饭店和 A 级景区进行月度统计，按季度上报国家旅游主管部门。由于旅游经济形势分析需要在季度末进行，在计算期内无法得到这些统计数据，因此，我们在每季度末都开展全国范围内的居民出游意愿、企业家信心和旅游企业主要经营指标景气调查。根据每季度问卷调查、深度访谈获得的企业意见和游客意见，数据调查和判断调查交织进行，最终将调查结果转换成与一系列指标相对应的旅游经济景气数据和指数。

第四节　主要创新与不足

基于国家旅游经济发展层面的旅游经济监测与预警系统研究，无论在国内还是在国际旅游学术领域都是一个比较前沿的理论命题。同时，作为一项实证倾向突出的课题研究，理论的发展必须紧密结合实践应用和检验。因此，作为一项系统的旅游产业基础理论研究任务，它不是短期内可以一蹴而就的，相关理论分析框架的建立到模型的成熟、完善需要假以时日。宏观经济学领域的相关成果、旅游研究领域的初步探索和应用型研究成果为本研究的开展提供了基本的逻辑起点，借此课题组在旅游预警模型构建、数据库建设和旅游宏观调控理论探索等关键领域取得了一些初步的创新成果，但受研究发展阶段等因素影响，当前的理论研究工作仍有待在今后进一步拓展和深化。

一、主要创新点

（一）构建了符合我国旅游经济运行基本情况的分析模型

在充分考虑旅游经济增长的时序特征和结构演进特征的基础上，本研究初步构建了尽可能全面反映我国旅游经济运行全貌的监测与预警模型。当前旅游经济监测与预警模型涉及的指标体系基本涵盖了我国旅游经济运行的主要方面。而相关的市场和企业调查的指标、配额和时点控制等也基本达到了分析要求。专家小组和联席会商制度为分析结果的质量控制提供了有力的制度保障。

（二）建立了我国旅游经济运行的动态数据库

通过以景气调查为主要内容的旅游经济综合调查研究工作，初步建立起我国旅游经济监测与预警数据库。借此，将分散的旅游市场、旅游产业、发展环境等数据有机整合起来，根据研究需要挖掘和完善各项数据，使旅游研究机构、旅游主管部门和社会各界对旅游经济运行有一个整体的认识。特别是通过对客运量、出境旅游花费等旅游业相关数据的调查整理，使旅游经济的规模、增长和产业贡献研究有了扎实的数据基础。

（三）奠定了旅游经济宏观调控体系的理论基础

在大众旅游发展阶段，旅游行政主管机构的战略重心和工作手段正在面临着一系列变革，其中探索建立行之有效的宏观调控体系是主要方向之一。研究成果有助于政府部门对旅游经济运行进行实时监测，对未来一个时段内可能影响旅游经济运行的重大变动因素和经济走向进行预测，并及时形成相关的政策建议。为此，本研究建立了对旅游市场、旅游产业、区域旅游、国际旅游、港澳台旅游以及旅游政策和重大事件的常态化分析制度，在一定程度上推动了国家和部分省级旅游行政主管机构工作方式的转变。

二、后续研究对现有不足的突破

后续研究仍需要在以下三个关键领域有所突破。

（一）指标选择与体系优化

旅游经济景气监测和预警分析的核心是相应经济指标体系的筛选和确立。旅游经济是一个复杂系统，至于究竟哪些指标能够更好地反映旅游经济运行态势，这不是纯粹的理论研究能够解决的问题，它必须采取实证范式导向，同时也需要汲取专家和业界的观点，更需要在研究与实践的互动过程中不断测试、修正和完善。

（二）数据获取及其完备性

理论研究的突破离不开科学、扎实的数据支撑。旅游经济监测与预警模型涉及数十项指标和数据，其完备性和连续性还有待进一步加强。今后不仅需要持续的学术资源和行政资源的投入，更需要长期坚持，特别是要通过组织调查队伍、建立市场观测点和企业数据直报系统等渠道和方式来丰富和完善数据库建设。

（三）成果转化及社会推广

理论是灰色的，实践之树常青。旅游经济理论的应用型产业经济特征很明显。关注于当代旅游发展理论问题的旅游经济监测与预警研究，必须以引导、服务和推动产业发展为研究使命。这决定了本项研究的应用性也很强，理论成果的转化问题是研究者必须考虑的重要一环，转化后的成果需要让决策部门、产业投资和运营主体等相关利益者能够直观、方便地使用。这意味着对于长期从事研究的人员而言，需要转变成果呈现形式。目前虽然已经取得了一定的产业影响和效果，然而在政策转化和社会影响方面还有很大的拓展空间。

第二章 旅游经济监测与预警的理论研究

旅游经济监测与预警的研究基础主要包括国内外旅游经济研究相关成果、宏观经济预警理论及其应用研究和旅游经济监测预警方面的专题研究。对相关领域研究成果的系统梳理有助于本研究建立起规范的概念性分析框架和研究方法，并为实现相关理论、概念和指标的可操作化提供研究经验和理论基础。

第一节 旅游经济研究

据世界旅行旅游理事会的最新统计，2011 年世界范围内旅游业的经济贡献为 6.3 万亿美元，占全球 GDP 总量的 9%，创造了 2.55 亿个就业机会（占全球就业机会的 1/12），7430 亿美元投资以及 1.2 万亿美元的贸易额，分别占投资和贸易总额的 5%（WTTC，2012）[①]。近年来，旅游产业规模的广泛影响客观上引起学术界对旅游经济现象更为广泛的关注，而经济学领域的需求——供给基本分析框架则很早就被引入旅游经济的相关研究中。人们越来越深刻地认识到，旅游供给和需求具有不同于一般产业经济的特性。经过近半个世纪的发展，包含多种理论基础和知识体系的旅游经济学已经基本发展成熟（Song，et al.，2012）。但相对而言，国际上经济学领域的需求理论较早在旅游研究领域得到了应用和发展创新，而立足供给层面的旅游产业研究却起步较晚、发展较慢。近年来，学术领域对“旅游业是一个综合性产业，生产的是复合型而非单一性质的旅游产品”这一观点正逐步达成共识，客观表明使用产业经济学、市场经济学等领域的分析工具来研

① World Travel and Tourism Council(2012). Travel and tourism: Economic impact. Page 1.

究旅游经济现象越来越有合法性(Wilson, 1998),当前社会旅游的产业化特征越来越明显。产业经济学的研究重点是,如何通过自由市场体系的组织机制将个体的生产活动和社会对商品、服务的需求协调统一起来,以及这些组织机制的不完善和变动对达到这样的目的有什么影响(谢勒,1971)。现有旅游产业领域的研究成果也给我们从供给角度把握旅游产业运行的经济规律提供了基本思路。总体上讲,回顾旅游经济方面的有关研究文献,有助于我们明确旅游经济监测与预警的内容、层次、重点和整体性分析框架。

一、国内旅游经济相关研究评述

(一)研究历程

自起步以来,我国旅游研究就根植于实践,对旅游业的发展实践起到重要的理论指导作用,在实际工作中表现为与旅游产业同呼吸、共进步,开辟了中国特色的、应用型导向的旅游研究之路。1987 年国务院发展研究中心开展的《中国旅游发展战略》课题更是确定了延续至今的“政府主导”的发展思路。学术界的主流观点逐渐认同旅游是一项产业。1998 年,在旅游业被定位为“国民经济新的增长点”以后,旅游业对国民经济的贡献、旅游产业经济统计与核算、旅游业对就业的拉动、旅游扶贫等经济和社会领域的问题得到学界广泛关注①,并形成了数量较多、体系较全的旅游研究成果。研究方面,旅游经济学作为一门科学逐步走向成熟。随着旅游业在国民经济中的战略地位上升,旅游经济学的发展需要经历一场“从形式到实质的革命(李仲广,2007)”,即不仅仅要注重方法和研究体系的完善,更要注重研究对象、研究问题的重要性与现实意义。研究对产业发展具有重大影响和推动意义的理论问题已经成为当代旅游学者的学术使命。

国内研究者对于旅游产业的认识是伴随着旅游产业的发展、成型、不断完善而逐步深化的。有关旅游产业经济方面的研究起始于 20 世纪 80 年代末期,快速发展于 90 年代中期至今(郑少林,2006)。虽然在理论上,有关旅游产业是否存在或产业属性的问题一直存在着争论(张广瑞,1996;张吉林,1999; 张凌云,2000;宁泽群,2005),但在学术界、政府和业界,旅游产业概念已经被实践广泛接受并加以使用了。新世纪以来,相关方面的教材和专著也相继出现,如《现代旅游产业经济学》(唐留雄,2001)、《转型时期中国旅游产业环境、制度与模式研究》(张辉,2004 年)、《旅游产业经济学》(王起静,2006)、《论北京旅游产业安全与成长要素》(戴斌,2006)等。显然,将旅游作为一项产业活动进行研

---

① 中国旅游研究院. 中国旅游研究三十年:回顾与展望[N]. 中国旅游报,2009 - 04 - 30.

究便于分析旅游行业相关数据，也可以同其他产业进行比较研究。

（二）研究内容

1988 年来的旅游产业经济研究文献表明，已有研究主要集中在旅游的产业属性研究、旅游产业政策与结构研究、旅游产业发展研究、旅游产业集聚研究等几个方面（郑少林，2006）。此外，在旅游产业化、旅游产业功能、旅游产业布局、旅游产业地位、旅游产业定位、旅游产业投入产出统计、旅游产业关联、旅游产业整合、旅游产业链、旅游产业安全、旅游产业资源、旅游产业竞争力等方面的研究也都有所涉及。显然，旅游产业研究积极吸纳了一般产业经济学理论各个领域的研究成果，并在一定程度上体现出旅游产业经济的多样态和综合性特征。对旅游产业经济的理论研究则有利于拓展产业经济学的研究范围，充实产业经济理论的内容，更有利于加深对旅游活动基本规律的把握和认识，从产业经济这个高度指导和推进旅游产业的进一步发展（王守初，2004）。现实层面，我国旅游业发展的主要矛盾已经由数量矛盾转变为结构矛盾，而理论上有关旅游经济结构的理论研究则存在明显不足（田纪鹏，2011）。此外，就旅游经济的基本特征而言，国内研究者经历了从早期就脆弱性、敏感性、关联性等展开思辨研究（王仲明，1989），到对敏感性（曹福荣，2011）、脆弱性和关联性（李军，保继刚，2011；梁增贤，保继刚，2011）等经济特点开展实证研究的转变。尤其是近年来，危机管理、产业融合和创新、旅游影响、经济增长等内容的融入加深了人们对旅游经济基本特征的认识和把握，也客观表明旅游经济平稳运行内外部影响因素的复杂化，尤其是宏观层面相互影响因素范围的日益扩大，包括服务贸易（林刚，2003）、投资（冯学钢，钟伟，2007）、就业（依绍华，2005）、消费需求（刘益，2010）、收入分配（徐萍，成英文，2010）等各方面影响的加深。但我们对旅游经济运行内在规律的把握始终不能离开供给—需求矛盾这一基本经济理论框架。旅游业当前和今后一个时期的主要矛盾依然是人民群众日益增长、日渐变化的旅游休闲需求与非均衡的产业结构、相对滞后的商业模式之间的矛盾。这是当代旅游发展理论创新发展的现实基础（戴斌等，2012）。但总的来看，旅游业供给层面产业组织的综合性、分散性和演进性特征客观上决定了旅游产业典型的消费经济特性，同时我国市场经济转型背景也客观上决定了需求管理的必要性。旅游业是当前中国经济发展的推进器，相对于政府支出这种干扰经济正常增长过程的强制性刺激经济手段，旅游业发展则通过培育有效需求、加速释放需求潜能的市场机制来促进经济发展（张吉林，1999）。全国范围内旅游产业地位的进一步明确和加强对旅游产业研究提出了新的要求，深入研究旅游产业的形成和发展规律、科学评估旅游业与其他产业之间的关系以及产业内部要素之间的结构关系，为科学制定旅游产业政策尤其是产业引导政策和宏观调控政策提供理论依据，是当前国内旅游学术界必须解决的重大理论命题。

（三）研究评价

总体上看，宏观经济理论的基本分析框架在国内旅游经济研究中得到了广泛应用和发展，尤其在旅游需求和旅游经济内外部影响因素方面涌现了大量实证研究成果。同时，在政府主导发展战略影响下，国内对于旅游产业经济发展这一中观层面的研究成果数量也明显较国外多，研究发展历程也追随着旅游产业自身的演化呈现出一定的阶段性特征——从早期对旅游产业概念、地位等产业研究理论前提的讨论到后期对旅游产业组织、产业结构、产业关联、产业发展和产业政策等各个方面研究命题的关注，大量的应用导向成果对旅游产业的理性发展起到了一定的指导和推动作用。但从理论建设的层面来看，仍然存在部分不足和有待完善的问题。首先，虽然从研究范围和内容分布来看旅游产业经济学的分析框架初具雏形，但在研究视角、研究方法上仍显单一，存在简单套用一般产业经济学理论到旅游经济研究的趋势，对旅游产业运行的特殊性关注不够；研究方法上也存在简单套用同一研究方法和分析工具到不同区域旅游产业方面的重复研究现象，不仅忽视了地方旅游产业的特殊性而且缺乏本身的创新性。结合旅游产业运行的内在逻辑规律性，有效运用经济学原理、产业经济学理论和方法工具系统，深入研究旅游产业现象是未来的努力方向。其次，有关旅游产业经济研究的许多基本概念和范围仍然缺乏共识，存在使用混乱的现象，缺乏形成完善的学科体系所必需的理论基础和分析框架。最后，针对我国旅游产业实践发展方向的实证研究在近年明显增加，但从总量上看仍有待提升，有关产业实践的一手数据和完善的统计数据的局限性明显已成为影响实证研究的一大原因，要科学解释当前旅游产业在我国国民经济中的关联带动作用、探索其自身的成长发展规律则必须以系统、扎实的旅游经济计量研究工作为基础。

二、国外旅游经济相关研究评述

（一）研究内容

国外旅游经济层面的相关研究更侧重按照一般的经济学分析框架，围绕“供给—需求”展开，尤其在旅游需求分析和预测模型方面取得了较为成熟的理论成果。1960 ~ 2005 年间共有 420 篇有关旅游需求模型和预测的学术研究成果（Li, Song, Witt,2005）。

相对来讲，从供给角度展开的中观层面的产业经济研究成果较少。首先，国外旅游需求方面的研究成果为我们深入了解市场经济环境下影响旅游需求的诸多因素和需求演进规律能够提供思想原理和方法论上的参考。Song，Turner（2006）通过文献回顾发现，有关旅游需求模型的研究多数属于定量研究，并且大致可分为非因果关系的时间序列分析和因果关系的数量经济分析两类。Song，Li（2008）的文献研究对多样化的预测模型在旅游经济领域的应用进行了评价，就预测的精确性而言很难找到适用于各种情景的唯一模型和方法，而通过定性和定量研究方法的混合使用，旅游经济周期和季节性分析，重大事件的影响评价和风险预测等综合因素分析可以有效提高各种预测模型的精确度。也有研究者从目的地的视角提出了可持续的大众旅游的概念（David B. Weaver，2012），认为在环保主义、互联网技术、自然资源短缺和全球金融危机等因素影响下，多数旅游目的地将沿着三条不同的路径向可持续的大众旅游发展模式收敛，即市场环境下的自发路径、规制环境下的增量转化路径和市场/规制综合因素下的引致路径。这一理论突破了巴特勒的旅游地生命周期这一经典理论，表明人们对旅游经济增长目标的追求中正逐步融入可持续的发展理念。其次，国外从供给角度展开的研究从很早就存在着对旅游产业基本属性的争论，这些早期成果直接影响了后来国内有关旅游产业性质的理论探索。早在1979年，Nell Leiper就撰文阐述旅游（tourism）、旅游者（tourist）和旅游产业（tourist industry）的概念范围。他认为旅游在本质上具有半产业化的性质，而旅游产业则包含了旅游系统中数个在功能和空间上密切关联的行业部门。后来旅游研究领域对于何谓旅游产业和旅游产业化本质等基础问题的探索基本上都是建立在该文提出的研究框架上，或者从对文中观点的批驳出发而展开后续研究（Clare A. Gunn ，1980；Neil Leiper，1990；Stephen L. J. Smith，1991；Neil Leiper，1993；Kenneth Wilson，1998；Neil Leiper，2008）。Stephen L. J. Smith（1988；1993）提出从供给角度划分旅游产业的二分法，即专门为游客服务的旅游产业和面向大众服务的旅游产业。值得注意的是，国外旅游产业组织多发端于市场经济环境下面向大众消费的自发成长，研究者对于旅游产业所包含的行业部门存在与国内差异较大的观点，如饭店业和旅游业是相互独立的产业（关联度低）的观点（Lloyd Stear，Tony Griffin，1993），旅游相关产业（饭店、餐馆、博彩业、航空业）概念的主张（Yuhei Inoue，Seoki Lee，2011）。最后，有关旅游业发展的经济影响评估、旅游和经济增长关系的研究也是宏观层面旅游经济研究的重点。有关文献综述表明，自20世纪60年代前后，旅游的经济影响受到重视并逐步发展为旅游学术界研究的焦点。国外旅游对经济增长影响的专门研究主要集中在三个方面:基于出口驱动型经济增长假说的入境旅游对经济增长的影响,旅游专业化对经济增长的影响及基于收敛假说的旅游对地区经济均衡增长的影响(周文丽,2011)。

(二)研究评价

上述领域的大量经验研究成果为我们科学把握旅游经济运行的关联要素,深入了解国内旅游产业发展和宏观经济运行的关系提供了理论基础。整体来看,半个世纪以来国际上旅游经济方面的研究内容主要集中于旅游需求和市场研究、旅游企业/产业研究、旅游目的地研究以及旅游环境研究四大领域,而旅游需求研究无论在学术关注度还是方法创新方面都领先于其他领域的研究(Song, et al., 2012),旅游供给层面的研究有待进一步拓展和系统化。近年来,学术领域对旅游业和经济增长关系的大量关注则客观表明旅游业与宏观经济发展的关系更加密切,新形势下旅游业自身的演进模式也越来越受到更多宏观因素的影响。

三、小结

总体上,国内外旅游产业经济层面的研究呈现出一定的共同点,如主流研究方法的使用,研究热点的关注等。有关文献综述表明,国外旅游经济研究方法上定量的趋势更加明显,计量经济分析方法正逐渐成为国外学者进行旅游经济研究的主要手段之一,其中回归模型、时间序列模型和面板数据模型是最常用的手段,方法的应用主要集中在旅游需求研究方面,其次是旅游产业与环境关系研究、旅游供给研究(李爽等,2006)。研究内容上与国内相比,国外研究也体现出一些特殊性,如产业政策和发展战略等宏观研究相对较少,存在对产业组织概念和范围界定的不同理解等。宏观经济理论尤其是新古典经济思想在旅游经济研究中居于主导地位,新制度经济学等理论的逐步引入将有助于进一步拓展旅游经济的知识领域(Song, et al., 2012)。相对而言,国外旅游经济研究总体上更注重理论积累和发展的延续性,尤其是在基础理论和理论框架的研究上,早期研究成果往往能够有效地在后续研究中得以继承发展,例如在产业组织概念和产业范围的界定、主流研究方法的使用等方面的理论进展等。

旅游经济预警是一项涉及旅游经济运行方方面面的系统工程,而相关的预警理论研究也必须在汲取既有旅游经济研究成果的基础上,才能深入剖析旅游产业运行环境、旅游产业自身的演进规律和影响因素。国内外的既有研究成果中,从经济学"需求—供给"

这一基本分析框架在旅游领域的运用和发展，到旅游产业经济学研究的不断丰富完善，再到微观层面经营管理研究所关注的诸多研究主题为进一步构建系统的旅游经济预警模型提供了总体思路和研究框架。而国外有关市场经济环境下旅游需求自然演进特征的研究，中外有关旅游产业属性、范围和内容方面的研究差异则为我们分析经济转型背景下旅游产业运行的方向、适应市场发展需要的旅游组织形态和宏观政策引导方向等提供了探索方向。而相对于旅游需求研究的完善和体系化，国内外的旅游研究在旅游供给层面尤其是产业层面的研究都有待于进一步拓展深化。而现实层面，国内外旅游产业地位、业态和影响范围的动态演化特征则客观表明，学术界有必要在宏观和中观经济理论的分析框架下进一步拓展相关研究内容，以推进学科体系的进一步完善。旅游经济研究有待从早期的“问题导向”研究转向“范式导向”研究（戴斌，2001），而国内旅游产业研究主题的分散化和理论累积方面的断裂性也客观表明构建当代旅游发展理论体系的迫切性，而将旅游业发展置于宏观经济进程中的旅游经济监测与预警研究就是向该方向努力的重要一步。

第二节 宏观经济预警

一、宏观经济预警的产生与发展

经济预警（Economic Early Warning）就是对经济运行中存在的循环波动现象进行描述与预测。宏观经济监测预警系统是以经济理论为指导，以景气分析思想为理论基础，以一系列经济指标为基础，通过数学方法构造各类景气指数和预测模型，进而对一个国家（或地区）的经济波动状况进行监测、预警的分析系统。宏观经济监测预警系统通常采用五种信号，即“红”、“黄”、“绿”、“浅蓝”、“蓝”，依次表示宏观经济处于过热、偏热、正常、偏冷、过冷等景气状态。景气分析主要是用若干指标合成的指数来反映宏观经济的波动状况。制作景气指数的目的是对经济的周期波动进行监测。产业景气监测是构建产业运行预警系统的核心内容。在市场经济条件下，要对宏观经济实施有效调控，前提就是要建立一个高度灵敏的宏观经济预警系统，对整个经济运行进行监测，准确识别经济运行过程中的各种问题并及时捕捉异常迹象，以便能有效地协助政府调控国民经济的运行方向,引导国民经济朝着预定的目标前进。

经济预警思想最早出现于19世纪末的欧洲,成型于20世纪初的美国,“二战”后在美国得到系统的发展①。美国在1920年创办了国家经济研究局(National Bureau of Economic Research,NBER),并开始经济景气的研究(Boom or Prosperity Research)。1961年,美国商务部正式将NBER景气监测预警系统报告在其月刊《国际循环发展》上发布②,并从1962年开始发布景气对策信号来防止经济过度萧条。至此,经济预警系统开始正式进入实用阶段。20世纪60年代美国的经济预警系统以失业率作为判断景气的标准。1967年法国在美国的研究基础上增添了物价、生产、国际收支和投资等项目,制定了综合性的景气对策信号制度。接下来的几年内,日本和德国等一些西方发达国家均参照美国和法国景气信号制度的模式,制定了相应的景气警告指标。进入80年代以来,经济预警开始受到世界各国的重视。多数国家采用一组类似交通关注信号红黄蓝灯的标志,对经济景气发出警告,借以提示政府采取相应的对策。为了探求经济周期波动规律,满足宏观经济管理需要, 20世纪80年代,我国开始对景气分析方法进行系统研究。1987年,吉林大学系统工程研究所开始了我国经济循环的测定和监测。此后,国家科委、国家统计局、中国社会科学院、中国人民大学以及一些地方省市陆续展开了景气测定工作。这些研究对完善我国景气监测系统提供了有益的经验,极大地促进了我国景气监测系统的建立与完善(唐小锋,李杜,2007)。1992年,国家统计局正式建成中国宏观经济预警分析系统,并定期向社会发布相关监测结果。

有关文献研究表明,国际宏观经济景气循环研究近年来取得了很大进展,目前主要的研究视点包括经济增长长期趋势的确定性和可变性、持续性相关、非对称性和经济周期微波化等方面(杨娥,2009)。如何利用一些新的研究方法提高预警的精确度,是世界经济学家一直努力的方向。早在20世纪50年代,NBER机构的统计学家即开发出了包含先行、一致和滞后三大指标体系的经济景气监测预警体系,并首次引入多指标信息综合分析法扩散指数法(DI法),其有关经济景气监测预警的基本思想和方法影响至今。60年代后在扩散指数法的基础上进一步发展成了合成指数法(CI法)。至此,形成世界范围内构造经济景气监测预警模型的经典方法——扩散指数法和合成指数法。80年代后随着经济计量方法的突破性进展,许多新的建模方法如动态因子模型等被引入以弥补

---

① 毕大川,刘树成.经济周期与预警系统.北京:科学出版社,1990:218~224.

② 白勇.湖南省对美国出口贸易预警系统研究.硕士学位论文,2006.

传统方法的不足。其中,Stock 和 Watson 认为经济景气循环应为包括金融市场、劳动市场和商品销售市场等在内的总体经济活动的循环,所以景气循环就是研究这各个方面的共同变动,由此在采用动态因子模型的基础上开发了 SWI 模型。国内有关经济监测预警的系统研究起步较晚,可以追溯到 20 世纪 80 年代末,90 年代快速发展,进入新世纪以来掀起高潮,除一般学术论文外还出现了硕士、博士学位论文研究。主要内容包括中国宏观经济监测预警系统构建和体系研究(顾海兵,1990;课题组,1993;李世义,1992;周开士,1992;顾海兵,1997;余根钱,2005),预警指标设计(张仲燕,籍文翠,2007;唐小锋,李杜,2007;冯润民,2009),预警模型方法研究(贺京同等,2000;黄继鸿等,2003;王耀中等,2004;刘媛华等,2007;陈又星,徐辉,2010),产业/行业经济预警研究(王慧敏,陈宝书,1996;郭峰,2006;罗鄂湘,2009),区域城市的经济预警研究(韩东,胡锡健,1996;王恩德,陈飞,梁云芳,2008;侯科峰,2009)等。上述研究成果尽管在内容上各有所侧重,但却在宏观经济预警系统的基本原理和系统机理上基本达成共识。宏观经济预警机制的基本原理和相关经验研究为开展旅游经济监测预警研究提供了理论依据和基本分析框架。

二、宏观经济预警系统的类型及运作原理

为了保证国民经济持续、稳定、协调发展,现代宏观经济调控工作需要建立在经济运行预警机制的基础上。经济运行预警机制是指由能灵敏、准确地昭示经济运行风险前兆,并能及时提供警示的指标、机构、制度、网络或举措等构成的经济运行预警系统,其核心是构建一个经济运行景气指标体系和一个经济运行监测和预警模型。

(一)经济预警系统的主要类型

从国际管理经验来看,经济预警系统的主要类型包括以下三种:第一,经济安全或经济危害预警系统,主要是应对国际竞争的需要。第二,经济应急或经济危机预警系统,主要是应对自然灾害、社会事件和经济系统本身风险的需要。第三,经济景气或经济监测预警系统,主要是对经济运行本身的运行状况特别是可能出现的潜在风险进行实时监测及提出警示性建议。第三种类型是本书的研究重点。

(二)经济监测与预警系统的基本构成

经济运行监测与预警模型是一项系统工作,其主要由信息收集子系统、信息分析子系统、信息发布子系统构成,如图 2-1 所示。信息收集子系统的主要任务是收集计算期内经济预警指数体系中的各级指标数据,形成数据库;信息分析子系统主要任务是对数据

分类、定性分析、定量分析，并做出相应评价和判断；信息发布子系统的主要任务是执行信息发布程序，按时发布每期经济形势分析结论。当出现经济运行警报时，同时提供预控方案，如果预控失败，则建议启动政策干预和危机处理系统。以上各子系统的运行情况，均需要形成反馈信息。

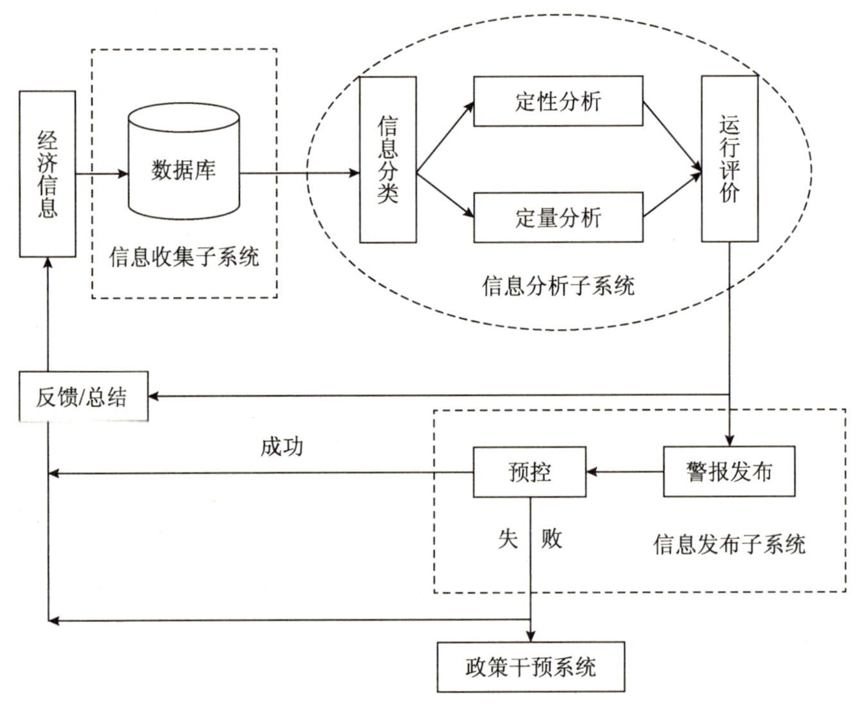

图 2－1 经济监测与预警系统的构成

（资料来源：付岩. 旅游节庆活动的危机预警系统构建. 东北财经大学硕士论文，2005. 12：47）

宏观经济预警系统的基本功能是预报经济活动将要走向的景气状态，这也是预警系统的根本功能和目标。每一种景气状态都对应着一种经济运行状态，即供给和需求相互关系的状态。为了提供预警信号，预警系统还必须具备其他辅助功能，其中最基本的是实现经济过程的监测，其次还须对监测结果进行识别，即判定所监测到的经济过程特征属于何种景气状态以及预示着何种景气状态。

（三）经济监测与预警流程

经济预警模型也可以通过流程图的方式来显示其主要运作系统和工作内容，如图 2－2 所示。在预警模型研究中心的统一指挥下，研究小组首先进行市场、行业、区域和宏观经济数据等预警模型的基础工作，这些数据经过预警模型处理和计算之后，形成各种经济预警指数，在与专家判断进行综合分析之后，形成经济形势分析报告，其中包括经济工作的建议等。

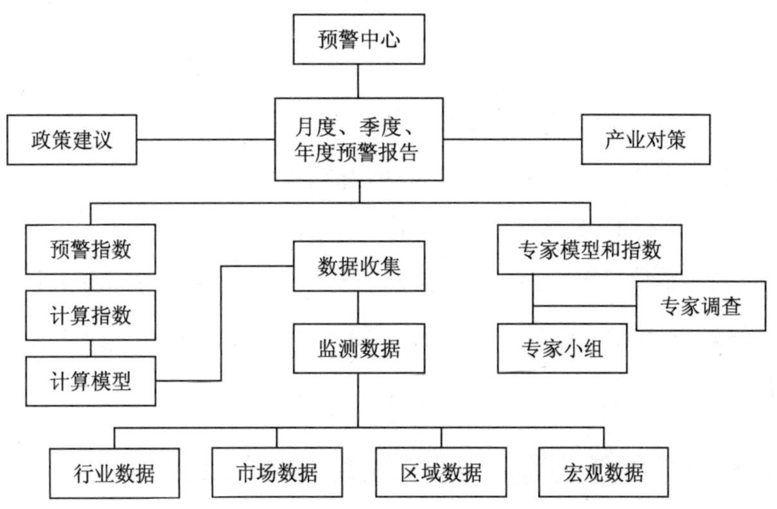

图 2-2　经济监测与预警流程图

（四）宏观经济预警系统的功能模块

预警系统的功能包括输入、计算与输出 3 个模块，其中计算模块又包括指标分析、预警模型分析等子模块。

1. 输入模块

输入模块由数据输入和数据处理子模块组成。目前的预警系统，主要考虑量化指标。首先确定初始入选指标体系。指标体系的确立是在经济理论支撑下，根据预警系统本身的目标，以及国家统计系统可提供的数据，由专家讨论确定构成初始状态下的指标体系，然后再根据所确立的指标体系而形成数据采集系统。这一系统所收集的数据在统计口径与时间序列上应保持严格的一致性。数据处理是对数据进行正式运行前的预处理，即剔除各种非主要因素与随机因素等的影响，展现分析主体的主要因素，从而达到科学宏观经济预测。

2. 计算模块

计算模块一般由指标分析和预警模型分析两个子模块组成。其中指标分析子模块是指对指标（变量）数据本身的分析与指标间关系的分析，它完成对指标数据基本特性与指标群类组合特征等的统计分析。预警模型分析子模块是指对经济运行状态进行刻画、描述、推断、评价和警情预报等的综合性分析，它具有对经济态势进行综合监测和预警分析的功能。

3. 输出模块

输出模块由以下4个目标子模块构成。经济监测子模块，是对已发生的经济现象进行评价。经济预警子模块，是对经济运行中将发生的问题发出警报。该目标的实现由预测和预警两部分组成。经济调控子模块，是通过对整个经济特征指标的调节，采取政策模拟方法及专家系统，实现对经济运行状态的有效控制。图形绘制子模块，主要是通过图形来对所得结果进行形象、直观的分析和展现。主要包括绘制散点图、曲线图、直方图（垂直水平）以及预警信号图。前三者可在同一坐标上绘制几个指标的图形，用于单指标趋势与多指标趋势的比较分析；后者用于从图上一目了然了解景气变动情况，预测未来经济的动向。①

三、我国宏观经济预警模型的指标体系设计

中国经济监测预警系统的总体目标是及时准确地反映我国经济运行情况和未来走势，揭示经济运行中的各种隐患和问题，对经济的总体状况做出评价和判断，并以直观、生动、形象的方式把监测结果展示出来，从而为政府宏观调控决策提供依据，为企业开展经济活动提供参考。我国经济运行态势是通过一系列相互联系的经济统计指标来刻画的，而经济运行指数就是根据这些指标来计算的。监测中国经济运行态势的指标体系的设计不仅要遵循指标体系设计的一般原则，而且所选的指标既要有经济理论根据，同时还应充分反映我国经济运行机理的特殊性（余根钱，2005）。

（一）我国宏观经济预警指标体系设计原则

第一，全面性和精练性。全国经济运行状况主要可从经济增长、需求增长、价格变动、对外经济活动、劳动就业、财政收支、金融运行等方面进行监测。每个方面选取若干个关键指标用于反映其运行状况。精练性是在满足全面性要求的前提下，尽可能地减少指标体系中指标数量，使每一个指标都发挥最大的作用，避免把两个信息完全重叠的指标同时包括进来。

第二，可靠性。可靠性主要表现在监测指标与经济总体态势之间必须有明显的因果关系，以及统计检验的显著性。

第三，敏感性。敏感性是指在经济波动的各个阶段，监测指标的取值始终会随经济

① 袁晋华. 建立我国宏观经济预警系统的构想. 金融研究，1994（7）：36～39.

运行状态的改变而相应地发生明显变化。有一些对经济运行很重要的指标并不能满足这一要求,而只是在某些阶段比较敏感。如经济增长速度,在经济严重过热时往往不是很敏感,又如通货膨胀率,在通货紧缩阶段的敏感性会显著下降。对于这些在某些阶段敏感性偏差的指标,在合成监测指数时必须特殊处理。

第四,相对稳定性。监测指标在经济波动各个阶段的取值应在一个较长时期内保持相对稳定。这一特性对于临界值的设计和监测指数的合成均极为重要。若监测指标的正常值在不同时期会发生较大变化,那么就只能不断地调整临界值,虽然这样做并非不可以,但将导致系统的实用性明显下降,并且监测结果的客观性会严重受损。

第五,统计可行性。统计的可行性是指监测指标的数据可通过可靠的途径及时获得,并且数据质量能满足经济监测所必需的精度要求。

(二)宏观经济预警指标体系构成

1.反映宏观经济结构的指标

根据宏观经济监测的一般经验,从发生危机的发展中国家看,大多经济结构都比较单调。出口产品结构多为初级产品,而加工品的国际市场竞争力有限。而进口产品多为替代能力差的物品。应主要从GDP部门构成和使用构成来设计指标,旨在反映国民经济各部门对经济增长的贡献和总需求各部分对经济增长的贡献。

农业增加值占GDP的比重,反映农业经济规模。农业对GDP增长的贡献可用该期农业增加值的增加量与期初GDP之比来表示。

工业增加值占GDP的比重,反映工业经济规模和一国的工业程度。工业对GDP增长的贡献可用该期工业增加值的增加量与期初GDP之比来表示。

服务业增加值占GDP的比重,反映服务业规模。服务业对GDP增长的贡献可用服务业增加值的增加量与期初GDP之比来表示。

2.反映宏观经济效益的指标

一国经济活动的投入表现为人力、物力和财力的投入,产出表现为GDP。可以从劳动、资本和科技进步及非传统因素等对经济增长的贡献来设计指标。劳动贡献率反映劳动增长对经济增长的贡献,资本贡献率反映资本增长对经济增长的贡献,全要素生产率反映科技进步和非传统要素中的规模经济、教育和制度创新对经济增长的贡献。

3.反映宏观经济总体态势的指标

宏观经济的主要目标是经济增长、就业充分、物价稳定和进出口平衡与汇率稳定。

由此可设计反映宏观经济业绩的主要指标：

经济增长率，指实际 GDP 比上年增长幅度，其中实际 GDP = 名义 GDP/GDP 减缩指数。经济增长率这个指标反映了一国经济增长速度。

失业率，是指失业者在劳动力中所占比重，它反映了一国的充分就业情况。

通货膨胀率，用 GDP 减缩指数或消费者价格指数计量，其中 GDP 减缩指数的计算公式为：GDP 减缩指数 = 以现价表示的 GDP/以不变价表示的 GDP。

四、我国宏观经济景气指数

国家信息中心经济景气分析课题组开发研制了中国宏观经济景气指数，此景气指数由先行合成指数、一致合成指数和滞后合成指数 3 种指数构成，并对我国汽车、煤炭、钢铁、房地产等行业进行分析和预测。景气指数的制作过程见图 2－3。

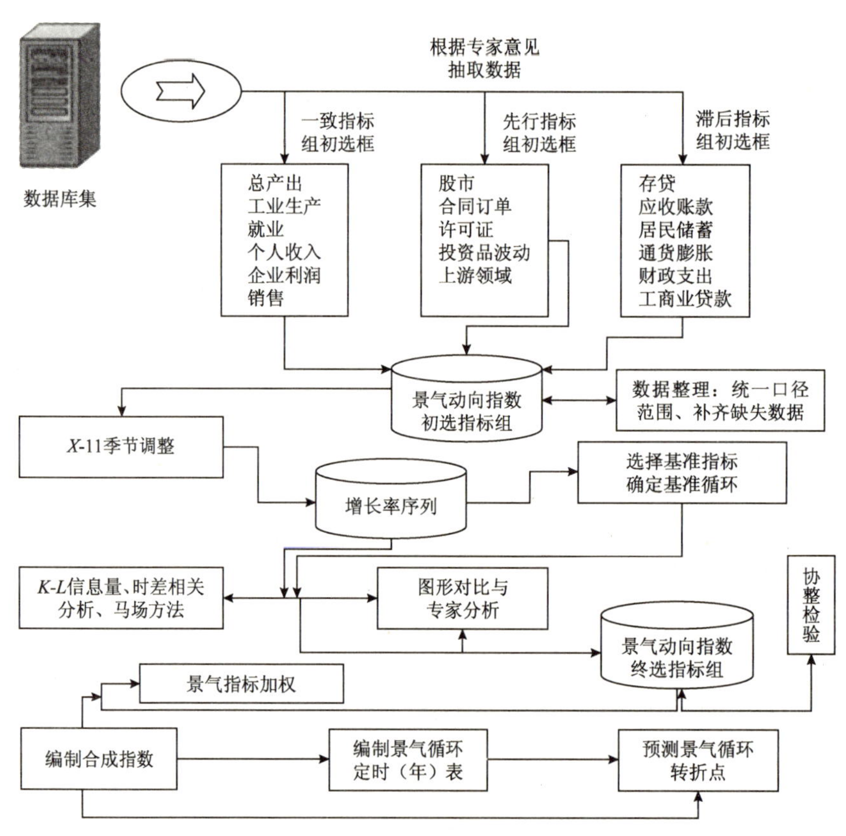

图 2－3　我国景气动向指数编制流程

（资料来源：中国经济景气监测中心 www. cemac. org. cn）

(一)我国宏观经济景气动向指数

编制景气指数的最主要的目的就是预测经济周期波动的转折点,如果先行指数走出谷底,出现回升,预示着一致指数在若干个月后也会回升,也就是总体经济将出现复苏,而滞后指标则是对一致指数的确认,也就是再过几个月以后滞后指标也会出现回升。一致指数是反映当前经济的基本走势,由工业生产、就业、社会需求(投资、消费、外贸)、社会收入(国家税收、企业利润、居民收入)四个方面合成;先行指数是由一组领先于一致指数的先行指标合成,用于对经济未来的走势进行预测;滞后指数是由落后于一致指数的滞后指标合成得到,它主要用于对经济循环的峰与谷的一种确认;预警指数则是以上三种指数中代表性指标的合成,见表2-1。

表2-1 1991年1月至2011年2月的国民经济动向指数

日期	预警指数	一致指数(1996年=100)	先行指数(1996年=100)	滞后指数(1996年=100)
1991.01	88.0	99.64	102.01	103.88
2007.06	114.7	102.48	103.18	100.93
2008.08	108.0	102.52	100.44	100.48
2009.02	73.3	92.96	98.63	92.54
2010.02	110.0	103.9	104.7	95.8
2011.02	108.0	103.0	101.4	102.2

(数据来源:中国经济景气月报)

(二)宏观经济景气指数预警信号图

预警指数是把经济运行的状态分为5个级别,"红灯"表示经济过热,"黄灯"表示经济偏热,"绿灯"表示经济运行正常,"浅蓝灯"表示经济偏冷,"蓝灯"表示经济过冷。预警信号作为景气动向指数的组成部分,对于处于起飞阶段的中国经济,能够弥补一致指数不能直观描述经济运行目前所处状态的不足,能准确地判断当前经济究竟处于"过热"、"偏热"、"正常(稳定)"、"偏冷"或"过冷"五种状态中的哪一种,仍然具有很好的现实意义。决定预警信号体系科学性强弱的第一个因素就是监测指标选择的好坏。我国宏观经济预警指标选择的原则是重要性、灵敏性、稳定性、可操作性,见图2-4。

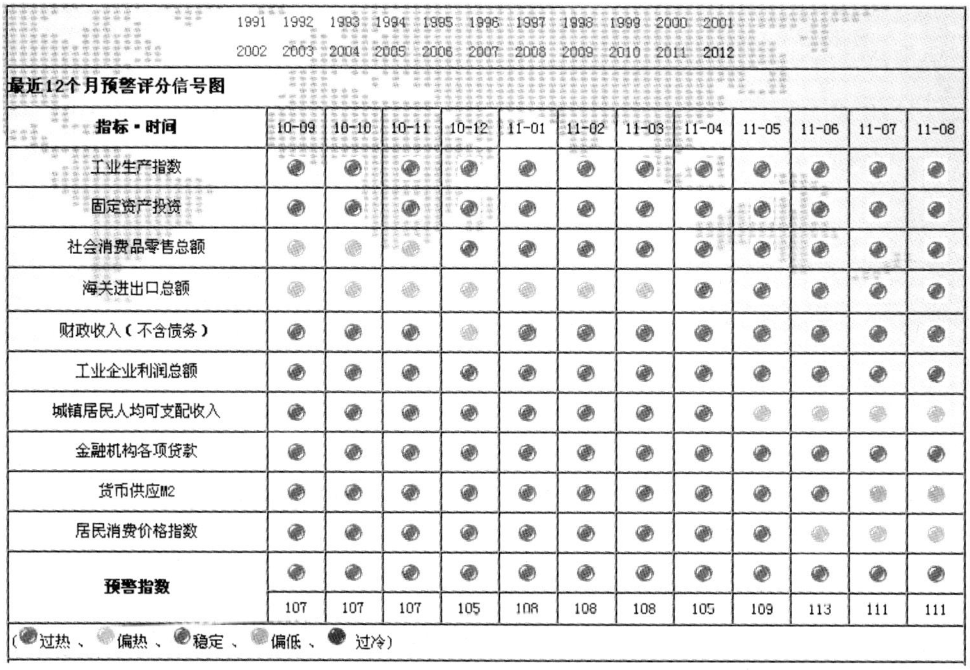

1991 1992 1993 1994 1995 1996 1997 1998 1999 2000 2001
2002 2003 2004 2005 2006 2007 2008 2009 2010 2011 2012

最近12个月预警评分信号图

指标·时间	10-09	10-10	10-11	10-12	11-01	11-02	11-03	11-04	11-05	11-06	11-07	11-08
工业生产指数	●	●	●	●	●	●	●	●	●	●	●	●
固定资产投资	●	●	●	●	●	●	●	●	●	●	●	●
社会消费品零售总额	○	○	○	●	●	●	●	●	●	●	●	●
海关进出口总额	○	○	○	○	○	○	○	●	●	●	●	●
财政收入（不含债务）	●	●	●	○	●	●	●	●	●	●	●	●
工业企业利润总额	●	●	●	●	●	●	●	●	●	●	●	●
城镇居民人均可支配收入	●	●	●	●	●	●	●	●	○	○	○	○
金融机构各项贷款	●	●	●	●	●	●	●	●	●	●	●	●
货币供应M2	●	●	●	●	●	●	●	●	●	●	○	○
居民消费价格指数	●	●	●	●	●	●	●	●	●	○	○	○
预警指数	●	●	●	●	●	●	●	●	●	●	●	●
	107	107	107	105	108	108	108	105	109	113	111	111

（过热、偏热、稳定、偏低、过冷）

图2－4　2010年9月至2011年8月中国经济景气预警信号图

（数据来源：编制方法及简要分析参见中国经济景气监测中心网站 www.cemac.org.cn）

（三）综合动态指标（以2011年8月为例）

中国经济景气监测中心和高盛（亚洲）联合开发的监测预警系统的监测结果表明，2011年8月我国的先行指数略有回落：先行指数较上月下降0.1点；一致指数处于高位震荡态势：一致指数较上月下降0.1点；滞后指数略有下降：滞后指数较上月下降0.1点；预警指数与上月持平，目前为110.7点，见表2－2。

表2－2　2011年8月中国经济动向景气变化

先行指数	101.8	－0.1
一致指数	102.8	－0.1
滞后指数	102.8	－0.1
预警指数	110.7	0

（注：自2006年9月份开始，预警指数作了标准化处理，标准化方法为原预警指数序列÷30×100，这样预警指数最优水平由原来的30分变为100点）

（数据来源：中国经济景气监测中心 www.cemac.org.cn）

先行指数:8 月份,在先行指数的 8 组构成指标(经季节调整去除季节因素的影响)中,1 组指标——物流指数[①]——呈上升趋势;7 组指标——利率差、投资新开工项目、消费者预期指数、工业产品产销率、货币供应 M2、恒生中国内地流通指数和房地产开发领先指数[②]——呈下降趋势。先行指数现在为 101.8(1996 年 =100)。7 月份先行指数下降 0.1 点,6 月份上升 0.1 点。

一致指数:8 月份,在一致指数的 4 组构成指标(经季节调整去除季节因素的影响)中,全部 4 组指标——工业生产指数、社会收入指数[③]、工业从业人员数和社会需求指数[④]——呈下降趋势。一致指数现在为 102.8(1996 年 =100)。7 月份一致指数下降 0.1 点,6 月份下降 0.1 点。

滞后指数:2 月份滞后指数经最新数据修订,连续 10 个月下降。滞后指数现在为 92.54(1996 年 =100)。1 月份,滞后指数下降 1.70 点,2010 年 12 月份下降 1.56 点。2 月份,滞后指数的 5 个构成指标(经季节调整去除季节因素的影响)中,有 2 个政策性指标为上升趋势——财政支出和非农业短期贷款,有 3 个指标为下降趋势——企业存货、CPI 和居民储蓄。

预警指数:8 月份,在预警指数的 10 个构成指标(经季节调整去除季节因素的影响)中,经最新数据修订有 6 个指标——工业增加值、固定资产投资、消费品零售总额、海关进出口总额、企业利润和各项贷款——处于绿灯区;2 个指标——城镇居民可支配收入和居民消费价格指数——处于黄灯区;1 个指标——货币供应 M2——处于浅蓝灯区;1 个指标——财政收入——处于红灯区。综合各项指标的变动情况,预警指数为 110.7 点,与上月持平,目前处于绿灯区中心线以上。

五、我国宏观经济预警体系的评价

中国宏观经济预警体系建立于 20 世纪 90 年代初,十多年来为国家宏观调控提供了可靠的信息,成为宏观调控的主要依据之一。然而,进入 21 世纪以来,中国经济的运行格局发生了重大变化,导致预警体系的敏感度和预测精度出现了偏差。王慧敏等(1999)的研究指出,宏观经济预警系统是一个复杂的大系统。但目前预警系统尚存在一些问

① 其中:社会货运量指标上升,港口货物吞吐量指标下降

② 其中:房地产土地购置面积指标和商品房新开工面积指标均有不同程度下降

③ 其中:工业企业利润指标上升,税收指标和居民可支配收入下降

④ 其中:消费品零售和投资指标下降,外贸进出口指标上升

题，即预警系统的数据输入偏重量化指标和经过某种处理方法得到的"准"量化指标，忽视非量化指标（如专家经验）。但实际中，指标的类别多且杂，有统计的、非统计的、确定的和模糊的等，这种做法显然易失去预警信息；预警模型惯于采用直线外推、指数平滑、回归移动平均、灰色预警等模型，而高度非线性系统难以处理；多采用单一预警方法，而较少考虑多种方法的综合运用。石良平（2007）提出目前国内宏观经济预警中选择的主要指标与我国国情不完全匹配，影响着中国经济增长与波动的二元经济因素、科技进步与人力资本变化的影响等中长期因素未纳入到预警体系中去是影响精确度的重要原因。张彦（2010）也认为我国国民经济预警机制存在问题，提出了以下科学发展对策：统一管理，提高重视程度；完善国民经济预警体系；结合经济环境辅以产业市场标准解决预测能力差问题；建立监测体系，施行效果评估，解决经济预测误差考虑少问题等。

六、研究发现

宏观经济监测预警是对宏观经济运行过程中可能发生的严重冲击和破坏经济系统结构的波动和偏差进行分析和预报，为宏观经济调控提供警报和排警的建议，是对凯恩斯以来宏观调控理论和相关经济增长理论的应用实践与推广。周期性波动是存在于任何经济中的一种常态，旅游业作为一个经济产业，在其发展历程中同样存在着周期波动（匡林，2000）。现实层面，旅游经济具有综合性、关联性和敏感性的典型特征，其平稳运行和长期战略目标的实现也要求对产业运行景气进行监测并对发展趋势做出科学预测。而上述一般宏观经济预警原理对于开展旅游经济预警系统研究具有理论架构层面的指导意义。同时其他产业如金融产业经济监测预警研究（周新辉，1999）的原理和方法也进一步表明，从经济结构、经济内容或效益、发展环境以及总体经济态势判断的角度进行指标设计，采用合成指数等方法展开相关产业经济监测和预警工作是有效的。因此，在回顾宏观经济预警研究的基础上结合旅游经济理论研究、旅游产业发展的战略目标以及旅游业的季节性等产业特性，开展我国旅游产业运行预警模型研究具有了一定的理论基础，并且对于拓展我国旅游产业经济的基础理论研究具有开创意义。

通过回顾宏观经济预警系统方面的研究发现，我国宏观经济预警系统的构建是在借鉴国外经验的基础上起步的，但在实施过程中受制于中国特殊的国情，无论是系统工作机制还是预警的方法选择上还存在诸多有待完善的地方。同时国外经济预警研究大都注重从大量的调查样本中寻找规律，使研究结论更具有说服力，也更具有实用性。而国内的产业经济预警研究多停留在构建指标体系，对产业经济预警提出方法构想的初级阶段，具体的应用研究较为薄弱。已有的少量实证研究也多仅限于应用历史统计数据的基础上构建预警模型，在一定程度上影响了预测的精确性。同时还可以发现，目前的产业预警实证研究多集中于房地产业和金融业，对其他国民经济发展中具有战略意义的产业则研究较少。尤其对于已上升至我国国家战略性支柱产业地位的旅游业而言，其调节经济社会发展的综合功能日益凸显，产业运行的内外部影响因素日趋复杂，因而关于这一领域的预警研究有迫切的现实意义。旅游经济学要超越旅游部门经济学的范畴，就必须运用经济学的思维方式和基本原理来解释旅游领域中的经济现象，分析其原因，给出解决问题的思路（戴斌，2001）。本课题组开展的旅游经济监测与预警系统研究正是在充分借鉴宏观经济和其他产业经济领域预警理论研究和经验研究的基础上，结合中国旅游经济运行的阶段性特征，致力于为初步建立起中国旅游经济监测与预警系统提供理论依据和科学指导。为了给构建起科学、全面的旅游经济监测预警系统提供较为充分的理论基础和实践依据，下面我们将进一步回顾旅游经济景气分析和预警方面的相关研究成果，并总结归纳实践层面的应用研究成果。

第三节　旅游经济预警

一、旅游经济预警的理论研究

本章在第一节内容中已经就国内外相关的旅游产业经济研究成果进行了系统梳理和比较研究，本节我们将进一步聚焦于有关旅游产业景气分析和预警方面的研究成果。总的来看，虽然国内外有关旅游经济景气监测和预警系统的理论研究寥若晨星，但在实践层面却不乏大量由旅游组织机构和政府部门推动的旅游监测预警应用性研究和实践。目前，旅游监测预警领域的研究成果主要集中于旅游产业/行业景气分析、旅游市场周期波动分析和旅游危机预警研究三个方面。总的来看，从微观层面出发的旅游安全/危机预警研究较多，而针对整个旅游产业运行态势开展的监测预警研究则较少。其中，霍松涛（2008）探讨了旅游预警系统的运行机理和系统的构建设想，提出旅游预警系统的五大子系统——旅游警情动态监测子系统、旅游警源分析子系统、旅游警兆识别子系统、旅游警度预报子系统和地理信息技术辅助子系统，旨在对旅游行业和旅游目的地的可持续发展提供可靠的保障体系。

（一）旅游产业景气研究

回顾旅游产业领域的相关文献发现，从供给角度出发开展的旅游产业景气研究范围已涉及旅行社业、饭店业、景区行业。从景气指数的制作方法上看，这几项研究主要采用国际通用的合成指数和主成分分析方法来制作景气指数，并将其区分为超前、滞后、一致指数。这些研究，开创了我国旅游产业景气指数研究的先河，是将成型的宏观经济景气指数制作方法应用于旅游领域的有益尝试。然而，在具体的分析中发现，这些研究还有很多有待完善的地方。这主要包括现有的旅游景气指数研究中以年度为单位选取数据导致先行、滞后、一致指标的选取失去意义，季节性特征被忽略等方面的问题。要提高旅游景气指数的客观性和准确性，未来需要从产业（供给）和市场（需求）两方面建立旅游景气指数，编制景气指数时指标数据的时间跨度应尽可能精确，重视对季节调整方法，应用多样化方法来编制旅游景气指数，引入离散变量等（张凌云等，2009）。类似地，王新峰（2010）的研究也指出由于旅游统计数据的欠缺，导致使用月度或季度数据会缩短景气指标的统计年限。因此绝大部分国内学者仍然采用年度数据对旅游指数进行测算；而且处于初级研制阶段的现状决定了反映谷底的滞后合成指数的编制还没有发现真正合适的潜在指标，需要更深入的探索。下面我们将分别对饭店、旅行社和景区三个行业领域的景气研究进行详细回顾。

1. 饭店业景气研究

国际旅游研究领域，关于饭店产业景气监测的研究较少（Jeong - Gil Choi，1999；2003）。Jeong - Gil Choi 等（1999）针对美国饭店业 28 年间的景气循环进行了分析，以饭店业收入作为分析指标，分别使用绝对值循环和增长率循环方法，得出美国饭店产业存在三个景气循环周期的结论，并通过比较研究发现饭店产业的景气循环转折点领先于一般商业景气循环的峰谷点，反映了饭店产业对经济周期变化的敏感性。随后 Jeong - Gil Choi（2003）针对美国饭店产业进行了能对产业增长和转折点加以预测的经济监测系统的研究。作者根据美国国家经济研究局（NBER）经济周期转折点预测准则和统计相关性方法，设计了包含 12 个先行指标、10 个滞后指标和 10 个一致指标的饭店产业监测系统。而检验结果表明该系统是一个很好的预警工具。

在国内的旅游研究领域,饭店产业预警是近几年才开始的。戴斌等(2008)按照现代经济周期理论,在深入分析影响饭店产业景气因素的基础上,构建了中国饭店产业景气的指标体系;运用主成分分析法,编制了饭店业的综合景气指数;并对我国近 20 年饭店行业景气指数作了实证分析。游灏等(2008)的研究在深入分析星级酒店业景气波动影响因素的基础上,构建了星级酒店业景气波动的评价体系,并对上海星级酒店业近年的景气状况进行了实证研究。阎霞(2008)的硕士学位论文结合饭店产业特性,试图构建饭店产业景气的研究框架,同时尝试构建饭店产业景气的模型及测量方法,来计算中国饭店产业的景气指数。秦炳旺(2009)的硕士学位论文在构造我国经济型酒店景气指数方面进行了初步探讨。详细阐述了我国经济型酒店景气指数编制的步骤,包括选取指标构建指标体系,选择基期,消除不确定性因素,建立数学模型,建立预警机制,然后结合经济型酒店网发布的景气指数进行实证研究。张斌(2010)在已有研究的基础上,依据经济预警指标体系设计理论以及饭店业、旅游业、宏观经济统计数据的实际情况,从饭店业内部协调关系、饭店业市场供求协调关系、饭店业与相关产业经济协调关系、宏观经济环境四个方面初步选取 29 个警源指标,然后根据经济预警"明确警情,寻找警源,分析警兆,划分警限,提示警度"的逻辑顺序,构建了基于改进 BP 算法的饭店业经济预警系统,并予以实证研究。

2. 旅行社业景气研究

相对于饭店产业的相关研究而言,国内对旅行社产业景气的研究较少。戴斌等(2007)的研究在对 1993 年来旅行社行业各项统计数据系统梳理的基础上,通过定量、定性研究结合的方法构建了中国旅行社产业景气指数模型,对产业发展进程和产业贡献率进行了分析和评价。

3. 景区景气研究

陈一静(2008)的硕士学位论文提出发展模式对旅游景区发展的影响最为深刻,从而会影响旅游景区发展的整体效应,选择了"滞后型发展模式"和"超前型发展模式"特征较为显著的什刹海景区与云台山景区进行对比分析不同发展模式下的景区景气情况。旅游景区景气指数指标的选取方面,最终确定了主导行业运营指数、周边影响力指数、业态丰裕指数、人气指数、人文和谐指数项共同构成旅游景区景气指数体系。通过上述旅游景区景气指数分别对两个景区旅游发展的整体效应进行了定量测度。

（二）旅游市场景气研究

旅游需求的敏感性较为突出，因此旅游市场的周期波动特征较早也较多受到学术关注。匡林（2000）通过国际游客接待人次这一指标考察了世界旅游业和中国旅游业的周期波动特征，认为20世纪90年代以前，中国旅游业波动状况的特征可概括为“振幅高、峰位高、波谷深、平均位势高”，反映在旅游市场上就是“在大波大折和大风大浪中，在较高年均增长率上，取得发展”；90年代以来，波动状况的特征可概括为“低振幅、中波峰、高波谷、中波位”，反映在市场上就是“在稳定中赢得较高水平的增长”。但在国内旅游逐渐居于主导地位的旅游发展阶段，仅以入境旅游人数变化来推断我国旅游业的整个市场规模有失偏颇，其他效益型和结构型指标及行业景气指数等更应该成为旅游经济周期波动监测的重点指标（张凌云，2001）。进入新世纪以来，不仅我国旅游产业主体的市场特征日益明显，随着旅游市场的开放程度加大，影响旅游需求的国内外因素也更为复杂，而旅游市场波动的经济、社会影响却在加深，因此对旅游业进行监测和预测具有十分重要的现实意义，而进行相关的理论研究则更为迫切。韩东林（2006）沿用匡林（2000）的研究方法通过国际旅游收入年增长率这一时间序列指标的变动规律来判断我国国际旅游市场的波动周期特征，得出了与匡林（2000）研究不同的周期波动划分阶段，认为中国国际旅游市场总是呈现出“大起大落”的波动。其对策研究提出要促进中国国际旅游经济健康稳定发展，旅游管理部门要发挥良好的调控作用，旅游研究部门要深入研究波动的规律性。左冰（2002）采用类似方法考察了云南省海外旅游市场的周期性波动问题，认为一方面政治的和经济的冲击是导致云南海外旅游市场运行偏离常态的最根本原因，旅游需求自身的敏感性加剧并扩大了冲击的影响；另一方面市场发育尚未成熟，缺乏对外部冲击和干扰进行调节的缓冲机制，难以有效平抑市场需求的不稳定性波动。倪晓宁，戴斌（2007）利用1985年至2005年的数据，采用合成指数方法构建并估算中国旅游市场景气指数，以期为政府管理机构和企业准确判断旅游产业的发展并预测未来的动向、制定相关的调控政策提供依据。雷平（2009）的研究也指出，旅游业不仅是高增长产业，也是高波动产业。为准确描述中国入境旅游市场的周期性波动，提高行业监测与预警能力，其研究以外国游客入境旅游市场为研究对象，根据中国外国游客客源国结构，从中国及主要外国游客客源国和世界宏观经济数据中选择了先行、一致和滞后指标，应用HP滤波方法构建了中国基于增长循环的外国游客入境旅游市场合成景气指数（CI），并分析了不同周期的主要成因。研究表明与成熟旅游国家相比，中国的外国游客入境旅游市场影响因素有较大的差别,来华旅游外国游客有相当比例有公务目的,此外,突发因素的随机冲击对我国入境旅游市场景气周期的影响显著,应引起行业经营与管理人员的高度重视。王新峰(2010)也采用合成指数法对中国旅游市场景气进行了初步研究,结果发现20年间中国旅游业综合景气指数一直呈现平稳的发展态势,但由于统计数据的缺乏,编制基于季度、月度数据的旅游景气指数尚存在困难,而基于年度数据的景气指数反应不够灵敏,一些短期波动并不能够显示出来。相关英文文献中也是以入境旅游市场为研究对象的市场景气分析和预测研究较多。其中,Ming - Hsiang Chen(2012)的研究依据马尔科夫转换模型以入境游客接待量为指标,测量了美国1996~2011年间的旅游景气循环特征,结果发现美国旅游景气循环特征具有两状态马尔科夫链特征,增长具有非对称性[高增长状态持续的时间(6个月)是低增长状态(3个月)的2倍]且高增长状态的稳定性远大于低增长状态,当前美国旅游产业景气从高增长状态向低增长状态转换的概率是17%,反之,则为35%。Kevin K F Wong(1997)研究了商业景气循环对香港国际旅游接待量的影响,并通过商业景气对旅游需求进行预测。也有研究者将先行指数预测方法应用到特定旅游目的地的旅游需求预测中,通过单变量ARMA模型、误差修正模型等对预测结果的精确性进行了比较分析,涉及的先行指标包括客源国居民收入、人均可支配收入、GDP、外汇汇率、相对价格、失业人数、工业产值、货币供应量、进出口等(Turner et al. 1997;Nada Kulendran, Stephen F. Witt,2003)。Rossello - Nadal, Jaume(2001)也使用先行指数预测方法对巴厘岛的国际游客接待量转折点进行了预测。其研究结果认为已有研究通常使用计量模型和时间序列方法对国际游客接待量进行预测,存在一定的不确定性;而通过宏观经济指标设计的先行指数预测准确性较好。

(三)旅游危机预警研究

近年来,随着人们对旅游危机安全事件的日益关注,在旅游研究领域产生了大量有关旅游安全、危机的预警研究(Bruce Prideaux 等,2003;任学慧,王月,2005;赵怀琼,王明贤,2006;李树民,温秀,2009;谢朝武,2010 等)。突发事件对我国入境旅游市场影响巨大,基于经济指标的合成指数难以对此提前反映,因此,在旅游经营与管理中,应加强对危机与突发事件的研究(王新峰,2010)。Bruce Prideaux 等(2003)的研究对比了印尼1997年来的入境旅游预测结果和实际结果,发现受屡次政治经济危机影响目前的预测方法不能很好地得出预测结果,提出未来的旅游预测应该对旅游业环境、政治风险等给予充分考虑,并结合混沌理论的方法比较合理。在我国,由于旅游业起步晚、发展时间短以及发展稳定等原因很长时间内忽略了危机事件对旅游行业的冲击。随着国内市场需求的扩大、与世界旅游市场的交融加深，各种突发性事件对国内国际旅游业的冲击加大，而旅游业自身又是一个对需求高度敏感的行业，因此缺乏准备的旅游业在危机面前遭受巨额损失是意料之中的事情。温秀(2004)的学位论文以SARS对国内旅游的影响冲击入手，以大量数据和事实分析了旅游危机的行业冲击和引致冲击，并从行业内部、历史和社会三个角度阐述了引发危机的因素，从而为预警机制建构提供了前提。吕琨(2009)在相关理论研究和实证调查的基础上，分析了构建旅游业危机预警系统的目标，确定了预警的指标体系、评价标准、危机等级及处理预案，并针对政府、旅游业管理部门和公众三个方面提出了构建旅游业危机预警体系的组织对策。也有研究者关注了特定旅游市场的安全预警问题。如滕玮峰(2006)认为旅游安全预警对降低旅游者风险具有重大意义，其研究结合相关研究和国外旅游发达国家的经验分析，认为我国境外旅游预警迫切需要划分层级。同时，从旅游主体角度出发，分析和诠释了旅游预警应强调政治和治安预警、健康预警。部分研究者还从微观企业运营的角度关注了企业危机预警问题(李锋，2007；刘畅等，2009；刘红芳，2009)，旅游财务预警(殷正坤，2009)等问题。总的来看，旅游危机预警方面的研究当前以危机预警机制的定性探索为主，经验研究层面预警指标的设计则根据具体的研究对象的不同而变化较大。

(四)小结

总体上从文献的分布范围来看，从需求角度探索旅游市场景气特征的研究较多，而从供给角度探索旅游产业运行监测和预警的研究较少，综合供需两方面影响因素展开的旅游经济监测预警研究还基本是个空白；从危机事件防范角度研究旅游业预警机制的文献较多，而针对旅游经济运行实时监测预警研究的文献较少。多数研究仍停留在构建预警机制的理论分析框架层面，在理论研究基础上开展实证研究的文献较少。但很有必要对已有旅游预警经验研究成果中的旅游预警指标体系设计方法和指标范围进行归纳总结(见表2-3)，为进一步开展旅游经济监测预警系统研究提供可资借鉴的参考资料。从这些预警指标的内容来看，同时涉及了宏观经济范畴和旅游经济范畴；从数据类型来看，以定量数据为主，定性数据的使用较少；从数据来源看，主要以现有统计数据为主，缺少一手调查数据尤其是景气调查数据的使用。旅游经济的多层次性和复杂程度决定了预警指标体系的设计必须兼顾各种类型、各种来源数据的综合运用才能全面反映经济运行的全貌。

表2-3 已有文献旅游经济景气和预警研究指标

研究内容主题	分析对象	主要旅游经济统计指标内容	主要宏观经济统计指标
旅游产业景气研究	饭店产业	饭店业总收入(Jeong-Gil Choi et al.,1999);饭店业上市公司股市指数、入住率、总建筑面积、固定资产原值、饭店业贷款利率、新增客房数等(Jeong-Gil Choi,2003);国内/国际旅游收入(阎霞,2007);城镇居民出游率、城镇居民人均花费、饭店业全员劳动生产率、人均实现利润、人均占用固定资产原值、固定资产原值、百元固定资产创营业收入、床位数、平均房价、从业人员数等(游灏等,2008);饭店平均价格、经济型酒店平均建造成本、经济型酒店总资产/资产利润率/销售利润率等(秦炳旺,2009);饭店业全员劳动生产率、餐饮占营业收入比重、城镇饭店业开发投资额、旅游消费价格指数等(张斌,2010);饭店平均土地价格、满意度等(课题组,2008)	美国股市交易指数;服务业GDP;工资水平;可支配收入的储蓄率;消费者信心指数;服务业居民总消费;GDP、就业人数、工时量等(Jeong-Gil Choi,2003);社会消费品零售总额、最终消费支出、资本形成总额、客运量总计、人均国内生产总值、职工平均货币工资(阎霞,2007);进出口贸易总额、城镇居民家庭恩格尔系数、城镇居民人均可支配收入、城乡居民储蓄存款额、汇率等(游灏等,2008);国家财政收入/支出总额增长率、居民消费价格指数、城镇固定资产投资总额等(张斌,2010)
	旅行社	旅行社产业规模、市场、经营景气、年检景气指数(戴斌等,2007)	
	景区	行业集中度、景区各项收入和就业构成指标、国际游客占比、单位时间客流量、首访率等(陈一静,2008)	房产均价、多项环境指标(陈一静,2008)
旅游市场景气研究	市场	国际游客接待人次(匡林,2000);云南入境旅游人次(左冰,2002);国际旅游收入(韩东林,2006);国际/国内旅游收入、国内/入境旅游人数等(倪晓宁,戴斌,2007);国际/国内旅游收入、国内/入境旅游人数、国内旅游人均花费等(王新峰,2010);外国游客入境旅游人次/外汇收入(雷平,2009);入境游客接待量(Ming-Hsiang Chen,2012)	GDP、居民消费支出、全国居民消费水平、固定资本形成总额、外商直接投资实际利用额、城乡居民人民币储蓄存款(倪晓宁,戴斌,2007);住宿和餐饮业增加值、城镇居民人均可支配收入、城镇居民家庭恩格尔系数、货物进出口贸易总额、邮电业务总量、旅客周转量、客运量、城镇人口比重、社会消费品零售总额、汇率、财政支出(王新峰,2010);客源国人均收入、汇率(Turner et al.,1997);固定资产投资、进出口、世界原油价格指数等(雷平,2009)

续表

研究内容主题	分析对象	主要旅游经济统计指标内容	主要宏观经济统计指标
旅游危机预警研究	目的地/企业等	旅游地居民好客度、景区设施使用率、饭店入住率（祝喜等，2010）；通道指标与旅游环境容量（梁留科等，2006）	CPI 增幅、失业率、治安稳定度等（祝喜等，2010）

二、旅游经济监测与预警实践

（一）国际组织旅游经济监测预警实践

1. 世界旅游晴雨表（World Tourism Barometer）

联合国世界旅游组织（World Tourism Organization）的主要职能就是负责收集和分析各国旅游数据，定期向成员国提供统计资料、研究报告，制定国际性旅游公约、宣言、规则、范本，研究全球旅游政策等。它定期发布有关世界各国和地区的旅游接待量、旅游收入和旅游支出等最新旅游业动态数据。而全球旅游晴雨表则是建立在短期监测基础上的国际旅游业景气报告，由世界旅游组织“旅游趋势和市场战略项目组（Tourism Trends and Marketing Strategies Programme）”一年三次发布最新的旅游统计数据，并做出相关动态和趋势分析。每期内容包括三大部分：①从目的地、客源地和航空业数据出发进行的全球旅游业总体分析；②建立在旅游专家小组调查基础上的旅游业短期趋势预测和评估；③旅游业关键经济指标分析。2011 年年底世界旅游晴雨表对全球旅游业的监测结果如下①：

其中，以全球游客接待量月度数据为主要监测指标反映的近年来全球旅游业发展态势，如图 2－5 所示。

每年世界旅游组织分别在 1 月、5 月、9 月对来自世界各地的三百多位专家进行三次旅游专家信心景气调查，并根据专家对未来四个月的预期（prospects）和对过去四个月的景气评估（Evaluation）打分情况（打分采取 0～200 量表，100 分表示景气无变化，超过 100 分则为景气上升，低于 100 分则表示景气下降）来判断世界旅游业短期内的景气波动情

① 数据来源：世界旅游组织官方网站（http://www.unwto.orgfacts/menu.html）。

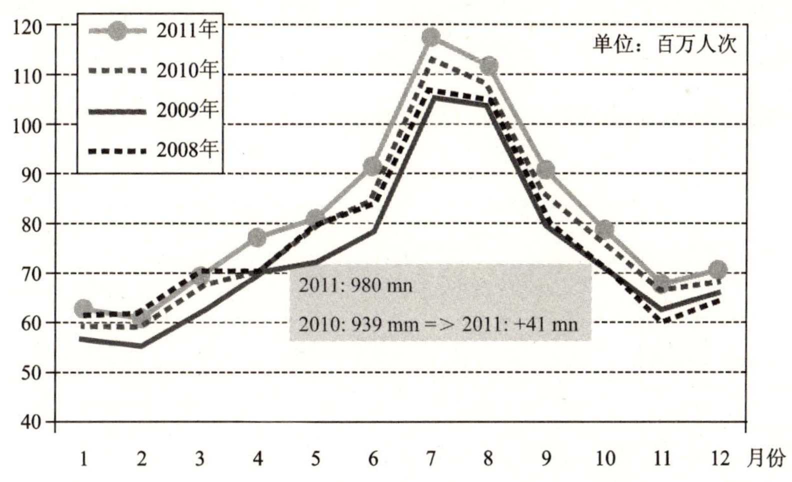

图 2－5　世界国际旅游月度变动趋势(2008—2011 年)

(数据来源:世界旅游组织官方网站)

况。该专家信心景气指数又细分为旅游业公共部门和私营部门信心景气指数、旅游目的地信心景气指数、旅游交通业信心景气指数、饭店和餐饮业信心景气指数、旅游经营/代理商行业信心景气指数、旅游咨询/媒体/研究机构信心景气指数和旅游产业信心景气指数。此外,年度信心景气指数则包括世界旅游业信心景气指数,还进一步分为新兴经济体和发达经济体的旅游业信心景气年度指数。其中,世界旅游组织最新发布的世界旅游业专家小组信心景气年度指数如图 2－6 所示:

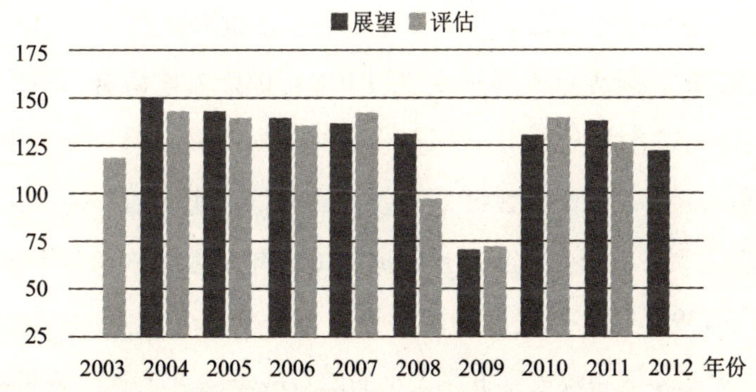

图 2－6　世界旅游业专家小组信心景气指数

(数据来源:世界旅游组织官方网站)

世界旅游组织最新发布的《全球旅游 2011 年度业绩报告和 2012 展望》(*World Tourism Performance* 2011 *and Outlook* 2012)中根据前述信心景气指数调查,还进一步发布了 2003 年来的全球旅游经济景气循环趋势,趋势图如图 2-6、图 2-7 所示:

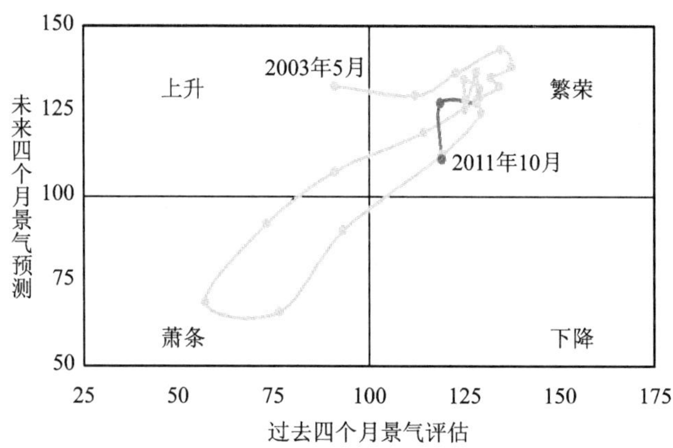

图 2-7　全球旅游经济景气循环钟形图(2003.05~2011.10)

2. 旅行旅游业竞争力指数(Travel & Tourism Competitiveness Index)

世界旅行旅游竞争力年度报告(The Travel & Tourism Competitiveness Report,TTCR)是由世界经济论坛(达沃斯)通过其航空、旅行和旅游业这一产业合作项目(Aviation, Travel & Tourism Industry Partnership Programme)对世界旅游经济做的深度分析报告,其核心内容是旅行旅游业竞争力指数(Travel & Tourism Competitiveness Index)的发布。为其指数设计提供行业数据和信息支持的合作伙伴包括世界旅游组织(UNWTO)、世界旅游旅行理事会(WTTC)、世界自然保护联盟(IUCN)、国际航空协会(IATA)、德勤有限公司(Deloitte)、战略规划合作伙伴博思咨询公司(Booz & Company)和数百个旅行旅游企业以及旅游机构等。还有一个重要数据来源就是高管层意见调查(Executive Opinion Survey),主要通过问卷调查的形式收集质性数据。2011 年是发布该竞争力指数的第四个年度,该指数描述了 139 个国家和地区的旅游竞争力状况,旨在提供一个能够衡量不同国家地区旅游业发展的环境和政策竞争力大小的综合战略参考工具。该指数通过 70 多个指标三大类指标体系对不同国家地区旅游业竞争力进行评价和排名。涵盖的三个指标类别包括:①反映旅游产业规制环境的指标类别;②反映旅游业商务环境和基础设施状况的指标类别;③影响旅游业发展的人力、文化和自然资源指标类别。这三个指标大类下的具体指标又被用来刻画反映竞争力大小的 14 个一级指标,它们分别是政策和产业规制、环境的可持续性、安全保障、健康卫生、旅行和旅游业的产业地位、航空交通条件、地面交通条件、旅游基础设施、信息通信设施、旅行和旅游产品价格竞争力、人力资源、旅行旅游产业的开放性和吸引力、自然资源和文化资源。每个一级又由数个二级指标来测度。

2011 年发布的世界旅游旅行竞争力指数中国大陆地区排名和各项指标评分情况如图2－8所示：

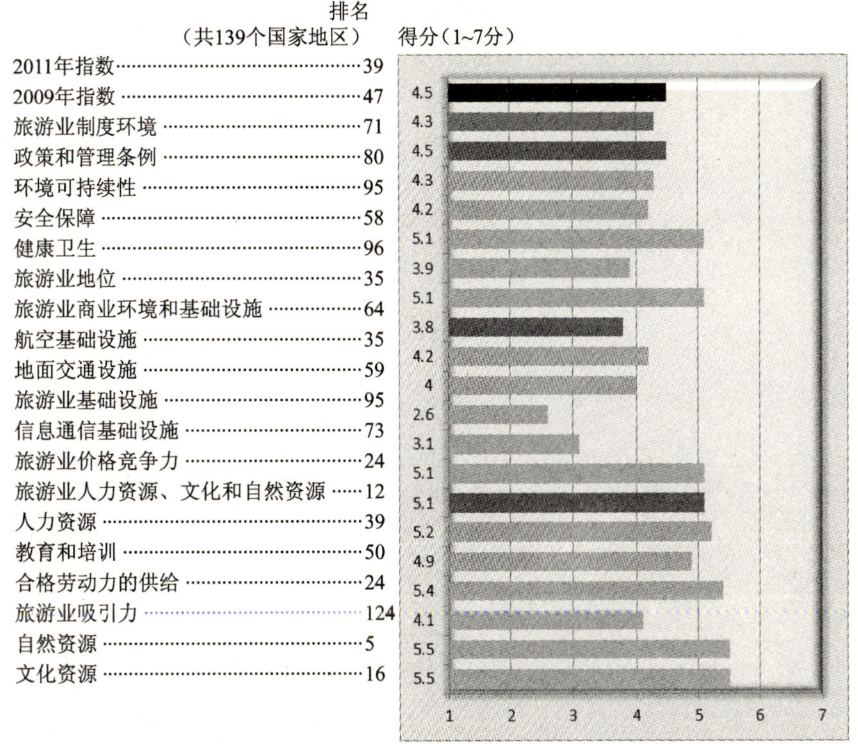

图 2－8　世界旅游旅行竞争力指数中中国大陆排名情况摘要(2011 年)

（资料来源：《世界旅行旅游业竞争力报告》(*The Travel & Tourism Competitiveness Report*,2011：162)

2011 年国际旅游竞争力评价中，中国大陆在 139 个国家和地区中综合竞争力排名第 39 位。在 14 个一级指标及下属二级指标的排名高于 39 为具有竞争优势的领域和具体要素。图 2－8 的七级量表为针对高层管理人员的指标评估调查结果。

3. 旅游卫星账户(TSA)

旅游卫星账户是对特定国家和地区旅游业发展的经济社会影响进行定量监测和全面评估的重要方法。由于侧重于影响评估，它对旅游经济的监测在时间上具有滞后性，但考察的评估指标体系对于我们开展旅游经济运行实时监测预警研究仍具有重要意义。早在20世纪70年代中期，法国就提出了以需求和预测为重点的旅游卫星账户的概念，经合组织(OECD)于20世纪80年代初开始寻求相应的统计工具(厉新建,张辉,2002:207)。二十多年以来,在国家一级建立旅游卫星账户,以及为这种概念和分析框架拟定国际建议,一直被列入全世界旅游统计学家的议程。在认识到旅游专有特征的情况下(不只是描述游客,游客消费的交通、膳宿、食品服务,游客服务人员的活动等),旅游统计学家还很快认识到,旅游的描述和分析不能脱离其更宽泛的社会经济背景。旅游卫星账户基本上是用来从宏观经济角度了解旅游业的概念性框架,主要是对旅游的不同形式(入境游、本国游和出境游)进行描述和计量,还突出了游客消费和经济体(主要为旅游行业)的货物及服务供应之间的关系。有了该工具,就可以估算旅游国内生产总值,确定旅游对经济的直接贡献,并根据旅游卫星账户和国民账户体系及国际收支之间的内在关系,制订更复杂和更详尽的方案。2000年,世界旅游组织、欧盟统计署等联合发布了《旅游卫星账户:建议的方法框架》。历经实践和有关国际组织的论证和完善,旅游卫星账户现已成为国外政府普遍认可的核算方法。截至2006年年底,已有70多个国家和地区完成和着手进行旅游卫星账户的编制工作。我国一些省,如江苏、浙江、广西等也走在全国旅游主管部门的前面开展了地区编制工作(黎洁,2009)。此外,世界旅游理事会(WTTC)联合英国剑桥经济研究中心为世界许多国家编制了模拟旅游卫星账户,它的核算范围则涉及游客个人消费、商务旅游消费、公务旅游消费,又包括了政府公共旅游消费、旅游业固定资本形成等。由游客消费所带来的增加值被定义为旅游产业增加值,而由所有旅游需求所带来的增加值则被定义为旅游经济增加值。从而后者数据大于前者。尽管不同版本的TSA目的不同,一个完整的TSA将提供:宏观经济总量,如游客消费、旅游消费所产生的旅游业增加值、旅游就业等;游客消费的详细数据,以及旅游业的详细生产账户,旅游活动与其他生产活动的联系等。尽管TSA侧重于旅游产业在国民经济中的地位和影响的静态分析,与旅游经济运行动态监测有一定区别,但它所提供的旅游产业核算体系和对产业分类等方面的界定和测度方法对我们的研究仍不失参考价值。

(二)国家旅游经济运行监测指数

美国旅行协会(U.S. Travel Association)是一个全国性的非营利性组织。它从美国旅行业影响力的角度发布全国和各个州的旅行力指数(Power of Travel)。该指数主要由四个经济指标构成:旅游支出、税收收入、旅游就业数量、旅游就业人员工资总额,并通过地图标示的形式直观、动态显示。另外,还提供有关主要客源市场的游客数量和收入等历年统计数据。除该类量化经济指标外,该数据中心还提供相关的定性分析涉及旅游产业的非经济影响作为补充。该中心提供的数据基本上都是年度数据。此外美国旅行协会还与旅游经济咨询公司合作对美国旅游产业的运行进行月度追踪分析和数据发布。其旅游经济信息监测内容主要分为宏观经济、旅游产业绩效、旅行市场趋势和旅行预期四大领域。其中发布的主要指数包括月度旅行先行指数和需求指数、季度旅行意愿指数和其他相应的旅行市场和产业绩效指数。

加拿大旅游局也按季度发布全国旅游业指数 NTI(National Tourism Indicators)为加拿大旅游业的经济活动及其他相关活动分析提供有力支持。它着重从供给和需求两个角度进行监测。前者包括交通运输业、住宿业、餐饮业和休闲娱乐业;后者包括加拿大国内游客和海外游客需求,以及旅游需求创造的就业和 GDP 等方面。此外,汇率、通货膨胀率等影响旅游产业发展的环境因子也是该指数监测的领域。其数据主要来自加拿大统计局,由于数据获取的时滞原因,季度数据一般会迟于当季三个月发布。同时 NTI 还是加拿大旅游卫星账户建设的重要年度、季度数据来源。

(三)知名旅游咨询机构行业监测系统

除上述国际旅游机构对全球旅游业从不同角度进行的经济监测和评估外,全球知名的旅游咨询机构也定期发布针对产业运行或者市场景气的研究报告。从事全球酒店咨询业务的浩华酒店旅游休闲咨询公司(Horwath Hotel, Tourism and Leisure Consulting)数年来定期发布全球酒店市场的酒店年度报告。此外,浩华管理顾问公司还根据全球酒店经营者所作的景气调查,每年发布《饭店产业经营调查报告》(*Hotel Industry Survey of Operations*)和《全球酒店市场信心调查报告》(*Global Hotel Market Sentiment Survey*)。《全球酒店市场信心调查报告》所发布信心指数涉及的主要酒店经营指标包括入住率、平均房价和总收入三项。2011 年 9 月发布的酒店市场信心调查报告中的全球市场信心指数走势如图 2 - 9 所示。浩华还与中国旅游饭店业协会合作,已连续八年开展饭店业务统计调查工作,发布 2003 年至 2010 年《中国饭店业务统计》。类似地,华盛国际(HVS)作为全球最大的酒店咨询和投资服务公司,每年发布有关评估酒店、分时度假产业、餐馆以及其他旅游服务业的研究报告。其中,发布的《酒店估价指数》(HVI)目前已成为行业的基准,酒店业界都以这一指标作为判断标准来考察酒店客房单元的市场价值在不同市场上的波动趋势。STR Global 则在全球范围内追踪 1300 多个酒店市场的经营业绩表现。STR Global 提供一套完整的酒店标杆数据产品,与全球数以万计的酒店、酒店运营者、银行、酒店开发商、行业顾问及媒体共享各个主要市场的运营监测数据。它每月发布包含入住率和平均房价的全球酒店指数,对全球酒店市场景气进行动态监控。此外,STR Global 还针对重点区域酒店市场进行动态监测。例如针对美国市场它每月两次发布酒店投资晴雨表(Hotel Investment Barometer),每季度发布出行意愿调查(Travel Intentions Survey),见表 2-4。

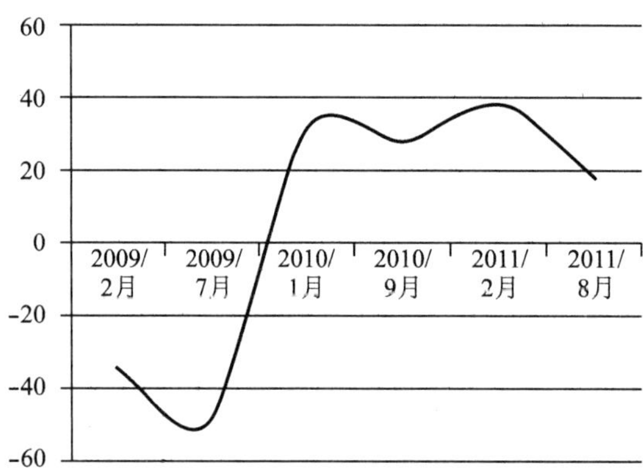

图 2-9 2009 年 2 月~2011 年 8 月全球酒店市场信心趋势

(资料来源:《浩华 2011 全球酒店市场信心调查报告》)

表 2-4 STR2011 年 8 月全球酒店指数

世界区域	出租率(%)	平均房价(美元)
亚太地区	68.10	142.86
美洲	66.30	104.58
欧洲	71.00	137.38
中东/非洲	48.30	149.65

(数据来源:STR 官方网站)

(四)我国旅游经济运行监测实践

近年来,鉴于旅游业在各省市和地区经济中被定为支柱产业、主导产业等,为了有效、及时掌握当地旅游产业的运行状况,不少地区和城市已经开展旅游市场、旅游产业运行方面的跟踪监测。具体情况见表 2-5。

表 2－5　国内开展旅游经济运行分析的情况

序号	省区市	开始时间	发布频率	发布主体
1	安徽	2007 年 8 月	月度、半年度	省局规划发展处
2	浙江	2003 年	季度、半年度、年度	省局政策法规处
3	河北	2010 年	季度	省旅游行业协会
4	山东	2009 年	年度	省局
5	福建	2005 年	累计月份、年度	省局
6	广西	2010 年	半年度、年度	省局政策法规处
7	江西	2009 年	年度	省局
8	四川	2002 年	月度、年度	省局
9	陕西	2010 年	累计月份、半年度	省局
10	云南	2009 年	年度	省局
11	合肥	2010 年	半年度	合肥市旅游局
12	三亚	2006 年	季度	三亚旅游局
13	景德镇	2008 年	季度、年度	景德镇旅游局
14	神农架	2008 年	年度	湖北统计局
15	成都	2003 年	半年度	成都旅游局
16	昆明	2009 年	月度、季度	昆明市旅游局
17	丽江	2005 年	半年度	丽江旅游局
18	长春	2005 年	半年度	长春市旅游局
19	厦门	2005 年	半年度、年度	厦门市旅游局

（注：以上情况截至 2010 年 9 月）

整体来看，国内各机构、各部门发布的旅游经济运行报告，多数是以入境旅游市场数据为主，在年度分析的时候会包括国内旅游市场数据，尚缺乏产业基本面的数据和分析预测方面的内容。同时，现有的旅游经济监测系统多建立在简单地对相关指标进行描述性统计分析的基础上，缺乏科学严谨的经济理论模型基础，也不能真实反映旅游经济运行的全貌，更难对未来运行状况做出准确预测。而部分国际旅游组织和旅游咨询机构在经济监测和预警方面已经做出了类似合成指数、景气调查等具有一定经济景气分析理论基础的应用性研究，尤其是预警方面有关先行指标的设计对有效预测旅游产业经济的运行动态具有很强的指导意义。但总的来看,对以具体国别和整体旅游产业为基本分析单元展开的系统研究较少,且有关中国的景气监测或者竞争力评价建立的数据基础不够翔实、全面。

三、小结

现代经济周期理论认为,经济波动源自经济内外部的各种因素。外部变量随机的或者周期性的变化也会使旅游经济运行遭受外部干扰和冲击,而旅游经济内部的自我调节机制或自我推动力量则能够对外部干扰起到平抑或者传导扩大的作用。要实现我国旅游业平稳、快速发展,构建科学系统的旅游经济实时监测预警系统刻不容缓。通过回顾前述文献研究,总体上看国内外有关旅游经济监测预警的研究尚处于起步阶段。在实践层面,各大旅游机构和旅游企业等纷纷进行景气监测和预警实践及相关的应用性研究,而学术层面的理论研究相对滞后。且当前国内外旅游景气的研究成果更侧重于对入境旅游的监测预测分析,这意味着对于国内旅游居于主导地位的我国旅游业发展来说,加强包括各个市场层面的旅游经济运行监测预警研究是很有必要的。尤其我国旅游业当前正处于大众旅游发展的初级阶段,旅游产业和市场亟待转型升级,加强政府对旅游发展的宏观调控,定期发布旅游景气指数和预警信号,对于旅游产业的平稳增长、企业的健康成长、加强整个产业对风险和危机事件的抵御能力具有重要意义。

国内旅游业景气指数研究不多,仅有的少数旅游景气指数文献也存在着一定的缺陷,如研究成果之间存在指标从属的逻辑混乱,往往得出矛盾的景气判断结果;即使在评价中采取了一些较复杂的评价方法,也缺乏多种方法的有效融合;在评价结论上,学者们得出的景气指数结论互相矛盾,甚至自相矛盾,缺乏让人信服的结论(王新峰,2010)。虽然宏观经济领域景气监测预警手段具有通用性,而考虑到旅游产业的特殊性,很难有一种单一的预测方法能显示出独特的优势,但通过文献回顾不难发现,景气指数法是一种实证的景气观测方法,尤其是合成指数法已经在宏观经济领域和其他行业得到了成功应用。可以说,当前我国宏观经济层面的预警实践对旅游经济预警提出了一般要求,我国旅游业已经进入大众旅游发展阶段的产业现实使旅游宏观调控和分类指导成为可能,而开展旅游经济预警实践正是宏观调控的核心内容。因此,加强旅游经济监测预警方面的理论研究已经成为推动我国旅游产业发展的重要学术任务,也是在我国旅游经济从数量型向质量型增长转型的历史背景下,适时构建当代旅游发展理论体系的重要内容。

第三章

旅游经济监测与预警模型构建

旅游经济监测与预警模型，是指根据宏观经济监测与预警模型的一般原理和方法，结合旅游经济的实际特点，设计、计算、测量、评价反映旅游经济运行态势的各类指标、指数体系的一套方法，以从宏观上对旅游经济运行系统的各个主要方面进行过程性刻画、追踪分析和警情预报。设计旅游经济监测与预警模型的首要目的在于及时准确地把旅游经济运行中的问题反映出来，这也是适时采取调控措施的关键所在。

第一节　模型设计原理和模块构成

旅游经济监测与预警模型的设计必须建立在科学的经济监测原理和我国旅游经济运行规律的基础上，才能使之成为准确、有效反映旅游经济运行态势的预警工具和方法。

一、设计原理与建模方法

（一）设计原理

1. 借鉴经济景气监测的理论与实践

经济监测预警系统是建立在经济波动理论基础上的。在经济学史上，各个经济学派从不同的角度对经济周期波动现象进行了“仁者见仁，智者见智”的理论解释。宏观经济景气监测预警系统正是以经济周期波动理论为依据，根据经济波动的周期及规律性，采用一些相关的统计计量工具和方法构建景气指数，建立反映经济运行轨迹的监测预警系统。在经济波动中，存在着一种先行滞后关系，即反映经济运行状况的各个指标的波动过程是不一致的，有些指标的变动会明显地领先于其他指标，这种先行滞后关系对于经济预测有重要意义，因此可以将这些指标合成为景气指数对宏观经济波动进行监测。景气监测不仅适用于宏观经济总体状况，也适用于监测某一区域、某一行业的经济运行状况。根据这一基本原理，我们也可以对旅游经济的波动状况做出科学描述并对未来的发展趋势做出理性预测。

构建旅游经济监测与预警系统的目的除了及时把握旅游经济运行波动的“脉搏”外，还要能够对其动态趋势进行预警，以及时为宏观调控提供政策依据，调整经济运行中的不正常状态。因此，旅游经济监测与预警系统还必须遵循一般经济监测与预警的逻辑原理。经济预警从逻辑上讲应包括这样几个阶段：明确警义，寻找警源，分析警兆并预报警度。这里明确警义是大前提，即明确监测预警的对象，是监测预警研究的基础；而寻找警源、分析警兆则是对警情的因素分析及定量分析，预报警度则是预警目标所在。将这一经济预警原理运用到旅游产业经济中，便是明确警义——明确旅游经济运行的监测对象；寻找警源——分析影响旅游经济运行机制的内生外生因素；分析警兆——确定反映旅游经济运行的景气指标和动向指标，划分先行、一致和滞后指标，并确定先行指标和警兆间的数量关系；预报警度——确定警限，对旅游经济运行的景气程度等级做出判断和预测。在这一基本逻辑思路的指导下，经济预警的方法体系一般包括预警指标的确定、预警界限的确定、预警方法和警报等几个核心部分。

2. 把握旅游产业活动特征

旅游业是一个综合性、关联性突出的产业，其产业边界的模糊性、对环境因素的敏感性和服务业特性决定了旅游经济监测预警对象的界定、数据获取的复杂性。同时，我国旅游业又不同于发达国家的旅游业具备现代服务业的市场经济典型性。作为一个只有三十年历史的朝阳产业，当前仍处于经济转型进程中，其产业范围和产业运行规律仍具有特殊性和复杂性，加上宏观层面统计数据的不完善更决定了构建旅游经济监测预警系统必须结合中国旅游产业的实际情况，综合使用定量监测预警方法外的其他方法如定性预测，指标的选取和分类也要充分考虑现实因素，监测预警的结果才能更为科学、全面。鉴于此，我们构建的旅游经济监测预警模型不仅涉及旅游经济整体运行动向的监测和预警，还专门设计了反映产业结构和重点领域的景气指数，以辅助分析整体运行动向的监测预警功能，同时也有所侧重地对旅游经济运行的各个构面和重点领域进行更为深入的刻画，以充分发掘影响旅游经济整体运行态势的深层结构因素。

（二）建模方法

如前所述，经济景气分析方法主要是基于经济周期波动理论和指数合成理论对宏观经济的景气波动进行监测和预警，这也是旅游经济监测预警模型的关键方法。其分析方法一般是在确定监测和预警主题后,首先确定基准指标;其次选择信息提取工具,从经济时间序列数据中剔除季节性因素和不规则要素;再次确定经济转折点即对应的峰谷点;最后采取景气指数法和综合预警方法两种工具进行景气分析。确定基准循环的方法一般包括古典循环法、增长循环法和增长率循环法。前两种方法侧重于观察指标的绝对值变动情况,由于我国经济现阶段处于快速增长阶段,主要经济指标极少出现绝对量下降的情况,因此,我国研究机构和学者用于经济分析的景气指数主要基于增长率循环(张永军,2007:52)。鉴于旅游经济监测预警研究在国内外还是一个全新的研究领域,深入、全面的理论研究和整个产业范围内的实践应用都处于探索阶段,旅游经济监测预警模型的主要设计方法首先汲取了经济景气分析方法的基本做法,然后结合旅游业的综合性特点和开展研究所需的数据基础,采取了基于增长率循环的旅游经济景气分析方法。本研究是在对旅游经济内容的机理分析和把握产业实践特性的基础上来确定旅游经济景气监测的主要方面以及主要预警目标。综合采用了景气指数法和综合预警方法,力图通过定量的实证研究和定性分析的综合应用,尽可能全面地反映出旅游经济的运行动向并对趋势走向做出准确预测。

1.景气指数方法

景气指数方法,是一种实证的景气观测方法,即通过构造景气指数并使之与景气状态相互对应,反映宏观经济的景气程度。根据上述经济景气监测原理,经济波动中反映不同经济侧面的指标变动总是存在先行滞后关系。类似地,旅游经济的周期波动也是通过一系列经济变量的活动来传递和扩散的。鉴于旅游产业的综合性特征,任何单一经济变量的波动都很难全面反映旅游经济的整体波动情况,因此要刻画旅游经济整体波动过程必须综合考虑各个变量的波动,景气指数的编制为解决这个问题提供了一个有效的工具。一方面,它能如实刻画现实旅游经济波动的轨迹,反映当前整体经济波动所处的位置;另一方面,还能够预测未来旅游经济波动的峰谷。围绕预警目标确立所需指标体系后,根据指标与基准循环的对应关系,将反映经济运行状况的各个指标分为先行、一致、滞后三个指标组,再从指标组中选择一定的指标集合,根据一定的合成算法将这些指标集合分别合成为对应的指数。即先于经济周期变化的先行景气指数,可用于经济周期的短期预测;可用于表征经济周期运行状态的一致景气指数;以及用以确认经济走势是否发生改变的滞后指数。先行指标主要用于判断短期经济总体的景气状况,因为其在宏观经济波动到达高峰或低谷前,先行出现高峰或低谷,所以可以用它判断经济运行中是否存在不安定因素、程度如何,并可以推测经济波动的趋向,有利于政府等相关部门采取正确的调控措施,也有利于企业采取正确的经营决策。根据反映对象和计算方法的不同,景气指数主要分为扩散指数(DI)和合成指数(CI)。合成指数是美国商务部于20世纪60年代针对扩散指数不能反映经济波动幅度,受随机干扰较重等缺点而开发的。1961年起,宏观经济景气监测从理论研究走向政府应用阶段,影响也不断扩大。特别是美国经济先行指数,已成为判断美国和世界经济形势的"晴雨表"。监测记录显示,美国先行经济指数能够提前8~20个月预测经济衰退,提前1~10个月预测经济复苏。尽管经济运行存在许多不确定性,但先行指标体系在宏观经济的监测、预测和预警等方面对宏观调控能起到重要的指导作用,可以变事后调控为事先调控,化被动为主动,从而提高调控效率。目前合成指数法是经济景气监测和预警分析的核心方法之一。本研究也依据主流景气指数方法采取了合成指数算法,同时考虑到时间序列数据的完备性较差,部分指数通过加权平均算法和比率算法等方式合成。

2. 综合预警方法

综合预警方法选取一些重要的宏观经济指标作为信号灯体系的基础,从这些指标出发,通过一些阈值的确定,评判当期各个指标反映的经济形势某一方面的冷热情况,并综合这些指标给出当前宏观经济总体的冷热判断。借鉴类似于交通信号灯的方法,预警信号灯系统用"深蓝"、"浅蓝"、"绿"、"黄"、"红"五种颜色代表整个经济状况中出现的"过冷"、"趋冷"、"正常"、"趋热"、"过热"五种情形,因此预警信号灯给人的印象是直观易懂。"绿灯"区居中,代表常态区或稳定区。同时,当预警信号灯出现"浅蓝"或"黄"两种颜色时,可以预先知道宏观经济已经偏离了正常运行的轨迹,从而可以提前采取一些宏观调控手段防止"过冷"或"过热"情形的发生。1967年,日本企划厅在其经济白皮书中发布了"日本景气预警指数",采用类似交通信号灯的形式给予评价。1970年,联邦德国也由国会专家委员会编制了类似的预警指数。预警信号作为景气动向指数的组成部分,对于处于起飞阶段的中国经济,能够弥补一致指数不能直观描述经济运行当前所处状态的不足,能准确地判断当前经济究竟处于"过冷"、"趋冷"、"正常"、"趋热"、"过热"五种状态中的哪一种,仍然具有很好的现实意义。预警信号以考虑统计指标的经济意义为主,而不必像一致指数的构成指标必须与基准循环一致,这样可以把宏观经济调控的主要目标完全考虑进来,组成一个全面、系统的预警评分体系。中国经济监测中心根据改革开放以来我国经济运行的轨迹,将判断区域分为"过热"、"偏热"、"正常"、"偏冷"和

"过冷"五个区域,分别以"红灯"、"黄灯"、"绿灯"、"浅蓝灯"、"蓝灯"表示。本研究也在设计预警指数的基础上设计了类似的旅游经济预警信号灯系统。

3. 景气调查方法

景气调查方法是"二战"以后出现的一种信息采集方法,主要以厂商和消费者为调查对象,采用问卷表方式收集调查对象关于景气变动的判断。景气调查法不同于传统的统计方法,它最独特的地方在于问卷中的问题均是定性判断的选择题形式,调查对象只需就调查内容的上升、不变和下降三个答案做出选择即可,最后经过合成扩散指数等方法将定性判断定量化。景气调查既有对整个宏观景气在未来几个月动向的判断,也有对经济活动某些方面如价格、订单、投资等动向的判断,具有较高的超前性和时效性。美国在20世纪70年代初开始将景气调查纳入经济景气监测预警系统,专门设置了用景气调查得来的信息编制的产品订单、利润、销售、物价等的扩散指数。我国从20世纪90年代初期起,逐渐开始尝试开展企业景气调查。到目前已开展过景气调查或者类似景气调查的部门有国务院发展研究中心、国家信息中心、国家计委、中国人民银行、国家体改委等。这些部门对于景气调查的研究与尝试,均是出于部门管理的需要,缺乏规范性和系统性。国家统计局从1992年开始设计景气调查方案,1994年8月开始全面、系统的企业景气调查,1997年12月国家统计局中国经济景气监测中心建立中国消费者信心调查制度。如果说景气分析是根据经济发展的以往规律,从已经发生的经济活动的统计数据来评价预测未来经济发展,那么景气调查则是根据对企业和个人的典型抽样调查,以被调查对象超前的主观定性判断而得出定量的结论,二者兼备,可以互相补充、互相印证。鉴于国内旅游统计信息在季度、月度统计和微观层面历史统计数据的不完善,景气调查法也成为本研究获取主要信息和数据、建立旅游经济预警数据库的重要方法和手段。目前的旅游景气调查主要涉及旅游意愿、旅游预订、旅游企业家信心、旅游企业景气、游客满意度、消费者信心等方面的内容,然后通过相关景气指数的构建来反映特定领域的旅游经济运行特征。

4. 定性与定量预测结合的方法

首先,在数据的搜集上兼顾定性与定量数据的互补作用。一方面直接使用定量的二手统计数据,另一方面是通过访谈或者问卷调查获取丰富的一手定性数据,二者相互补充以尽可能全面、真实地反映旅游经济的运行情况。其次,在预警结果的呈现上也考虑到了纯粹定量预测的局限性。建立了定期专家联席制度,通过专家经验判断得出的专家意见与通过定量测算的预警指数互为补充。同时,通过景气调查和市场调查等方式获取的定性数据在定量转化的基础上也纳入了相应景气指数的计算。这样,通过定性定量预警方法的结合,以求在追求科学上的客观性的同时,也能更准确地反映旅游经济的景气走向。

综上,旅游经济监测预警模型的设计方法如图 3－1 所示:

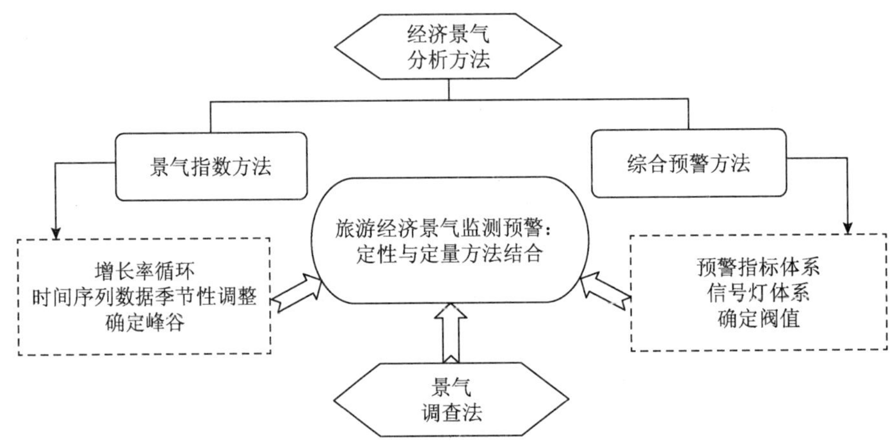

图 3－1　旅游经济监测预警模型的设计方法

二、模块设计

一个完整的经济预警系统一般由不同的内容模块和功能模块组成。旅游经济监测与预警模型是根据宏观经济预警模型的一般方法,并结合旅游业的实际特点来设计的。监测预警模型的构建必须建立在对整个旅游经济运行基本构面的全面把握基础上。而要全面把握旅游经济运行特征,不仅需要从时间维度把握经济波动趋势,还需要从空间维度深入分析旅游经济运行的区域和产业层面的结构特征。因此,旅游经济监测与预警模型实际上是一个系统工程,它是一个由若干模块组成的复杂系统,在多个模块中包含了反映整体经济运行状态的旅游经济监测预警模型和反映旅游经济不同层面景气状况的重点景气指数模型。首先,在内容模块方面,借鉴了中国经济监测预警系统的模块设计经验。中国经济监测预警系统包括三个主要部分:一是对全国经济运行情况的监测,主要监测手段是中国经济运行指数及各种分指数,可以把各方面的经济运行是否正常、变动情况和未来走势清晰地反映出来;二是对地区经济运行情况的监测;三是重点区域和行业的监测,可以反映这些区域和行业的状况,同时也可以为分析经济总体走势提供依据。结合对旅游经济内容和产业研究的理论回顾,以及产业运行实践的经验判断,我们分别设计了旅游经济预警系统的总体模块、结构模块和重点模块以便从旅游经济总体运行态势、重要结构层面和重点运行领域实施全面监测预警。在功能模块方面,我们根据宏观经济预警系统模块的设计——包括输入、计算和输出三大模块分别设计旅游经济预警系统的信息收集、信息分析、信息发布三大模块。

(一)总体模块设计

旅游经济运行的总体预警模块,是指监测、反映和评价旅游经济运行总体状态的模块。首先,我们可以从国际权威组织的旅游统计实践来审视旅游产业的内容结构。世界旅游组织的《2008 年国际旅游统计建议》中,按照需求角度、供给角度和宏观经济关系三个层面来讨论旅游统计问题,尤其对旅游需求角度的统计有较为详尽的标准规定。类似地,世界旅游组织最新修订的 2008 年版《旅游卫星账户:建议的方法框架》也是从需求和供给两个角度分析旅游统计框架,并涵盖了对旅游就业影响和经济影响的分析。从我国的官方旅游统计思路来看,历来比较侧重从旅游市场的角度进行统计,积累了相对较为丰富的统计数据,而从供给角度出发的统计数据相对集中于饭店行业和旅行社行业,对于旅游产业整体运营状况和相关宏观经济环境的统计数据则比较欠缺。构建旅游经济运行监测预警体系除必须从宏观层面——整体旅游经济运行进行监测预警外,在产业供给主体面还要从具体行业和微观旅游企业经济运行特征两个层面来分别构建景气指数,以期全面反映我国旅游经济运行动向的方方面面。旅游经济具有较高的环境敏感性,这是研究领域基本达成一致的观点,把握旅游经济运行规律中发展环境的影响因素也空前重要。上述因素决定了我们在把握旅游经济的基本构面时必须首先从市场需求、产业供给面、发展环境三个维度同时出发来构建旅游经济监测预警的内容模块。在我国的宏观经济监测指标体系中,反映消费者主观判断和预期的消费者信心指标体系,反映企业家、专家对企业运营状态和经济形势判断预期的指标体系也是监测经济周期变化不可缺少的依据。同时国际上其他旅游经济监测体系也有可资借鉴的经验,如世界旅游组织定期发布的旅游专家信心景气指数,以及很多国家和地区发布的旅游意愿调查指数等。因此,我们把信心景气也单独作为监测旅游经济运行状况的一个重要指标体系模块。最终,我们确定了从市场态势、产业运行、发展环境和信心景气四方面对旅游经济总体运行趋势进行监测预警的四大内容模块。

综合前述内容,考虑旅游经济理论研究和产业实践两方面的因素,我们可以将旅游经济的内容定义为 CTE(Content of Tourism Economy),所包含的市场基本面定义为 TM(Tourism Market),产业基本面定义为 TI(Tourism Industry),发展环境定义为 TDE(Tourism Development Environment),旅游信心景气指数定义为 TWC(Tourism Willingness and Confidence)。

那么有，

$$CTE = TM + TI + TDE + TWC \tag{3.1}$$

总体模块主要反映旅游经济运行的总体状态或整体景气情况，由上述四个基本构成面的主要指标来进行监测，并进一步在上述指标体系的基础上设计出反映整体旅游经济运行景气的分指数——先行、一致、滞后指数和旅游经济预警指数。

（二）结构模块设计

旅游经济监测与预警系统的结构模块主要涉及旅游经济的单一构面，主要包括旅游市场景气、旅游产业景气、旅游发展环境景气三大方面的运行监测。此外，旅游经济研究尤其是国内的学术成果中对旅游发展的区域结构有较多关注，这一方面反映出我国旅游经济在区域分布上的非均衡性对整体经济效率具有重要影响，同时也反映出旅游活动的空间位移性造成了旅游经济供给—需求二元分离的经济特性，充分说明空间结构是旅游经济不可忽略的一个产业经济特性。因此，我们将区域旅游经济运行监测的内容也融入了结构模块中，以不同区域的视角反映现阶段国内旅游产业发展的结构特征。

1. 旅游市场模块

按照国内外的旅游市场构成研究共识和国内旅游统计经验，旅游市场基本面包括国内旅游市场、入境旅游市场、出境旅游市场三大传统的旅游市场和其他相关市场。根据以上旅游市场的构成，把国内旅游市场定义为 DTM（Domestic Tourism Market），入境旅游市场定义为 ITM（Inbound Tourism Market），出境旅游市场定义为 OTM（Outbound Tourism Market），其他相关市场定义为 TRM（Tourism Relevant Market），市场景气指数定义为 TMI（Tourism Market Index）。那么有，

$$TMI = DTM + ITM + OTM + TRM \tag{3.2}$$

2. 旅游产业模块

由于理论研究和旅游管理工作中对旅游产业的范围界定存在争议，旅游产业景气基本面的构成则相对复杂。世界旅游组织（UNWTO）在其旅游业统计工具——旅游卫星账户（Tourism Satellite Account，TSA）中根据旅游产品的性质来界定旅游产业构成，提出了旅游特征产品、旅游相关产品和其他旅游产品的概念。其中，旅游特征产品是指多数国家中，在没有旅游活动的条件下，将消失或对其消费量将大幅度减少、并且其统计数据有可能收集的产品，如接待设施、餐饮服务、长途交通及相关服务（如租车业等）、旅行商以及文化和娱乐服务等 12 大类旅游特征产品。旅游产业则是生产上述旅游特征产品的经

济体的集合。世界旅游旅行理事会(WTTC)在由运输业、住宿接待业、娱乐业及相关服务行业等构成的核心旅游产业之外,进一步提出了范围更广的"旅游经济"(广义的旅游业)的概念,包括间接受到旅游业影响的行业。2004 年 7 月,由国家发展和改革委员会、国家旅游局共同研究的《中国旅游业就业目标体系与战略措施研究》中把旅游业分为三个层次:一是旅游核心产业,包括旅游住宿、旅行社、景区、旅游车船公司等其他旅游企事业单位;二是旅游特征产业,包括直接为游客服务、与旅游密切相关的餐饮、娱乐、铁路、航空、公路、水运、公共设施服务等 13 个部门;三是旅游经济部门,是通过旅游经济活动所拉动的直接间接的企事业单位。以上对旅游产业构成的研究和管理实践为本研究的产业基本面监测工作提供了一个认识性框架。从我国旅游主管部门的实际工作以及旅游经济形势分析经验来看,主要涉及旅行社、旅游饭店、旅游景区和其他相关行业,如旅游餐饮、旅游车船、航空等。近年来,我国不断涌现的一些大型旅游集团企业、上市公司以及越来越具产业影响力的旅游在线运营商等都超出了传统的主流旅游统计范围。但随着产业结构的演进,这部分大型旅游集团和上市公司对旅游产业的整体运行绩效和商业模式的影响日益扩大,也应该纳入旅游经济产业景气监测的范畴。构建产业景气模型时保证统计数据的充分性和可获性很重要,同时也必须考虑产业统计范围的开放性和系统性,应该将产业领域出现的新型业态也纳入考察范围。综上,现阶段本研究对产业基本面的监测主要包括四个方面内容:旅行社、旅游饭店、旅游景区和其他相关产业。目前"其他相关产业"以旅游综合企业、上市公司和大型旅游集团等为代表,以重点反映供给面对整个产业运行具有重要影响的企业群体,也在一定程度上从产业集中度的角度刻画我国的旅游产业结构状况。

综上,旅游产业基本面的构成可以定义为

$$TII = TS + TH + TA + TG \tag{3.3}$$

其中,TII(Tourism Industries Index)代表旅游产业景气指数,TS(Travel Services)代表旅行社业,TH(Tourist Hotel)代表旅游饭店,TA(Tourism Attraction)代表旅游景区,TG(Tourism Group)代表旅游综合企业。即旅游产业景气可以通过考察以上几个行业的指标组合来反映,并在相关指标体系基础上构建旅游产业景气指数和各分指数。

3. 发展环境模块

旅游发展环境的基本面主要涉及与旅游经济运行息息相关的宏观经济和社会重大事件等外部影响因素。这些因素影响旅游经济运行态势,构成了旅游经济运行监测的重要组成部分。本研究将旅游发展环境分为国内和国际两个方面。其中国内旅游发展环境的因素主要有GDP、交通投资、商品销售、进出口、资本市场和宏观政策等；国际旅游发展环境的因素主要有世界旅游、世界经济和世界贸易等发展态势。

因此，可以把旅游发展环境的景气指数定义为

$$TDEI = DTDE + WTDE \tag{3.4}$$

式中，TDEI为旅游发展环境指数（Tourism Development Environment Index），DTDE为国内旅游发展环境（Domestic Tourism Development Environment），WTDE为国际旅游发展环境（World Tourism Development Environment）。

4. 区域结构模块

如前所述，区域结构模块是上述市场景气、产业景气和环境景气三大结构模块在特定空间节点上的综合体现。所以，可以把区域模块的景气指数定义为

$$TSI = TMI + TII + TDEI \tag{3.5}$$

其中，TSI为旅游区域景气指数（Tourism Spacical Index），TMI为旅游市场景气指数（Tourism Market Index），TII（Tourism Industry Index）为旅游产业景气指数，TDEI（Tourism Development Enviroment Index）为旅游发展环境景气指数。

（三）重点模块设计

除了通过定量的统计数据来实现对旅游经济运行的监测预警外，本研究还重点进行了景气调查，以从微观主体的角度获取综合反映旅游景气的定性、定量数据尤其是大量有关景气判断和旅游意愿的定性数据，以对客观经济景气分析的局限性进行补充。通过旅游景气调查，我们把信心景气指数也作为监测旅游经济运行状况的一个重要基本面，结合旅游产业的特殊性最终确定了居民出游意愿指数、游客满意度指数、城市旅游人气指数和旅游企业景气指数等特殊旅游景气测度形式，构成整体监测预警系统的一个重点模块。根据宏观经济监测领域用来反映消费倾向和主观判断的消费者信心指数、企业家信心指数、经济学家信心指数，我们考虑到旅游产业语境下信心判断的特殊表现，目前着重从旅游市场消费意愿和产业运营主体信心判断两个角度出发构建旅游运行信心指数TWCI（Tourism Willingness & Confidence Index），包括居民出游意愿TSI（Traveler Sentiment Index）和旅游企业家信心指数TMC（Tourism Management Confidence）。此外，还单独发布旅游专家信心指数（Tourism Expert Confidence）、游客满意度指数（Tourism Satisfaction）、城市旅游人气指数（Urban Destination Arrivals）等重点领域的景气监测指数。由此，对旅游经济运行信心指数的相关构成变量有如下定义：

$$TWCI = TSI + TMC \quad (3.6)$$

式中,TWCI 为旅游经济运行信心指数,TSI 为市场方面的旅游消费意愿指数,TMC 为产业方面的企业家信心指数。

综上,我们对上述旅游经济监测与预警模型的内容模块构成和对应的指数模型进行归纳,如图 3-2 所示。

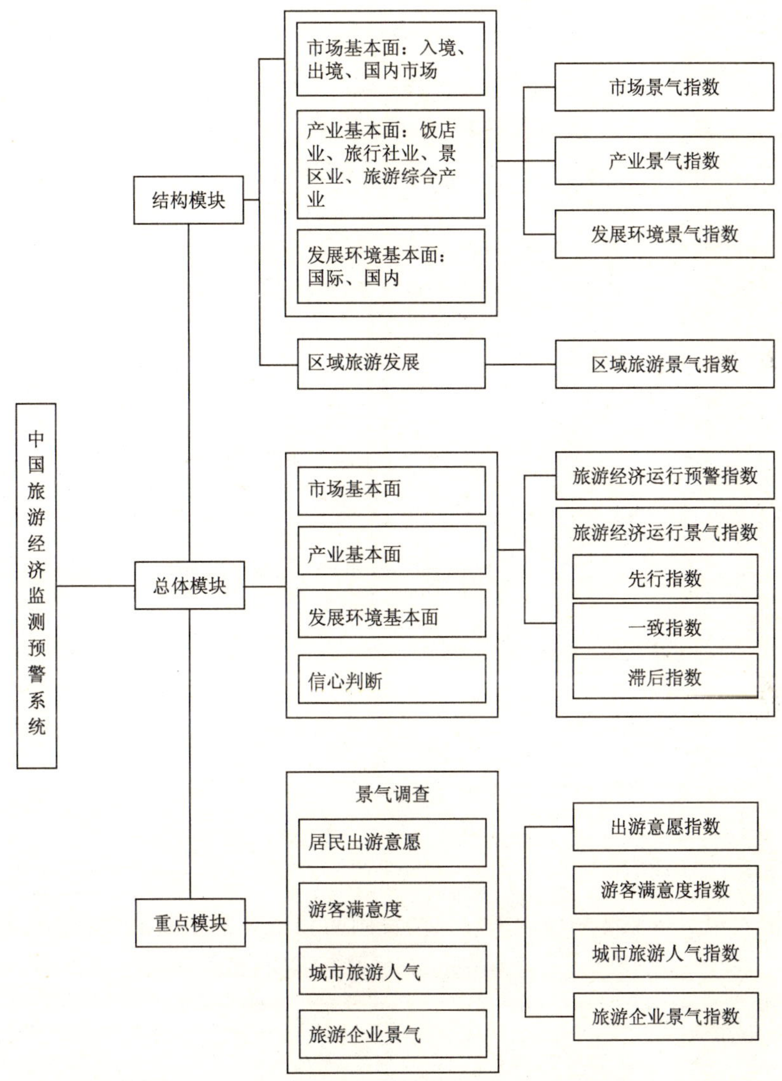

图 3-2 旅游经济监测预警内容模块和指数模型

(四)功能模块设计

在功能上,一个完整的旅游经济监测与预警系统涵盖数据收集、数据分析、数据发布三大模块。各模块的运行情况，都会形成反馈信息。数据收集模块的主要任务是收集计算期内经济预警指数体系中的各级指标数据，形成数据库。数据分析模块的主要任务是对数据进行分类及定性分析和定量分析，并做出相应评价。数据发布模块的主要任务是执行信息发布程序，当出现经济运行警报时，提供预控方案。如果预控失败，则建议启动政策干预和危机处理系统。

1. 数据收集模块

该模块由数据输入和数据处理子模块组成。数据输入模块具体内容包括确定初选指标体系，根据所确立的指标体系而形成数据采集系统，通过该系统所收集的数据在统计口径与时间序列上保持严格的一致性。所搜集数据包括定量的统计数据和景气调查所得定性数据，形成旅游信息数据库。数据处理方面，主要涉及对数据进行正式运行前的预处理，即剔除各种非主要因素与随机因素等的影响，如时间序列数据的季节性调整，从而奠定科学的旅游经济预测的数据基础。

2. 数据分析模块

这部分主要包括指标分析和景气指数的分类、计算，预警指数的计算以及针对未纳入合成指数范围的重要指标的统计分析和专家意见等定性分析，进而形成完整的监测预警模型分析，并通过对旅游经济运行状态进行刻画、描述、推断、评价和警情预报等形成综合性评价结果。

3. 数据发布模块

该模块主要涉及旅游经济运行监测层面的景气指数（先行、一致和滞后指数，旅游市场指数，旅游产业景气指数，企业家信心指数及旅游发展环境指数等）、旅游预警信号图和宏观调控措施、产业对策等具体内容的发布。结果分别在内部和外部发布，发布载体包括内参、产业分析报告、新闻稿、旅游经济周报等。

表 3－1　旅游经济监测预警主要功能模块任务

功能模块	一级任务	二级任务
数据收集模块	市场	旅游消费数据
		旅游市场数据
	产业	旅游产业数据
	环境	国内外经济数据与政策
	景气调查	景气与信心

续表

功能模块	一级任务	二级任务
数据分析模块	市场	旅游消费意愿分析
		入境市场分析
		出境市场分析
		国内市场分析
		旅游市场景气指数
数据收集模块	产业	旅行社产业景气
		饭店产业景气
		景区产业景气
		旅游综合企业景气
		企业景气指数
		产业对策建议
	环境	国内外经济与政策
		国际旅游经济
	区域旅游	区域旅游产业景气指数
数据发布模块（趋势图和文字分析）	内部	内参
		信息快报
		旅游经济周刊
	外部	报纸期刊
		网站
		季度报告、专项报告

（注：景气调查的数据中，包括部分企业经营数据）

第二节　模型构建步骤和方法

一个完整的经济监测预警系统应该涵盖监测和预警两大既相互联系又相互区别的内容。监测侧重经济活动的实时分析，旨在揭示经济活动中各因素的关系和经济变化的内在规律，是对现实经济运行轨迹的模拟再现；预警则侧重于对经济运行方向偏离均衡状态发出警报，并对未来发展趋势作出科学预测。监测为预警服务，预警也为监测提供必要的信息，二者在内容上构成一个整体。一般来讲，对经济运行实时监测的主要方法是在设计景气指数的基础上开展景气分析，而经济预警则主要通过一系列预警指数和指标体系的构建来实现。因此，构建旅游经济监测预警系统模型的关键步骤是设计以合成指数为基础的景气动向指数模型和综合预警模型。

一、景气指数模型的构建

经济景气分析方法的核心就是景气指数模型的构建，即根据经济运行的内在规律，建立起监测宏观经济周期波动的景气动向指标体系，通过各种指数或模型来描述宏观经济的运行状况和预测未来走势。构建旅游经济景气指数模型就是从旅游经济运行的各领域中选择出一批对景气变动敏感、有代表性的经济指标，用数学方法合成为景气指数，以此作为观察旅游经济波动的综合尺度。根据指标变动轨迹和现实经济变动轨迹之间的先后关系，景气指标可分为先行指标、一致指标和滞后指标三类。因此，编制旅游经济景气指数的最主要目的就是预测旅游经济周期波动的转折点，如果先行指数走出谷底，出现回升，预示着一致指数在若干个月后也会回升，也就是总体经济将出现复苏，而滞后指标则是对一致指数的确认，也就是再过几个月以后滞后指标也会出现回升。总体旅游经济景气指数模型的构建步骤和方法如下。

（一）循环基准的确定

在宏观经济研究领域，国外编制景气动向指数一般都采用合成指数的方法，其主要差别是在于景气循环分析方法的不同。景气循环分析方法有三种：第一种是古典循环法，主要是观察经济时间序列绝对量本身的波动，一般观察时间序列的长期趋势及循环要素（TC）的波动。第二种是增长循环波动法，也称离差循环方法，一般观察经济时间序列相对量的波动，将时间序列的长期趋势 T 和循环要素 C 分离，把循环要素 C 的变动看作是景气变动，即增长周期波动是循环要素 C 的波动。第三种是增长率循环法，观察经济时间序列的增长率（与上年同月或同季比的变化率），分析其波动的规律性。同前两种方法一样，也要对时间序列进行季节调整，对增长率序列的长期趋势及循环要素（TC）的波动进行分析。

目前世界上这三种方法都分别由不同的国家或组织采用，如美国还是应用古典循环方法，OECD 采用增长循环方法，另外日本及大部分发展中或经济起飞中的国家都采用增长率循环方法。结合我国旅游经济的发展特点和统计数据特征,本研究也采用增长率循环方法。

(二)指标体系的筛选和确立

一致指标(Coincident Index)。即能够实时反映当前时期的旅游经济运行情况的指标,可划分为市场一致指标和产业一致指标。市场一致指标反映旅游市场的运行情况,主要有国内旅游人数、国内旅游收入、入境旅游人数、入境旅游外汇收入、出境旅游人数和出境旅游花费、休闲人数、住宿业零售总额、餐饮业零售总额等基础性指标,通过这些指标,既可以进一步具体分析国内、入境和出境旅游三大市场的变动情况,也可以进一步计算当前时期旅游总收入、旅游接待总人数等指标。产业一致指标反映当前时期旅游产业的经营情况,主要有接待人数、营业收入、营业成本、接待人数等基础性指标,通过这些指标,可以进一步具体分析企业利润等指标。

根据以上分析,可以将一致指标定义为

$$TECI = TMCI + TICI \tag{3.7}$$

式中,TECI(Tourism Economy Coincident Index)为旅游经济运行一致指标,TMCI(Tourism Market Coincident Index)为旅游市场运行一致指标,TICI(Tourism Industries Coincident Index)为旅游产业运行一致指标。

先行指标(Leading Index)。即能够反映下一时期的旅游经济运行情况的指标,可进一步划分为市场先行指标、产业先行指标和发展环境先行指标三种类型。市场先行指标反映旅游消费意愿情况,主要有居民出游意愿、消费者信心、预订人数等基础性指标。产业先行指标反映对未来的信心和判断,主要有旅游企业家信心、旅游专家信心、旅游固定资产投资等。旅游发展环境先行指标反映旅游经济运行的外部影响因素,主要有节假日制度安排、宏观政策、GDP、可支配收入和世界经济等。先行指标还可以包括其他机构的景气判断和预测等参考指标。

根据以上分析,可以将先行指标定义为

$$TELI = TMLI + TILI + TDELI \tag{3.8}$$

式中,TELI(Tourism Economy Leading Index)为旅游经济运行先行指标,TMLI(Tourism Market Leading Index)为旅游市场运行先行指标,TILI(Tourism Industries Leading Index)为旅游产业运行先行指标,TDELI(Tourism Development Evironment Leading Index)为旅游发展环境先行指标。

滞后指标(Lagging Index)。也就是能够反映上一时期旅游经济走势即对旅游经济运行态势进行确认的指标,主要有从业人员、员工工资、旅游人气指数和税金等产业基本面的指标。为了进一步反映旅游经济运行的质量,本研究还将游客满意度作为市场基本面的滞后指标纳入监测体系。

根据以上分析,可以将滞后指标定义为

$$TELaI = TMLaI + TILaI \tag{3.9}$$

式中,TELaI(Tourism Economy Lagging Index)为旅游经济运行滞后指标,TMLaI(Tourism Market Lagging Index)为旅游市场运行滞后指标,TILaI(Tourism Industries Lagging Index)为旅游产业运行滞后指标。

以上为三类指标组的构成,而相应三类指标组的具体筛选、确立过程和方法将在本章第三节进行详细介绍。最终确立如下旅游经济整体运行动向的景气监测指标体系:

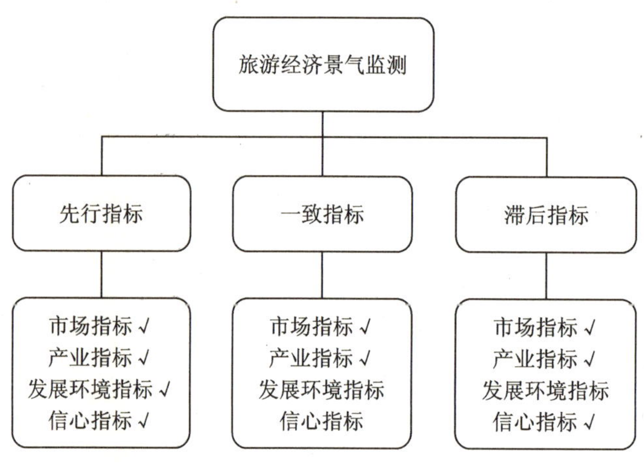

图 3-3 中国旅游经济动向景气监测指标体系

(注:标注√的指标为纳入旅游经济监测相应类型景气指标设计的内容)

(三)确定指标权重

在指标体系当中,不同的指标对旅游经济的贡献程度或者影响程度是不同的,有些指标的变动对经济影响较大,需要按照指标的重要性原则选取指标的权重。通过层次分析法可以得出各指标相对于整个系统的相对重要性权值。指标权重确定的方法是通过专家调查按照如下 Saaty 标度排列打分测算得到结果。专家调查主要是从经济意义的角度对指标的性能好坏以及数据获取的时滞特征等进行主观赋值。

表3-2　指标权重确定的Saaty法

标度(数字)	C_i 与 C_j 比较	含义
1	C_i 与 C_j 同等重要	$C_i = C_j$
3	C_i 比 C_j 稍微重要	$C_i = 3C_j$
5	C_i 比 C_j 相当重要	$C_i = 5C_j$
7	C_i 比 C_j 强烈重要	$C_i = 7C_j$
9	C_i 比 C_j 极端重要	$C_i = 9C_j$
2,4,6,8	C_i 比 C_j 的重要性在上述描述之间	
相应上述数字的倒数	C_i 比 C_j 不重要的上述描述	

然后通过构造判断矩阵并通过如下一致性检验,获得各个不同指标权重 W_i。

$$CR = \frac{CI}{RI} < 0.1$$

但考虑到旅游经济运行监测和景气分析的复杂性以及这项工作的探索性,在对以上专家调查结果进行层次分析的基础上,进一步采用了综合赋权法,即结合主成分分析、时差相关系数等综合评价,同时考虑指标的性能好坏、数据时滞特征等对主观赋权结果再酌情调整权重。

(四)合成指数的计算与分析

根据宏观经济预警方法,经济运行指标或指数的值,称为景气。例如旅游市场的监测指数值为100,我们就称为旅游市场景气为100。而经济景气往往需要通过一系列经济指标来综合反映。旅游景气监测模型的核心是通过合成指数构建景气指数,并按照指标的变动时序特征进一步测算出反映旅游经济总体运行状况的先行指数、一致指数和滞后指数。景气指数的合成步骤如下:

第一步是景气指数的合成。包括单指标的对称变化率和标准化、多指标对称变化率标准化后的加权平均数、平均变化率以同步指数标准化、计算合成指数四个步骤。由先行指标合成的指数称为先行指数(WI),由一致指标合成的指数称为一致指数(MI),由滞后指标合成的指数称为滞后指数(TI)。第二步是景气指数分析。从景气指数的原理来看,一致合成指数反映整体旅游经济活动的当前状态,先行指数超前于一致指数出现变化,滞后指数则落后于一致指数发生峰谷转折点。通过三个指数的趋势分析和相互关系对比分析可以对整体旅游经济运行动向和转折点出现的时机进行判断和预测。对于景气指数的分析,参考了国家宏观经济景气监测的区间景气划分方法。

（五）指数的检验和指标体系的修正

景气指数的应用效果如何还需要经过进一步检验，即将景气指数的变化情况与经济运行的实际情况进行对比，观察景气指数的变化情况与实际情况相比超前性和一致性如何。尤其是要将一致指数和先行指数与实际情况进行对比，检验一致指数的判断准确性和先行指数的预测准确性，根据需要进一步调整指标体系的构成，如此反复试运行，直至判断、预测结果与实际情况比较接近为止。

采用类似的方法，我们还针对旅游业内部的具体行业如饭店产业进一步进行了三类时序景气监测指标体系的设计，以对其经济走势进行有效监测和预警。综上所述，景气指数模型的构建方法和过程如图 3－4 所示：

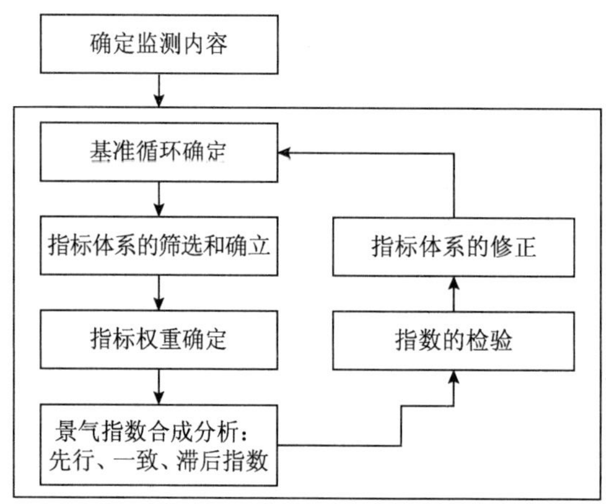

图 3－4　旅游经济运行景气指数模型构建

二、预警指数模型的构建

根据我国宏观经济监测预警系统的经验，先行指数方法对于预测经济走势是很有帮助的，但与先行指数方法本身相关的问题是，先行指数领先一致指数的时间长度，在不同的峰谷差异较大，使得依靠先行指数判断经济走势的转折点存在很大困难。另外，基于增长率循环的先行指数只能对一致指数的波动方向给出信号，先行指数的波动幅度与一致指数的波动幅度之间不存在准确的对应关系，因此，给我们依据两者之间关系来判断经济走势带来困难（张永军，2007：87）。虽然景气指数尤其是先行指数对于了解未来经济走向有一定帮助，但由于上述原因，对于判断经济运行趋势还不是很理想，为此，我们还要建立经济预警指数模型。现实中，月度和季度的旅游经济运行的动向分析可以使旅游主管部门及时掌握计划期内的旅游经济形势和预见旅游经济前景，为政策干预提供充分的时间。但为了总体描述旅游经济运行的状态，还需要使用“预警指数”。预警指数由旅游经济运行中的关键指标构成，既要考虑到旅游市场、旅游产业、发展环境、信心指标等旅游经济运行的各方面，也要考虑到由先行指标、一致指标和滞后指标共同构成。为了简明扼要，一般选取以上各类指标中的关键指标构建预警指数。

$$TEEWI = f(TM, TI, TDE, TWC) = f(TECI, TELI, TELaI) \tag{3.10}$$

式中，TEEWI 为旅游经济运行预警指标，f 为预警指数与各项构成指标之间的函数关系。

（一）确定预警指标体系

根据前述方法和步骤，分别从一致、先行和滞后指标组中选择了若干项重要指标作为中国旅游经济预警系统的构成指标，结合统计特征和专家经验，确定了如表 3－3 所示的最终预警指标体系，并以层次分析法为主确定了各指标的相应权重。

表 3－3 旅游经济预警指标及权重

指标类型	指标名称
预警指标	预订人数
	出境旅游人数
	饭店入住率
	入境旅游外汇收入
	国内旅游收入
	营业收入
	价格水平
	员工工资
	固定资产投资
	从业人员
	旅游者满意度

（二）合成预警指数

在确定上述各个预警指标权重的基础上，目前采用加权平均算法，得出一个综合预警指数。具体操作过程为：第一步，将初选指标进行预处理，剔除季节性影响因素及其他不规则要素，保留趋势和循环要素，本文采用 X－12 季节调整法。第二步，将调整后的数据映射为指定区间的新数据矩阵。第三步，将每一指标加权平均求出综合预警指数。

（三）预警界限值的确定

旅游经济预警界限的确定在当前主要参考了国家宏观经济监测预警中心的做法，并将在景气监测运行若干周期后结合旅游产业特征和数据基础进行相应调整。为了提供预警信号,预警系统还必须具备其他辅助功能,其中最基本的是实现经济过程的监测,其次还须对监测结果进行识别,即判定所监测到的经济过程特征属于何种景气状态以及预示着何种景气状态。

1. 预警区域划分

根据宏观经济的信号预警系统方法,预警界限一般由四个数值组成,也称为“检查值”(check point)。以这四个检查值为界限,确定“热(红灯)”、“偏热(黄灯)”、“稳定(绿灯)”、“偏冷(浅蓝灯)”和“冷(蓝灯)”五种信号。同时,每种信号给予不同的分值。以上界限确定了旅游经济运行轨迹的五个区域。

2. 确定单个指标临界点

就单个指标临界点的确定而言,我们首先参考了中国经济景气监测中心的方法和原则①。首先根据状态区域的概率,确定临界点。再根据对经济形势的判断,剔除异常值并调整该指标的中心线值和基础临界点,然后求出修改后临界点所划分的区域落点概率,确认符合经济运行的态势后,确定为最终临界点。

3. 预警指数临界值的确定

当前预警指数临界值的确定原则和方法暂时参考国家统计局中国经济景气监测中心的标准划分。

(四)制作预警信号图

在确定上述信号显示和界限值的基础上,制作预警指标信号图,便于直接观察各指标在红灯区、黄灯区、绿灯区、浅蓝灯区和蓝灯区的分布以及反映综合警情的预警指数走向。根据前述方法,最近三年的旅游经济预警指标信号趋势图如表 3-4 所示。

表 3-4 2009~2011 年预警指标体系及景气监测结果

指标名称	2009 年				2010 年				2011 年			
	1	2	3	4	1	2	3	4	1	2	3	4
城镇居民旅游花费	☆	△	△	△	◎	◎	◎	●	◎	◎	△	●
入境旅游外汇收入	△	△	△	△	☆	☆	◎	☆	△	△	△	△
出境旅游人数	△	△	△	☆	◎	☆	◎	○	○	☆	☆	☆
营业收入	☆	☆	◎	☆	◎	◎	◎	◎	◎	◎	◎	◎

① 中国经济景气监测中心网站:http://www.cemac.org.cn/Ozsbz5.html

续表

指标名称	2009 年				2010 年				2011 年			
	1	2	3	4	1	2	3	4	1	2	3	4
饭店入住率	☆	☆	◎	○	☆	◎	◎	◎	◎	◎	◎	◎
固定资产投资	◎	☆	◎	◎	◎	☆	☆	☆	◎	◎	◎	◎
预订人数	☆	☆	◎	○	◎	◎	◎	◎	◎	◎	◎	◎
旅游价格	☆	☆	☆	☆	◎	◎	◎	◎	◎	◎	◎	◎
从业人员	☆	☆	☆	☆	☆	☆	☆	☆	☆	◎	◎	◎
平均工资	☆	○	☆	☆	◎	☆	◎	◎	◎	◎	◎	◎
游客满意度	○	○	○	○	☆	☆	○	○	○	○	○	○
预警指数	○	○	○	○	☆	☆	◎	☆	☆	☆	☆	☆

（五）发布预警信息

利用所建立的预警信号系统，在得到景气动向综合指数图和景气预警指标信号图后，根据综合预警指数的信号判断旅游经济的总体运行状况，以及根据各预警指标信号分析导致预警指数信号处于当前状态的原因，为宏观调控和政策决策提供参考建议。

综上，旅游经济预警模型的构建方法和过程如下：

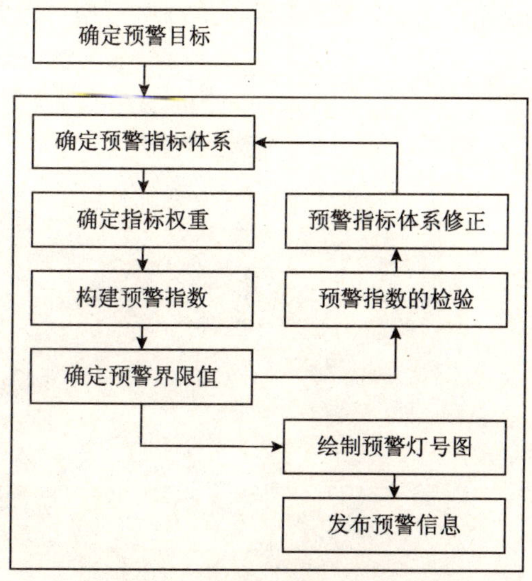

图 3－5　旅游经济预警模型构建

三、其他重点监测景气模型

旅游经济监测与预警模型将居民出游意愿、城市旅游人气和旅游企业景气指数等作为重点旅游景气监测指数定期发布。

1. 旅游意愿景气模型

对居民旅游意愿的监测主要通过评价栅格模型进行。评价栅格模型(Evaluation Grid Model)主要通过心理、需求和产品服务三个层面的研究和提炼,洞察消费者的实际旅游意愿,避免直接询问带来的负面影响,准确把握消费者真实的旅游意愿。模型设计见图3-6。

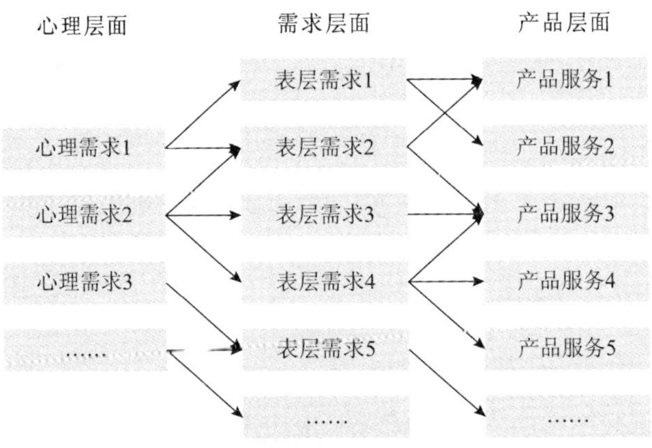

图3-6 旅游意愿EGM深度探索评价栅格模型

如图3-7所示,通过EGM深度探索评价栅格模型可以归纳提炼不同层面的旅游意愿,获得消费者的真实评价。

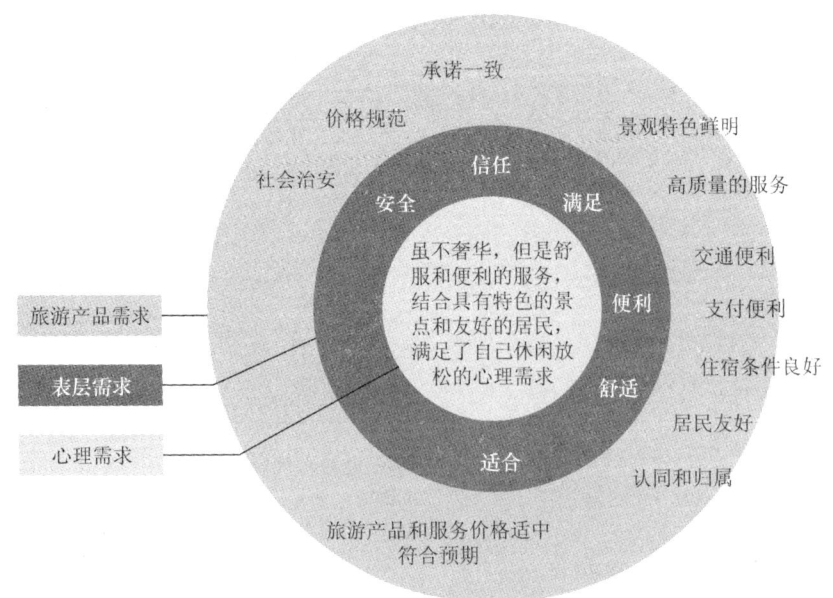

图3-7 旅游意愿EGM深度探索评价结果示例

2. 城市旅游人气指数①

编制本指数依据的主要数据是机票、酒店和度假产品预订量、发生量。城市旅游人气包括出行人数和到达人数两方面,计算方法如下:

(1)出行人气 = 机票出发量 + 度假产品出发量 ×5;

(2)到达人气 = 酒店到达量 + 机票到达量 + 度假产品到达量 ×5;

(3)综合人气 = 出行人气 + 到达人气;

(4)旅游目的地人气 = 旅游产品预订量 + 度假型酒店预订量。

城市旅游人气指数的分指标监测主要有:

(1)出行人气和到达人气排行榜。截至 2010 年年底,国内外机票出发地排名一共有 433 个城市数据,国内外机票目的地排名一共有 427 个城市和目的地数据。

(2)目的地酒店预订量排行榜。包括国内主要城市和目的地酒店预订量排行、国内主要城市和目的地度假型酒店预订量排行。

(3)度假产品(包括自由行、半自助、团队游、自驾游等)排行榜。包括国内主要出发城市出游人数排行(前 24 名),110 个国内目的地到达人数排行,40 个出境游国家和目的地到达人数排行。

3. 旅游企业景气指数

旅游企业景气指数是指由中国旅游研究院(China Tourism Academy,CTA)编制的一套反映旅游企业对发展环境、经营状况和主要经营指标的景气判断的指标体系。旅游企业景气指数编制的目的在于为旅游经济主体的投资经营决策服务,以及为政府管理部门制定政策措施提供及时准确的产业信息,并成为产业与政府之间有效的沟通渠道。该指数以 500 家旅游企业为调查对象展开相应的景气调查,构建一套简洁有效的产业监测与预警指标体系,因此也称 CTA500 指数。样本选择范围涵盖了全国范围内的 170 家旅行社、170 家旅游饭店、130 家旅游景区与 30 家旅游综合企业。在景气调查中的企业问卷、企业报表内容的基础上设计包括企业家信心、企业景气、企业运行主要指标的指标体系。同时,为了更深入地了解企业家填写旅游企业景气指数和企业家信心指数问卷背后的想法,还在问卷调查的基础上,选择重点旅游企业的负责人进行深度访谈,了解企业的实际经营状况、企业景气的影响因素、企业家对旅游业和整个宏观经济形势的预期及判断依据等。最后,在对问卷调查取得的定性数据进行定量转化的基础上,按照以下景气模型

① 本指数由中国旅游研究院与携程旅行网共同发布,数据来自携程旅行网的旅游预订和发生量。

进行旅游企业家景气指数的测算：

$$景气指数\ CI(\text{Climate Index}) = \left[\sum_{i=1}^{n} a_i/(n\times 5)\right]\times 200$$

其中，a_i 为第 i 个调查对象的打分结果，n 为有效样本量，200 为最高景气值。当所有调查对象的打分都为 5 时，$CI=200$。

除上述信心景气指数外，还结合收集来的旅游企业经营指标方面的定量数据编制综合反映旅游企业景气状况的监测报告。

综上所述，基于整个旅游产业景气调查的产业景气指数编制流程如下：

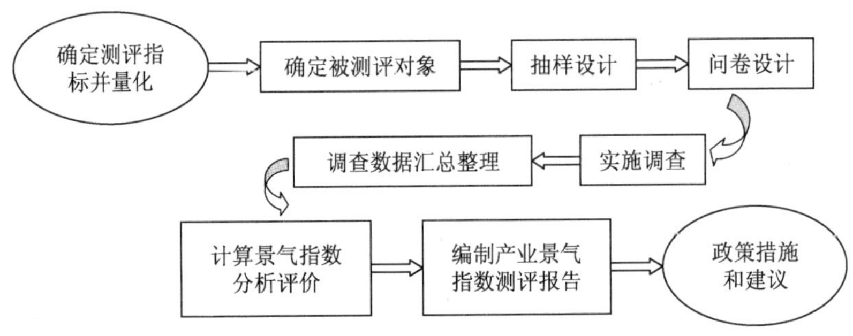

图 3-8　旅游产业景气指数编制工作流程

第三节　旅游经济监测预警指标体系的筛选与确立

一、旅游经济监测预警指标体系的设计原则和方法

（一）设计原则

旅游经济监测预警指标的选择除了灵敏度、代表性、明确经济意义、数据充足、时效性和可用性等一般经济预警所遵循的原则外，还需要考虑旅游经济自身的特殊性。

首先，指标体系的选择要能够全面反映我国旅游经济运行特征。设计指标体系时尽可能从我国旅游经济运行的实际情况出发，并确立了国内旅游经济运行的市场、产业、环境几大基本构面，在此基础上选择尽可能全面反映这些基本面运行状况的主要指标。同时兼顾了其他层面指标的选取，尤其是信心景气指标等，以全面反映旅游经济运行的宏微观层面的不同动态和整个经济运行的静态位势。

其次，要尽可能与现有权威统计体系接轨。现有国家统计局的相关统计、国家旅游局的旅游统计、旅游卫星账户以及其他国际旅游运行报告和景气预测方法都为本研究的指标体系设计提供了有益的借鉴，在尽可能采用具有一定统计基础的经济指标的基础上，进一步根据研究需要通过景气调查等方法扩充指标来源，尽可能使中国旅游经济运行监控和预警体系能与国内各个地方政府和其他国家以及国际旅游组织的相关统计监测体系接轨，也便于未来通过进行横向比较来衡量国际视野内中国旅游经济的运行质量。

最后，要保持指标体系的动态均衡特征。构建动态均衡的指标体系既是经济运行监测景气指数的客观要求，也是对我国旅游产业本身发展处于动态演化中的现实反映。具有综合性特征的旅游业也同时具有边界模糊的特征。在指标体系的构建中要注重产业供给和市场需求两个基本面的平衡，三大市场经济指标的平衡，旅游业经济指标与宏观经济环境指标的平衡，以及客观统计指标与主观定性指标的平衡，同时在具体的指标内涵上还注重质量指标与数量指标的平衡。鉴于我国旅游统计的不完善性，建立了常态化的景气调查制度和数据采集系统以保障持续获取稳定、动态的数据，为以后把具有典型动态特征的景气调查指标纳入先行和预警指标体系奠定基础，并通过一套科学的数据审核机制保障先行指标体系和预警指标体系具有一定的开放性，通过剔除不必要的指标和纳入新指标定期调整，以适应未来变化的产业环境。而针对一些能够反映旅游经济动态特征的重要指标由于统计数据的时间序列不够长或者获取的滞后性问题，暂时作为分析指标引入监测指标体系但可以不参与指数合成。

（二）旅游经济监测预警指标体系的设计方法

通过理论研究确定全面反映我国旅游经济结构和内容的不同层面的指标体系后，通过相关分析等方法确立了大概的初选指标体系。经过多方面的调查、比较，并运用专家判断法，结合基准循环法、时差相关分析等方法最终确定了反映中国旅游经济动向的四大指标体系，即先行、一致、滞后指标体系，以及预警指标体系。作为对整体旅游经济监测预警的深入补充分析，课题组分别设计了反映旅游市场景气、产业景气、发展环境景气三个基本面和重点监测领域的指标体系。最终筛选、确定的反映旅游经济总体运行动向的四大类指标体系基本涵盖了旅游经济监测预警系统各个层面的所有重要指标，最终确定的具体指标体系的内容构成如图 3 -9 所示。这些指标的关键筛选步骤和方法将在后面详细介绍。

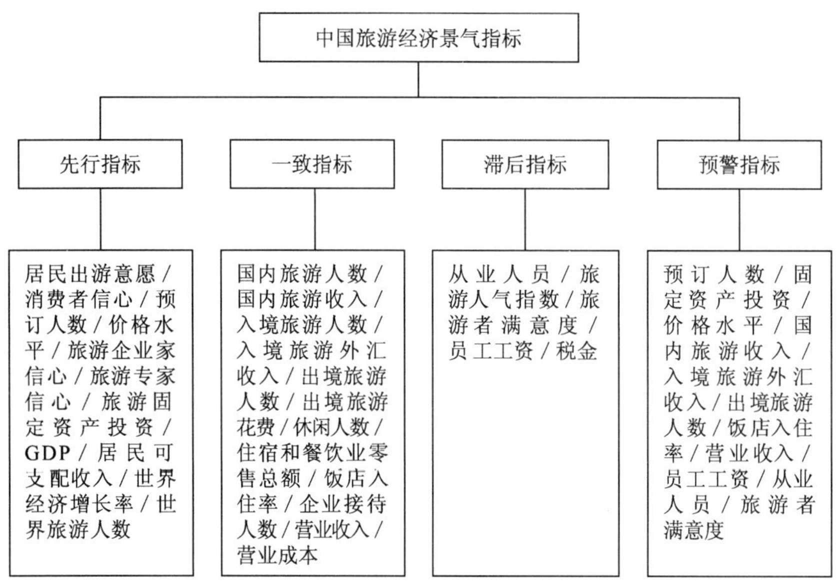

图3-9　中国旅游监测预警指标体系

二、初选指标体系的确立

接下来,我们将进一步通过理论研究和统计检验对旅游经济监测预警指标体系进行初选。需要指出的是,主要旅游指标除有特殊说明外,均按照国家旅游局最新统计调查制度为标准。

(一)市场需求基本面的指标体系

按照公式(3.2)市场景气指数(TMI)的基本构成被定义为:

TMI = DTM + ITM + OTM + TRM

其中,DTM(Domestic Tourism Market)代表国内旅游市场,ITM(Inbound Tourism Market)代表入境旅游市场,OTM(Outbound Tourism Market)代表出境旅游市场,TRM(Tourism Relevant Market)代表其他相关市场即休闲市场。倪晓宁、戴斌(2007)的旅游市场景气研究中将国际旅游外汇收入、国内旅游收入、国内旅游人数和入境旅游人数作为反映中国旅游市场繁荣度的重要一致性指标。张凌云等(2009)对国内已有旅游景气的研究进行了回顾,对已有景气指标体系进行了评价,认为目前研究对所选指标未进行科学的分析和归类,提出应该借鉴旅游附属账户来设计包括实物类和价值类的两大类指标体系,前者如游客总量、入境游客总量、国内游客总量等,后者包括旅游消费总额、入境旅游消费、国内旅游消费等。这种包括实物类和价值类指标的分类方法具有借鉴意义。王新峰(2010)建立了涉及27个基本指标的旅游景气指数,其中涉及旅游市场的指标共有5个,即国际旅游外汇收入、国内旅游收入、国内旅游人数、入境旅游人数、国内旅游人均花费,没有出境游市场的指标,但其指标体系中补充了客运量和旅客周转量两项指标作为反映旅游市场规模的指标。因此,反映国内旅游市场、出入境旅游市场的指标我们总体上可从规模和效益两种指标的角度进行分类筛选。

1. 国内旅游市场指标体系

国内旅游市场可以分别用国内旅游人数和国内旅游收入等反映规模和效益两方面的指标来衡量。按消费主体划分,国内旅游人数可以分为城镇居民旅游人数和农村居民旅游人数,国内旅游收入可以分为城镇居民旅游花费和农村居民旅游花费。按消费时间划分,国内旅游人数可以分为国内一日游旅游人数和国内过夜旅游人数,国内旅游收入可以分为国内一日游旅游收入和国内过夜旅游收入,相应地还可以统计城镇居民和农村居民的情况。

2. 入境旅游市场指标体系

为实现各国(地区)统计数据的国际比较,世界旅游组织选取各国接待入境旅游者(过夜游客)人数和旅游(外汇)收入两个基本指标作为了解全球国际旅游业发展态势的载体。因此,我国入境旅游市场也可以考虑分别用入境旅游人数和入境旅游外汇收入等指标来衡量。按消费主体划分,入境旅游人数可以分为外国人入境旅游人数、香港同胞入境旅游人数、澳门同胞入境旅游人数和台湾同胞入境旅游人数,入境旅游外汇收入可分为外国人入境旅游花费、香港同胞入境旅游花费、澳门同胞入境旅游花费和台湾同胞入境旅游花费。以上指标又可以用一日游和过夜旅游两种旅游消费时间来进行划分。

3. 出境旅游市场指标体系

出境旅游市场分别用出境旅游人数和出境旅游花费两方面指标来衡量。近年来,我国内地公民出境旅游潜力持续释放,出游花费数据也成为业内外所关注的热点。但在旅游主管部门的旅游统计中出境花费存在数据缺失的情况。因此,出境旅游花费的数据可以根据中国国际收支平衡表经常项目的相应数据来统计。相关统计指标一般包括出境旅游总人数、因公出境旅游人数、因私出境旅游人数和相应的收入指标,以及各个指标对应的同比增长率等。

4. 相关市场指标体系

在美国旅行协会的旅游力评价中便把整个市场划分为休闲和商务市场,而在旅游收入上则有对商品零售额的专门统计。英国等国家也按照“国际标准产业分类”(ISIC)系统把旅游业和休闲相关产业作为一个产业部门通过就业指标和总增加值(GVA)两指标进行生产力指数评价。但我国目前休闲方面的官方统计数据比较有限。因此,这里相关市场的休闲度假市场可考虑通过抽样调查,用休闲人数、闲暇时间、休闲消费、居民休闲活动参与率和社会商品零售额等指标来衡量。由于当前国内休闲度假市场的复杂性和变化性,数据构成比较复杂,本研究目前主要通过“信息快报”的形式对该市场变化进行动态跟踪。

除以上三大旅游市场和休闲相关市场指标之外,还有旅行相关市场在一定程度上能够反映旅游市场的规模大小,即交通部门统计的反映旅行人群规模的客运量数据。事实上,在世界旅游组织的国际旅游监测体系中,航空运输承载量是监测旅游市场运行状况的重要指标,而在《2008 年国际旅游统计建议》中更是把客运指标作为旅游供给层面统计的一个重要方面。按我国国家统计局的统计指标解释,客运量是指一定时期内各种交通运输工具实际运送的旅客数量,旅客不论行程或票价多少,均按一人一次计算客运量。客运总量又由公路、铁路、水运和民用航空客运量组成。由此,我们也把国内旅行客运量作为反映国内旅游市场规模的一个重要参考指标。剔除上述统计指标中经济意义重复性较高的指标,并综合考虑统计充分性和指标稳定性,我们将前述市场基本面的指标体系中的关键指标归纳起来,作为构建相关景气指数的初选指标体系,详细内容如表 3-5 所示。

表 3-5　旅游市场景气初选指标体系

分类	规模指标	效益指标
国内市场	国内旅游人数、城镇居民旅游人数、农村居民旅游人数、国内过夜旅游人数、国内一日游旅游人数	国内旅游收入、城镇居民旅游花费、农村居民旅游花费、国内一日游旅游收入、国内过夜旅游收入
出境市场	出境旅游总人数、因公出境旅游人数、因私出境旅游人数	出境旅游总花费、出境旅游人均花费
入境市场	入境旅游总人数、外国人入境旅游人数、港澳台同胞入境旅游人数、入境过夜旅游者人数	入境旅游外汇总收入、外国人入境旅游花费、港澳台同胞入境旅游花费
相关市场	休闲人数、闲暇时间、旅行客运量、居民休闲活动参与率	休闲花费、社会商品零售额、住宿和餐饮业零售额

(注:相关市场数据还包括住宿业、餐饮业、文化体育和娱乐业、交通业方面的其他消费数据)

（二）产业基本面的指标体系

如前所述，旅游产业基本面的构成有如下定义：

$$TI = TS + TH + TA + TG \tag{3.3}$$

其中，TI（Tourism Industries）代表旅游产业，TS（Travel Services）代表旅行社，TH（Tourist Hotels）代表旅游饭店，TA（Tourism Attractions）代表旅游景区，TG（Tourism Groups）代表旅游综合企业。美国的年度旅游力评价指数[①]（Travel Power）中对产业影响的评估主要从收入、税金和就业三方面的经济指标来衡量，并重点评估餐饮业、公共交通、汽车行业、景观行业、住宿业、零售业六大产业的旅游消费额。世界旅游组织最新修订的 2008 年版《旅游卫星账户：建议的方法框架》中则将产业角度的衡量指标分为三大类，即总增加值、就业和总固定资产。而从我国旅游主管部门的历年统计数据来看，对于产业层面的监测指标主要包括规模、经营绩效和就业三方面的指标。所以，对于产业层面的景气监测指标体系我们可以就每一具体行业从规模、效益、就业三方面的指标来进行初步归类、筛选。

1. 旅游饭店指标体系

全球范围内，针对饭店产业的运行监测体系比较普遍。世界旅游组织的《2008 年国际旅游统计建议》指出，反映住宿设施的指标通常包括房间数、床位数、入住率和客房收入等。在全球知名咨询管理机构的产业监测方面，STR Global 定期提供的酒店业趋势报告（Trend Reports）包括连续六年的月度绩效监测数据，如入住率（OCC）、平均房价（ADR）、每间可售房收入（RevPAR）、供应量（Supply）、需求量（Demand）和收益（Revenue）等。该机构以出租率和平均房价两个业绩指标为基础每月发布全球酒店的景气监测指数，如表 3－6 所示。按照我国国家旅游局相关统计说明，旅游饭店（TH，Tourist Hotel）是指能够以间（套）夜为时间单位出租，并配有相应服务的住宿设施，按不同习惯它也可能被称为宾馆、酒店、旅馆、旅社、宾舍、度假村、俱乐部、大厦、中心等。从我国国家旅游局对星级饭店的历年统计数据来看，主要集中于饭店数、客房数、床位数、不同星级饭店数等规模指标，以及出租率、营业收入和税金、全员劳动生产率和就业人数等指标。

---

① 资料来源：美国旅行协会官方旅游力评价机构官方网站（www.poweroftravel.org）

表 3-6　全球主要区域酒店景气指数(2011 年 10 月)

世界区域	Occ. (%)	ADR(USD)
亚太地区	70.00	150.60
美洲	62.90	106.69
欧洲	71.70	143.40
中东/非洲	63.40	169.42

(数据来源:STR Global 官方网站 www.strglobal.com)

从目前的研究成果来看,旅游经济景气研究最集中的领域就是饭店产业景气,在相关景气指标体系的构建方面研究者通过各种研究方法进行了积极探索。阎霞(2008)的饭店产业景气研究中,以饭店数、房间数、床位数、从业人员、固定资产、客房出租率、营业收入、税金、全员劳动生产率 9 个指标作为基础构建了景气指数,并对不同等级的星级饭店在 1996—2006 年间的景气情况进行了研究。张斌(2010)的学位论文则从饭店业内部协调关系、饭店业市场供求协调关系、饭店业与相关产业经济协调关系、宏观经济环境四个方面构建了包括营业收入总额、人均营业收入、星级饭店从业人员总数、全员劳动生产率、客房占营业收入比重、餐饮占营业收入比重、城镇饭店业开发投资额、客房数、床位数、住宿、餐饮业增加值等相关指标在内的预警指标体系,并通过 BP 神经网络方法对我国饭店产业预警系统进行了设计。经济型酒店网针对我国经济型酒店的产业景气情况推出了以客房数、平均出租率和平均房价为基础的规模指数、出租指数和房价指数,而经济型酒店的建造成本、总资产、出租率、资产利润率和销售利润率等重要指标都还没有形成统一的统计机制,不能纳入景气指标体系(秦炳旺,2009)。游灏等(2008)的研究从星级饭店经营状况、旅游者相关因素和宏观环境因素三个方面构建我国星级酒店业景气评价指标体系并对上海星级酒店业近年的景气状况进行了实证研究,其中饭店经营层面的指标包括营业收入总额、全员劳动生产率、人均实现利润、人均占用固定资产原值、固定资产原值、百元固定资产创营业收入、床位数、平均房价、从业人员数等。住宿和餐饮业城镇固定资产投资、住宿和餐饮业利用外资两个指标也是已有研究文献中普遍重视的两个投资规模指标。

2. 旅行社指标体系

根据国家旅游局相关统计规定,旅行社(Travel Agencies 或 Travel services,TS),是指从事招徕、组织、接待旅游者等活动,为旅游者提供相关旅游服务,开展国内旅游业务、入境旅游业务或者出境旅游业务的企业法人。现有的官方历年旅行社统计公报中一般包括三大类指标，即行业规模指标、经营规模效益和业务分项（入境、出境和国内旅游业务）指标。行业规模指标包括旅行社数量、总资产和负债规模、固定和流动资产、就业人员规模等；经营规模效益指标包括营业收入、毛利润总额、净利润总额、实缴税金总额等；而业务分项指标则除了上述相关业务领域的经营指标外还包括组织人数和接待人数等规模指标。从现有的研究成果来看，也有少量文献涉及旅行社景气指数研究。其中戴斌等（2006）有关中国旅行社产业景气循环的研究确定了企业规模景气指数、企业经营景气指数、市场景气指数和年检景气指数四项子指标。其中，企业规模景气指数包括企业数量和从业人数两个分指数；企业经营景气指数包括营业收入、利润、利润率、税金、资产和劳动生产率 6 个分指数；市场景气指数包括入境游、国内游和出境游 3 个市场的景气指数。其中每个市场的景气指数由外联人次、接待人次和市场化率 3 个景气指数组成。

3. 旅游景区指标体系

根据国家旅游局相关统计规定，旅游景区（TA，Tourism Attractions），是以旅游及其相关活动为主要功能或主要功能之一的空间或地域。指具有参观游览、休闲度假、康乐健身等功能，具备相应旅游服务设施并提供相应旅游服务的独立管理区。该管理区应有统一的经营管理机构和明确的地域范围。包括风景区、文博院馆、寺庙观堂、旅游度假区、自然保护区、主题公园、森林公园、地质公园、游乐园、动物园、植物园及工业、农业、经贸、科教、军事、体育、文化艺术等各类旅游区（点）。在我国旅游主管部门的历年统计体系中有关旅游景区的统计指标最不完善。当前相关旅游统计指标有旅游企业规模指标——企业数量、从业人员和固定资产总额，经营指标——营业收入和营业税金等。根据国家旅游局有关规定，从 2010 年开始全面实施旅游投资信息和旅游景区信息统计制度。

4. 旅游综合企业指标体系

如前所述，景气调查作为一种针对企业和消费者个体的信息采集方法，具有传统统计调查方法不可比拟的优势。在宏观经济领域，基于景气调查的景气指数已经成为经济景气监测的重要组成部分。国际上一些知名旅游资讯管理机构也尝试针对旅游企业开展相应的景气调查。如浩华顾问管理公司的全球饭店市场景气调查，又如通过市场监测 STR Global 的全球酒店普查数据库（Census Database）拥有超过 10 万家酒店，1000 万间客房的样本数据。在现有的旅游官方统计中更多地关注了全行业规模和经营方面的数据，而且传统的行业统计口径已经开始显露出局限性，不能把近年来新出现的旅游业态涵盖进来，而这部分新兴业态却在旅游产业内越来越发挥着举足轻重的作用，如大量在线旅游运营商(OTA)的出现、上市公司、旅游新业态和一些综合旅游集团等。鉴于旅游产业的综合性和多层次性,也为了更为准确地从市场运营主体的层面反映整个旅游产业的运行走向,课题组针对该类以旅游集团或上市公司为主的旅游综合企业开展了专门的深度景气调查,同时搜集有关信心判断方面的定性数据以及企业经营层面的定量数据。同时,也从规模、绩效和就业等层面设计相关景气指数对应的指标体系,并构建旅游企业信心指标体系。将旅游综合企业(TG,Tourism Groups)界定为除旅行社、旅游饭店和旅游景区之外的各种旅游经营业态的统称,并在当前阶段将旅游集团企业作为旅游综合企业的典型代表。以下是中国旅游协会和中国旅游研究院发布的《2011 年中国旅游集团发展报告》中按营业额这一经济指标进行排名的前 20 位旅游集团(见表 3-7)。

表 3-7　2011 年度旅游集团营业额 20 强排名

1	中国港中旅集团公司
2	携程旅游集团
3	北京首都旅游集团有限责任公司
4	华侨城集团公司
5	中国国旅股份有限公司
6	海航旅业
7	锦江国际集团公司
8	广州岭南国际企业集团有限公司
9	南京金陵饭店集团有限公司
10	中青旅控股股份有限公司
11	杭州旅游集团有限公司
12	上海春秋国际旅行社有限公司
13	开元旅业集团有限公司
14	安徽省旅游集团有限责任公司
15	宝中旅游
16	华天旅游集团
17	广州广之旅国际旅行社股份有限公司
18	黄山旅游集团有限公司
19	上海航空国际旅游(集团)有限公司
20	去哪儿网

综上，我们将旅游产业基本面的初选指标体系归纳如下。

表 3-8　旅游产业基本面指标体系一览表

旅游产业主体	指标体系
旅游饭店	预订人数、入住率、平均房价、营业收入、现金流、营业成本、营业利润、利税总额、员工人数、员工工资、固定资产投资
旅行社	预订人数、接待人数、旅游线路报价、营业收入、营业成本、营业利润、利税总额、员工人数、员工工资、固定资产投资
景区	预订人数、接待人数、门票价格、营业收入、营业成本、营业利润、利税总额、员工人数、员工工资、固定资产投资
旅游综合企业	预订人数、接待人数、旅游价格、营业收入、营业成本、营业利润、利税总额、员工人数、员工工资、固定资产投资、旅游企业家信心

（三）发展环境基本面的指标体系

如前所述，可以把旅游发展环境定义为

$$TDE = DTDE + WTDE \tag{3.4}$$

式中，TDE 为旅游发展环境，DTDE 为国内旅游发展环境，WTDE 为国际旅游发展环境。在已有的研究文献中，发展环境层面的影响因素受到了普遍重视。倪晓宁、戴斌（2007）的研究中认为旅游作为消费品受到收入和消费水平、投资热度的影响，在其旅游市场景气指标体系中涉及发展环境的具体指标包括外商直接投资实际利用额、固定资本形成总额、GDP、城乡居民人民币储蓄存款、居民消费支出、全国居民消费水平等指标。雷平（2009）针对我国入境旅游市场景气指数的研究中将固定资产投资、进出口和汇率等指标作为发展环境方面的指标进行了合成指数设计。王新峰（2010）的旅游景气研究选择了 27 项指标，其中旅游产业外部环境指标包括 GDP、全国居民消费水平、城镇居民人均可支配收入、城镇居民家庭恩格尔系数、货物进出口贸易总额、邮电业务总量、财政支出、外商直接投资实际利用额、固定资本形成总额、汇率 、货币和准货币、股票筹资额和参加基本养老保险人数等。最终，本研究将旅游发展环境分为国内和国际两个方面。其中国内旅游发展环境的因素主要有 GDP、交通投资、商品销售、进出口、资本市场和宏观政策等；国际旅游发展环境的因素主要有世界旅游、世界经济和世界贸易等。这部分反映旅游经济发展环境的指标主要通过国内外相关统计机构或者政府部门的信息发布渠道获取相关数据，如表3－9所示。

表3－9　旅游发展环境数据信息

三级指数	具体内容	数据来源	采集时间
宏观经济	GDP	国家统计局	季度
	交通投资	国家统计局	月度
	商品销售	国家统计局	月度
	进出口	海关统计公报	月度
	资本市场	国家统计局	月度
政策环境	旅游政策	国家旅游局	月度
	公共政策	专题调研	月度
国际旅游	世界旅游人数	世界旅游组织	月度
	世界旅游收入	世界旅游组织	月度
世界经济	世界经济增长	国家统计局	月度
	世界贸易增长	世界贸易组织	季度

（四）信心指标体系

如前所述，信心景气也是基于景气调查的景气监测内容。近年来消费者信心指数和企业景气指数、采购经理指数等已经成为我国宏观经济监测指数的重要内容。除现有的反映宏观经济环境下消费倾向和主观判断的消费者信心指数、企业家信心指数、经济学家信心指数外，我们还考虑到了旅游产业语境下一些特殊的信心景气表现，发展出一些具有产业特殊性的信心指数。在国际上，一些旅游组织和机构也开展了旅游相关景气调查，并设计了相应的景气指数。如美国旅行协会按季度发布的旅行者意愿指数（TSI）就是一个与消费者信心指数类似的反映旅游消费者消费信心或者意愿的指数，通过对2000多名游客的旅游态度进行问卷调查，综合六大类指标的调查结果合成旅游意愿指数。此外，浩华管理顾问公司也定期发布全球饭店市场景气指数，即在每半年针对全球1500多位酒店经营者进行一次问卷调查的基础上设计了反映全球各大区域市场和重点国家、城市饭店市场的信心景气指数。构成该景气指数的指标来源主要是饭店经营者对饭店经营指标（出租率、平均房价和总收入）的判断和宏观经济环境影响下市场前景的预期。现阶段在我国旅游经济的实际工作中对居民出游意愿（Travel Propensity）、游客满意度

(Tourism Satisfaction)、城市旅游人气(Urban Destination Arrivals)等主要方面有更多的关注,而旅游专家信心(Tourism Expert Confidence)和旅游企业家信心(Entrepreneur Confidence)作为反映旅游经济运行走势的主观判断指标也非常重要。因此,本研究也定期发布上述领域的信心景气重点监测指数。这部分指标的统计数据主要通过景气调查获取。具体指标内容设计如下:

1. 居民旅游意愿

居民旅游意愿是指城乡居民未来某一段时期内计划到某一目的地出游的比例。本研究根据实际工作需要,将"某一时期"确定为未来三个月,将"某一目的地"划分为省内、中国内地、港澳台和国外等。在调查中设计的相关指标主要包括旅游态度和意愿方面的具体指标。

2. 旅游企业家信心

旅游企业家信心是指企业家对旅游行业等企业外部市场环境和宏观政策等在未来一段时期发展形势的认识、看法、判断与预期评价,一般使用"非常乐观、乐观、一般、不乐观、非常不乐观"等评价用语。"未来一段时期"既可以包括尚未结束的计算期,也可以是下一个计算期、未来半年或一年等。以该类调查指标为基础编制指数用以综合反映企业家对宏观经济环境的感受和信心。

3. 旅游专家信心

旅游专家信心是指旅游经济研究人员对未来一段时期旅游行业发展形势的评价,评价指标和方法等与企业家信心相同。在世界旅游组织发布的"全球旅游晴雨表"中也包含专家信心景气调查情况,也就是将旅游专家对旅游经济的评价和短期预测即按照"不变"、"更好"和"更差"三种主观选项进行的定性判断结果通过定量转化合成指数。

目前,课题组着重以反映市场信心状况的居民旅游意愿和反映产业主体信心状况的企业家信心两方面的景气调查结果作为旅游经济信心景气指数的主要指标来源。由此,可以把旅游经济运行的信心指标定义为

$$TWC = TW + TC$$

式中,TWC(Tourism Willingness & Confidence)为旅游经济运行信心指标,TW(Tourist Willingness)为市场方面的旅游消费意愿,TC(Tourist Confidence)为产业方面的企业家信心。

表 3-10　旅游经济运行信心指标体系

旅游企业家、旅游专家信心①	对本季度的信心，对下一季度的信心，对未来半年的信心，对未来一年的信心
旅游企业景气②	对本季度的评价，对下一季度的评价，对未来半年的评价，对未来一年的评价
旅游意愿	居民打算出游的比例
旅游者满意度	旅游者实际感受与期望值相比的结果
消费者信心、经济学家信心等	对宏观经济形势的预期和判断

（注：①代表对所在行业发展的信心，②代表对本企业经营状况的预期）

综上所述，我们基本确定了反映旅游经济运行各个方面，共包含四个一级指标、14 个二级指标和 161 个具体指标内容的初选景气指标体系，为进一步通过定量、定性方法筛选、确立旅游经济景气指标体系奠定了基础，如表 3-11 所示。

表 3-11　中国旅游经济运行动向的初选指标体系

一级指标	二级指标	三级指标个数	是否定量
市场需求	国内市场	8	是
	入境市场	15	是
	出境市场	4	是
	相关市场	8	是
产业运行	就业	8	是
	绩效	29	是
	规模	9	是
信心景气	专家信心	3	否
	企业家信心	4	否
	居民旅游意愿	25	否
	消费者信心	1	否
	游客满意度	35	否
发展环境	国内	6	是
	国际	6	是

综上，前述四大类指标体系共同构成我国旅游经济监测预警指数的初选指标体系。下面我们将进一步讨论旅游经济先行、一致和滞后指标体系的构建过程和方法。

三、先行、一致、滞后指标的构建

如上所述，影响旅游经济运行波动的因素较多，包括市场、产业和发展环境基本面以及信心判断等方面的众多指标，需要处理的数据量非常大。这就要求进一步从经济上的重要性、统计上的充分性和统计的适时性等方面进行综合评价，从众多的指标中精选少量、内涵丰富且独立性强的指标构成景气指标。我们先根据经验分析以及简单相关系数法剔除了部分信息重复程度较高的指标，然后通过判断各指标与景气波动基准循环指标的对应关系来分类，即确定先行、一致、滞后指标体系。在经济景气研究领域，通常运用时差相关分析、$K-L$信息量分析和峰谷对应法等来判断各指标的先行、一致和滞后关系。

（一）数据准备和处理

目前旅游经济景气研究中数据的充分性是一个重要问题。中国有关旅游产业的统计数据非常欠缺，大部分为年度数据，只有月度数据和季度数据才能对未来的经济景气状况做出一个相对准确的预测。但旅游统计数据的欠缺，导致使用月度或季度数据会缩短景气指标的统计年限。因此绝大部分国内学者仍然采用年度数据对旅游指数进行测算（王新峰，2010）。事实上，囿于统计数据的完备性问题，即使在宏观经济景气分析中，采用年度数据的探索性研究也不乏其数，这也是理论研究在研究现实条件约束下的一种权宜处理，毕竟这种方法可以为未来信息更为丰富的月度、季度数据分析提供一种理论准备。而旅游产业数据的不完善性也并非我国独有的现象，Choi（2003）针对美国饭店产业景气的研究指出月度数据等更短周期内的数据重于细节信息却缺乏足够的趋势动态性，而最理想的季度数据不够完善，尽管存在景气循环转折点判断精确性的问题，还是采用了年度数据。毫无疑问，研究我国旅游经济问题如果局限于月度或者季度数据的采用，则可选的指标数量就非常有限，实际上现有旅游景气研究中过多采用宏观经济指标也客观反映了合适时间度量范围内旅游统计数据的有限性。课题组也对此问题做了充分考虑，认为目前年度数据基础上的定量研究仍不失为景气指数模型构建的有益参考，更为重要的是要将定量筛选和理论、经验分析结合起来综合权衡指标体系的构建。时差相关分析等定量研究要求相关指标的时间序列在长度和数据类型等方面具有一致性。因此目前只能对于部分统计信息充分的指标进行相应的定量研究，而更多的指标则只能从经济意义和经验判断上考虑而补充到先行、一致、滞后指标体系中来,其进一步量化研究还需要等到将来数据条件具备的时候。同时课题组通过景气调查和统计数据收集等方式已经启动了相关经济指标季度、月度数据的整理和累积工作,并以此数据基础开始了更为复杂的合成指数模型构建。

(二)基准指标的确定

1. 基准循环指标的合成

首先,时差相关分析的基本原理是选择敏感的、反映当前经济活动的经济指标作为基准指标,然后使被选择指标超前或滞后若干期,计算它们的相关系数。因此,基准指标的选择的第一原则是选择最能反映旅游经济总体运行状况的指标。Choi 等(1999)将饭店业的年度总收入作为基准循环指标对美国饭店业的景气循环进行了研究,认为年总收入指标既包含了价格要素又包含了规模(客房数)要素,是一个理想的指标。但随后在有关美国饭店业的预警指标体系研究中作者进行了进一步修正,将饭店业总收入的年度同比增长率作为基准循环指标(Choi,2003)来确定先行、一致、滞后指标体系,并进行了实证检验发现具有很好的景气监测功能。雷平(2009)针对入境旅游市场景气指数编制的研究中以外国游客入境旅游人次为基准指标,认为该指标与外国游客入境旅游外汇收入这一指标的相关性非常好。阎霞(2008)针对饭店产业景气循环的研究中,认为饭店房间数只是衡量饭店企业规模的一个指标,无法全面反映饭店产业的发展状况,最后选择了房间数、从业人员、固定资产、客房出租率等 8 个饭店产业指标作为合成基准循环指标的基础指标。游灏等(2008)针对星级酒店景气循环的研究则把主营业务收入额作为基准循环指标。结合我国旅游产业的发展特征,显然仅仅由反映规模的总量指标是不能反映出旅游经济增长的质量特征的,而采取合成指标的方法则受到指标时间序列数据类型一致性的要求。因此,我们先确定旅游总收入的年度增长率作为一个备选基准循环指标,因为这一个指标既包含了旅游经济的总量规模同时也在一定程度上反映了经济发展的质量。但目前旅游总收入这一指标的统计数据在较长的时间序列上仍局限于年度数据。因此我们根据经验选择若干具有年度、季度数据的其他备选指标,然后进一步筛选出与旅游总收入同步性较好的指标合成为最终的基准循环指标。考虑到统计口径的连贯性和可比性,以及季度数据的完备性等因素,最终选取了入境旅游外汇收入、出境旅游人数、城镇居民旅游总花费三个最有代表性的指标,作为合成旅游经济运行基准指标的基础。我国旅游产业在 1998 年被确定为国民经济新的增长点,三大市场全面发展,旅游产业开始进入相对平稳、大众化的发展阶段。但出境旅游花费在国家层面属于支出的范畴，且近年来出境旅游花费的高速增长仍在一定程度上反映出市场阶段的不成熟特征。但出境旅游发展对于国内旅游产业发展的贡献不容忽视。同时考虑统计因素相对于出境旅游花费、出境旅游人数能更准确地反映出境市场的发展状况，所以入境旅游外汇收入、出境旅游人数和城镇居民旅游总花费三个指标能较为全面地反映旅游经济在三大市场层面的运行态势。首先，对三个指标的年度数据增长率序列进行直接观察，我们发现它们都与旅游总收入的增长率时间序列具有较好的同步性，如图 3－11 所示。其次，通过时间序列的交叉相关函数分析，发现经过平稳化处理的入境旅游外汇收入、出境旅游人数、城镇居民旅游总花费增长率序列与旅游总收入增长率序列都在延迟数为零时交叉相关系数最大，且都在 0.7 以上。至此，我们大体上可以判定，上述三个指标跟旅游总收入这一指标的波动具有较好的同步性，可以用来合成反映旅游经济总体运行动向的基准指标。

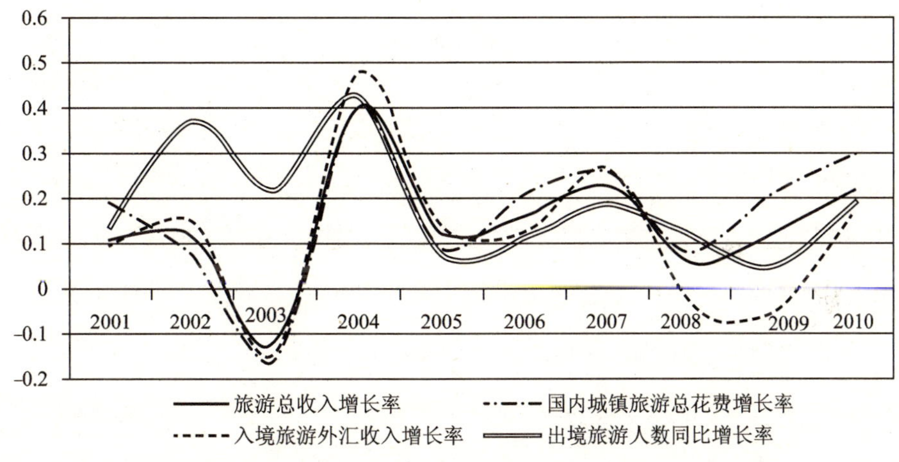

图 3－10　基准指标与旅游总收入增长率序列的趋势比较图

为了便于后期以季度数据为基础的景气指数的计算，保证各指标时间序列长度和数据类型上的统一性，同时综合考虑统计口径的变动因素，突发事件对旅游业尤其是入境旅游的影响，如 1997—1998 年发生的亚洲金融危机，进入 21 世纪后“9・11”事件等波及国际旅游业的危机事件频有发生，我们选取 2000 年为基年，并使用上述三个指标 2001—2010 年间的季度数据经过无量纲化处理，在专家意见调查的基础上通过前述 Satty 法确定各个指标的权重，合成基准指标。

基准合成指标的计算公式为：$Y = \sum Y_i W_i (i = 1, 2, 3)$

其中，Y 为基准指标，Y_i 为无量纲化后的数据，W_i 为权重。合成后的季度基准指标的定基绝对值如表 3－12 所示。

表 3－12　合成基准指标 Y_i 的定基值

	一季度	二季度	三季度	四季度
2000 年	92.77816	102.4692	110.3846	94.36795
2001 年	102.7092	117.0558	123.378	111.7317
2002 年	117.3409	133.9243	150.4623	131.7353
2003 年	138.3281	71.96192	139.7835	157.5352
2004 年	154.0822	169.9303	190.8988	214.0708
2005 年	185.5129	195.9065	215.9347	202.6321
2006 年	204.5301	214.4435	240.5284	248.1673
2007 年	250.3621	257.4087	274.9364	319.8878
2008 年	289.6815	268.6824	282.9696	285.2926
2009 年	296.0306	273.2514	324.0742	310.5407
2010 年	355.0417	331.8554	412.0349	371.2055

进一步地，我们可以通过上述基准指标 Y 的绝对值波动情况对近 10 年内的旅游经济发展趋势做初步的直观判断，如图 3－11 所示。

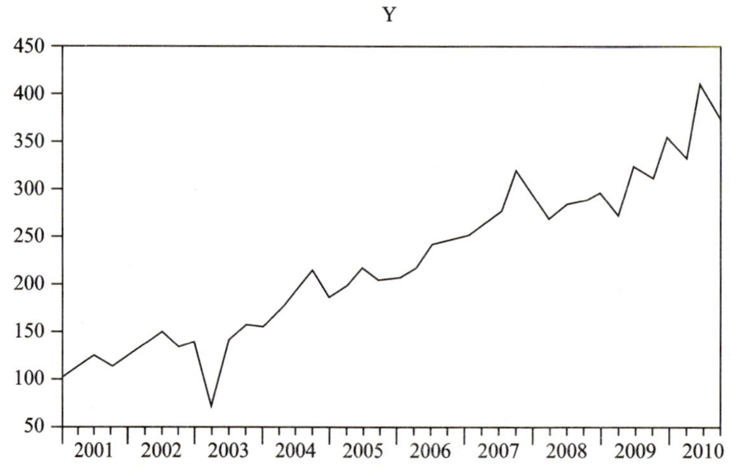

图 3－11　合成基准循环指标 Y 的波动趋势（2001—2010 年）

如图 3 - 11 所示，尽管经过无量纲化、定基处理等合成过程，反映旅游经济运行状态的时间序列数据因而剔除了部分变异趋势，指标数值在较小范围内波动，但从图 3 - 11 仍可以看出，2001—2010 年间我国旅游经济整体上保持了稳步上升的大趋势，同时在年度范围内出现了频仍波动，显示了季节性因素的干扰。而较为明显的两次波动分别出现在 2003 年和 2008 年的第二季度前后，也在一定程度上反映了重大危机事件"非典"和"汶川地震"、"金融危机"等对我国旅游经济波动的影响。但长期来看，旅游经济的周期循环趋势并不明显，这与 21 世纪以来我国旅游经济总体上一直处于稳定增长的发展阶段这一现实吻合。这一趋势也说明，使用绝对值序列来研究我国旅游经济的景气循环存在一定困难，而采用增长率循环则为更合理的选择。

2. 确定基准循环指标的增长率序列

经济景气分析重点是对短期波动趋势的监测，而相对于同比增长率，环比增长率更能敏感地反映出短期经济波动趋势。因此，基准循环指标的环比增长率序列更适合作为旅游经济波动规律的观察序列。季度数据含有明显的季节性因素，需要对基准循环指标的季度时间序列进行季节调整，然后观察时间序列的长期趋势及循环要素（TC）的波动并计算相应的环比增长率序列。由季节调整的结果发现第三季度和第一季度的季节性因子较大，都在 100 以上，表明该时间段数值占全年平均值的比例较大，这也与我国旅游经济波动的一般性季节特征基本吻合。2001 年第一季度至 2010 年第四季度期间的增长率循环波动趋势如图 3 - 12 所示。

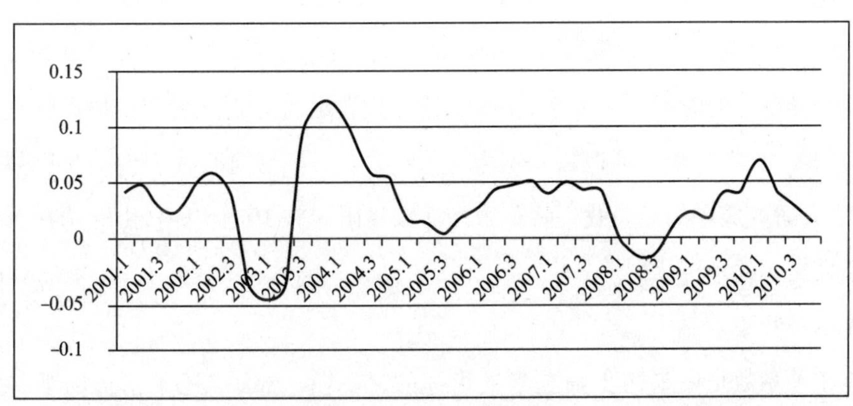

图 3 - 12　基准循环指标波动趋势（2001—2010 年）

从总体趋势上看，经过调整和相应处理的基准循环指标的增长率波动可以很好地刻画最近十年来我国旅游经济的总体循环波动状况。结合绝对值序列的变动情况我们会发现，其中水平轴以下的两个波谷分别处于2003年第一季度和2008年第二季度，当时的“非典”和金融危机、汶川地震等危机事件在一定程度上影响了旅游经济波动峰谷转折点的出现。按照比较传统的景气循环B－B转折点算法的相关原则，突发事件造成短期波动形成的转折点可以忽略，再结合经验判断，我们对峰谷转折点的确定要求一个周期（峰到峰点或者谷到谷底）至少持续15个月（5个季度）以上，扩张期（谷到峰点）和收缩期（峰到谷底）应大于两个季度即6个月，最终确定这十年中以2005年第3季度为分界线存在前后两个循环周期。其中，第一个循环周期为19个季度（4年零3季度），第二个循环周期为21个季度（5年零一季度）。

（三）先行、一致、滞后指标组的选择

1. 时差相关分析

按照常用的经济景气分析方法，可以使用时差相关分析来确定指标的先行、一致、滞后关系，即通过计算超前或滞后若干期的被选指标与基准指标概率分布的接近程度，来确定超前期或滞后期。设 $y=(y_1,y_2,\cdots,y_n)$ 为基准指标，$x=(x_1,x_2,\cdots,x_n)$ 为被选择指标，r 为时差相关系数，则有

$$r_1=\frac{\sum_{t=1}^{n_i}(x_{t-1}-\bar{x})(y_t-\bar{x})}{\sqrt{\sum_{t=1}^{n_i}(x_{t-1}-\bar{x})^2(y_t-\bar{x})^2}};l=(-L,\cdots,-1,0,1,\cdots,L)$$

其中，l 表示超前/滞后期，l 取负数时表示超前，取正数时表示滞后，l 为时差或延迟数。L 是最大延迟数，n_i 是数据取齐后的数据个数。其中，最大的时差相关系数反映了被选指标与基准指标的时差相关关系，相应的延迟数表示超前或滞后期。根据已有相关研究和经验判断，我们将最大延迟数 L 定为5。为了进一步精简有代表性的指标并便于计算，借鉴已有研究成果的经验我们将每组指标数量限定在10个以内，由此选择每组前几位相关系数最大的指标。

2. 峰谷对应法

时差相关系数是用来初步筛选景气指标的，但这种方法描述了指标的某些整体性质，缺乏对指标的各个特殊循环的波动状态直观具体的描述。因此，对于通过比较分析初步选取的指标，还需利用峰谷对应法通过求转折点日期、画图比较等方式，研究每个初步选取指标与景气循环峰、谷的对应状态，以此来确认最终入选指标。求转折点日期即利用计算转折点的B－B方法，求出备选指标的转折点日期，比较被选指标与基准日前的

对应情况，可以准确地计算出超前或者滞后的时间。画图比较则是把基准指标与备选指标画在一张图上，观察峰谷的对应状况。以指标城镇旅游总花费为例，可以明显看出它和基准循环指标之间的同步性较好，如图 3 – 13 所示。

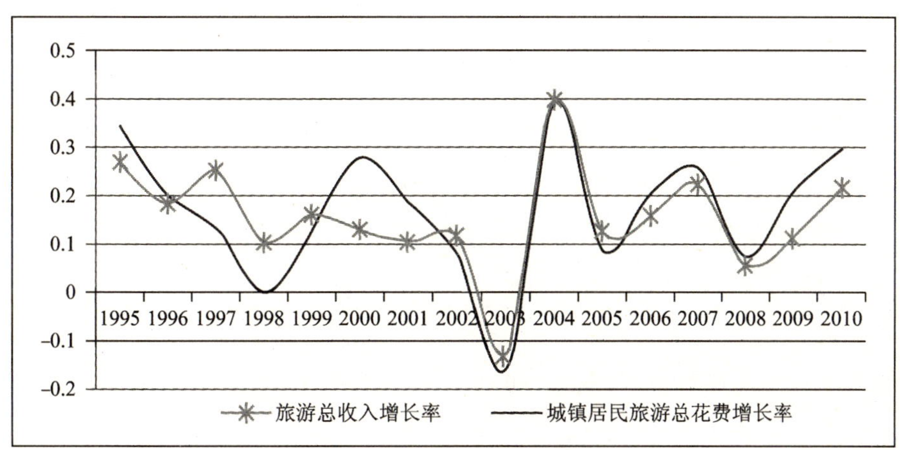

图 3 – 13　旅游总收入和城镇居民旅游总花费增长率对比

在上述筛选过程的基础上，进一步通过比较指标季度数据获取的时滞性（如部分宏观经济指标虽然通过历史数据测算具有先行性，但在现实中获取时间却大大滞后于旅游经济预警数据发布的时间）、经济重要性等进行重新评估调整，最终确定相应的先行、一致和滞后指标体系。

3. 一致、先行、滞后指标组的确定

（1）一致指标组的选择。

首先，一致指标是指该指标达到高峰和低谷的时间与周期波动基准日期波动的时间大致相同。另外一致指标的选择还综合考虑了以下因素：

1）从整体旅游经济运行周期波动特征来看，在扩张或者收缩期，旅游需求和供给面的规模和绩效指标都会处于不同程度的上升或下降过程中，因此一致指标应该包含旅游经济运行市场和产业基本面的内容。

2）通过上述常用筛选方法的分析，一致指标应该在图形上显示出与基准循环大体一致的波动趋势，且要选择时差相关系数大的指标。

3）指标的经济意义作为筛选的重要原则贯穿始终，根据上述筛选结果，如果两个指标的经济意义比较接近，我们保留一个作为景气指标。

这样经过反复的比较、判别，最终确立如下一致指标组：

表 3 - 13　一致指标组的选择

指标名称	时差相关系数(绝对值)	滞后期	图形比较
入境旅游外汇收入	0.915	0	较好
入境旅游人数	0.901	0	较好
城镇居民旅游总花费	0.927	0	较好
城镇居民旅游总人数	0.867	0	较好
出境旅游人数	0.884	0	较好
出境旅游花费	0.725	0	较好

通过以上定量分析结果我们发现,由于上述多数指标参与了基准指标的合成,因此相关系数较大且具有较好的一致性。为了更全面地反映旅游经济的当期运行情况,我们还必须从产业层面考虑,而产业层面的季度历史数据并不具备。因此课题组不得不从经验判断和理论分析的角度将休闲人数、住宿和餐饮业零售总额、饭店入住率、企业接待人数、营业收入和营业成本六个指标纳入一致指标体系,分别反映不同产业层面的规模和绩效特征,具体数据通过景气调查获取。

(2)先行指标组的选择。

先行指标是指波动过程中领先于基准循环的指标。这种指标的波动次数与基准循环相同,所有波峰和波谷的发生时间均比基准循环早三个月以上。先行指标的波动强度最好是与同步指标接近,并且先行的月份数越稳定越好。若能找出性能优异的先行指标,那么不仅能预测经济变动趋势,还能预测经济的转折点。在先行指标的选择上,同一致指标的选择类似,也要综合考虑经济意义、图形比较、时差相关系数和 $K-L$ 信息量的结果等。然而,要找到严格意义的先行指标并不是一件很容易的事,尤其在我国旅游经济统计背景下,一些理论上有可能先行的指标大多没有统计数据,如出游意愿。因此我们只能退一步,去寻找那些具备先行特征的指标,这些指标可称为局部先行指标,是指在某些波动类型下具有先行作用的指标,也可以指波谷领先的指标或波峰领先的指标。局部先行指标在分析经济走势时可发挥重要作用,但不可能像先行指标那样综合成先行指数。

表 3-14　先行指标组的选择

指标名称	时差相关系数(绝对值)	滞后期	图形比较
消费者信心	0.456	-4	较好
GDP	0.528	-1	较好
城镇居民人均可支配收入	0.509	-1	较好
世界经济增长率	0.351	-2	较好

由于旅游经济运行的多层面性,更由于可供选择的具有完备季度数据的相关指标的有限性,从旅游经济层面很难确定合适的先行指标来进行模型运算。因此,通过相关性强弱、时滞关系和经济意义的重要性等的判断最终仅有上述四个宏观经济指标通过了相关筛选过程,确定为先行指标。为了能够对旅游经济的短期波动进行更为准确的预测,课题组根据理论分析和经验判断将居民出游意愿、预订人数、价格水平、旅游企业家信心、旅游固定资产投资、世界旅游人数六个指标暂时作为局部先行指标来对待,以上数据主要通过景气调查获取。而在实际的景气分析中,节假日安排、宏观政策等指标目前也尚无科学的定量指标,暂不纳入景气指数的运算中,仅作为定性分析的参考指标。

(3)滞后指标组的选择。

严格来讲,滞后指标指波动过程滞后于基准循环的指标。这种指标的波动次数与基准循环相同,所有波峰与波谷的发生时间均比基准循环晚三个月以上。所以,滞后指标通常可以用来确认经济走势是否发生改变。同前述两类指标的选择方法类似,综合考虑经济意义、图形比较、时差相关系数和 $K-L$ 信息量的结果等。但已有的研究文献发现,旅游经济景气指标研究尚处于探索阶段,先行、一致和滞后指标的对应关系还不是很强,尤其是反映谷底的滞后合成指数的编制还没有发现真正合适的潜在指标(雷平,2009;阎霞,2008 等)。而统计数据的不充分性也进一步决定了课题组目前的滞后指标设计也只能停留在理论分析和经验判断的层次,未来需要更深入的探索。我们最终确定从业人员、旅游人气指数、旅游者满意度、员工工资和税金五个指标为滞后指标。这部分指标对应的季度数据主要通过课题组的景气调查获得,旅游人气指数、满意度等指标是根据调查的一手数据加工运算的结果。

上述反映旅游经济景气的先行、一致和滞后指标组确定后,就可以构建相应的先行、一致和滞后指数,通过定期分析它们之间的对应关系,就可以较早地预测到经济波动的变化方向和转折点出现的时机,以及早采取调控措施。

四、预警指标体系的构建

从宏观经济领域来看,虽然前述景气指数对于了解未来经济走向有一定帮助,但由于一致指数涉及的指标较少,对于判断当前经济运行的状态还不是很理想。这里面还有对于一致、先行和滞后指标的理论认识存在争议,同时数据基础不具备等原因造成了构建一致指数的困难。这些原因造成先行指数及一致指数的编制结果在反映国民经济的运行态势方面并不是很令人满意。为此,构建预警指标体系也是我国宏观经济监测预警的重要内容。客观地讲,上述景气动向指标编制问题在旅游经济领域也同样存在,且更为突出。一方面,旅游统计数据的完备程度落后于宏观经济;另一方面我们正在进行的旅游经济监测预警研究无论国内外都几乎是一个完全空白的领域,对于各种指标的理论研究刚刚起步。因此,我们还要通过构建旅游经济预警指标体系作为旅游经济预警系统的基础,以辅助旅游经济景气动向指标分析。同时,通过旅游经济预警指标体系和预警信号的结合,能够弥补一致指数不能直观描述经济运行前所处状态的不足。同时,预警指标以考虑统计指标的经济意义为主,而不像一致指数的构成指标必须与基准循环一致,这样可以把宏观调控的主要目标完全考虑进来,组成一个全面、系统的预警评分体系。

除遵循前述指标体系的筛选原则外,预警指标体系的构建还依据以下方法。

(一)预警指标的筛选依据

1. 指标的经济重要性

由于旅游经济监测预警系统的建立是为了判断当前经济运行状态,预警指标应能从不同方面反映旅游经济总体运行态势。从各国建立经济景气监测预警信号系统的实践来看,一般选取 10 个左右预警指标。

2. 指标体系的灵敏性

预警指标体系的构建应充分考虑到当前宏观经济调控的主要目标,因而具有阶段动态性特征。这就决定了一方面必须选择对经济波动反应比较灵敏的指标,另一方面,为了更好地反映旅游经济运行的动态性,对于已选取的预警指标和相应的预警界限,应随着经济发展状况的变化进行及时的修正,一般是一个景气循环过后做一次修正。

3. 指标的操作性

如前所述,预警模型是为了弥补前述景气监测指标体系在理论和统计充分性方面不足造成的预测功能缺陷而建立的。因此，预警系统更注重对当前旅游经济运行动向的明晰判断，这就要求更注重评价性指标的引入并力求全面反映出旅游经济运行动向，预警指标体系所采纳的各项指标应力求能够从广泛的经济数据中获取相关的信息，并且无论是统计还是计算都应具备可操作性。因此，一些主观性较强且时间序列较短的信心指标暂时不纳入该指标体系。

（二）预警指标的筛选和确定

如前所述，旅游经济预警指标体系应该由最能敏感反映旅游经济波动情况的指标组成。因此，相关指标的筛选应该建立在旅游经济波动的敏感性因素分析基础上。这就要求预警指标的选定要具有全面性，一方面要考虑到旅游市场、旅游产业等旅游经济运行的主要方面；另一方面，从内外部警源分析的角度则既要包括外部均衡方面的指标，又要包括产业内部经济变动情况的指标。在前文初步确定旅游经济运行指标体系构成的基础上，课题组先在经济意义重要性的基础上对部分指标进行了相关性分析，筛掉部分信息交叉重叠程度较高的指标。同时也采用了综合评价方法，经过反复研究和试运行，并充分考虑到指标对应统计数据的稳定性、客观性和一致性因素，从主体构成上，我们最终选取了先行、一致、滞后指标组中的十个关键指标：预订人数（先行）、固定资产（先行）、入境旅游外汇收入（一致）、城镇居民旅游总花费（一致）、出境旅游人数（一致）、营业收入（一致）、从业人员（滞后）、价格水平（先行）、员工工资（滞后）、旅游者满意度（滞后）。这些指标被认为能够充分反映先行、一致和滞后指标组的运行情况，而且也全面覆盖了旅游经济运行的市场、产业、发展环境层面，同时也兼顾能反映产业运行的规模、效益和就业动向的指标。各个指标的经济重要性在景气监测指标体系介绍中已有所论述，在此不再赘述。信心层面的指标暂时没有入选的原因是考虑到目前数据的一致性问题和尽量保持预警结果的客观性，而游客满意度的入选则因充分考虑了围绕当前旅游发展战略目标即重点监测旅游经济运行质量的重要性。另外，为了强调产业运行的动向特征我们将反映饭店产业运行状态的指标——饭店入住率也作为一个重要的预警指标。这是因为考虑到几个主要子产业中饭店产业的运行一方面相对较为成熟稳定保证了指标数据的稳定可靠性和一致性，另一方面也相对更能够敏感反映出旅游市场的动态变化特点。根据以上分析，可以将预警指标定义为

TEEAI = f（城镇居民旅游花费、入境旅游外汇收入、出境旅游人数、营业收入、饭店入住率、旅游业固定资产投资、预订人数、旅游价格、从业人员、平均工资、游客满意度）

式中，TEEAI 为旅游经济运行预警指标，f 为预警指数与各项构成指标之间的函数关系。

最终，确定如下预警指标体系：

表 3－15 旅游经济预警指标体系

指标名称	经济意义	指标类型
预订人数	市场景气	先行
固定资产	产业景气	先行
价格水平	市场景气	先行
入境旅游外汇收入	市场景气	一致
城镇居民旅游总花费	市场景气	一致
出境旅游人数	市场景气	一致
营业收入	产业景气	一致
饭店入住率	产业景气	一致
从业人员	产业景气	滞后
员工工资	产业景气	滞后
旅游者满意度	市场景气	滞后

第四章

数据收集和模型初步检验

第一节　数据收集和处理

一、数据收集的途径与方法

(一)数据收集途径

旅游经济监测与预警系统的关键环节之一就是建立比较稳定的数据来源渠道,实现对旅游经济运行数据掌握独立性和可控性,满足预警项目预先分析的需要。就需要收集的数据类型来看,主要包括二手统计数据和一手调查数据。目前课题组获取数据的主要来源渠道有:一是中国经济景气监测中心定期发布的统计和调查数据;二是国家旅游局统计部门和其他行业管理部门定期发布的统计和调查数据;三是相关行业管理部门,如国家外汇管理局、交通部等定期发布的相关数据;四是国内外行业协会或行业研究组织等定期发布的统计和调查数据;五是课题组按月度、季度等时段定期收集的旅游市场和旅游行业调查二手数据,以及由全国范围内开展的旅游景气调查获得的一手数据。

(二)具体数据收集方法

1. 旅游市场景气数据收集方法

根据上一节指标体系建设的内容,总体上来看,旅游市场景气方面的数据来源,既包括官方统计数据,也包括通过景气调查获取的一手数据。其中,入境旅游人次、入境旅游外汇收入、出境旅游人次、国内旅游人次数、国内旅游收入等数据由旅游主管部门统计公报提供;出境旅游花费数据来自国家外汇管理局;旅行市场和消费者信心数据

来源于国家统计局;其他指标数据主要通过抽样调查获得。主要旅游经济指标的具体数据来源和时间要求如下:

表 4-1　旅游市场三级指标及所需数据

二级指标	三级指标	数据来源	采集时间
国内旅游市场	国内旅游人数	国家旅游局	季度
	国内旅游收入	国家旅游局	季度
入境旅游市场	入境旅游人数	国家旅游局	月度
	入境旅游外汇收入	国家旅游局	月度
出境旅游市场	出境旅游人数	国家旅游局	月度
	出境旅游花费	国家外汇管理局	季度
相关市场（住宿餐饮市场，文化娱乐市场，休闲旅行市场）	住宿与餐饮业零售总额	国家统计局	月度
	体育文化娱乐消费	国家统计局	月度
	邮电通信消费	国家统计局	月度
	客运量	国家统计局	月度
旅游意愿	居民打算出游的比例	抽样调查	月度
消费者信心	消费者对未来发展形势的评价	国家统计局	月度
游客满意度	游客满意度	抽样调查	月度

2. 产业景气数据收集方法

产业景气数据方面,旅游饭店、旅行社、旅游景区、旅游投资和财务的数据由旅游主管部门的企业直报系统以及其他统计渠道如国家统计局提供。企业家、专家信心数据则由课题组的企业景气调查和专家调查渠道获取。

表 4-2　旅游产业景气三级指数及所需数据

指数类型	调查指标体系
旅游企业家、专家信心	对本季度的信心,对下一季度的信心,对未来半年的信心,对未来一年的信心
旅游企业景气	对本季度的评价,对下一季度的评价,对未来半年的评价,对未来一年的评价
投资	住宿和餐饮业城镇固定资产投资、住宿和餐饮业利用外资
旅行社	预订人数、接待人数、旅游线路报价、营业收入、营业成本、营业利润、利税总额、员工人数、员工工资、固定资产投资

续表

指数类型	调查指标体系
旅游饭店	预订人数、出租率、平均房价、营业收入、现金流、营业成本、营业利润、利税总额、员工人数、员工工资、固定资产投资
景区	预订人数、接待人数、门票价格、营业收入、营业成本、营业利润、利税总额、员工人数、员工工资、固定资产投资
上市公司等旅游综合企业	预订人数、接待人数、旅游价格、营业收入、营业成本、营业利润、利税总额、员工人数、员工工资、固定资产投资

3. 发展环境景气数据收集方法

国内宏观数据主要来自国家统计局、旅游局等官方机构或专题调研；旅游影响数据则主要来自经过系统运算的月度数据；国际旅游数据主要来自世界旅游组织、世界贸易组织等机构的统计报告；宏观经济方面数据的采集主要来自国家统计局的《中国经济景气月报》，见表4－4。

表4－3　旅游发展环境数据

三级指数	具体内容	数据来源	采集时间
宏观经济	GDP	国家统计局	季度
	交通投资	国家统计局	月度
	商品销售	国家统计局	月度
	进出口	海关统计公报	月度
	资本市场	国家统计局	月度
政策环境	旅游政策	国家旅游局	月度
	公共政策	专题调研	月度
国际旅游	世界旅游人数	世界旅游组织	月度
	世界旅游收入	世界旅游组织	月度
世界经济	世界经济增长	国家统计局	月度
	世界贸易增长	世界贸易组织	季度

另外，地方旅游经济的数据来自各省、自治区、直辖市旅游主管部门的统计公报。

表 4－4 《中国经济景气月报》数据发布时间

月度统计数据				
发布内容	指标	更新频率	发布日期	备注
主要经济指标趋势和结构图（PDF 格式）		月度/季度	月后 20 日	“对外贸易”图表月后 22 日更新
交通运输	旅客运输 2.4.2	月度	月后 20 日	
国内贸易		月度	月后 20 日	
固定资产投资	分行业城镇固定资产投资完成额 4.4.1	月度	月后 20 日	1 月份免报
对外经济贸易及利用外资	分行业外商直接投资 4.3.1	月度	月后 20 日	
经济景气指标	国民经济预警指标信号图	月度	月后 25 日	
	宏观经济和消费者景气指数	月度	月后 25 日	
	中国制造业采购经理指数	月度	月后 15 日	
	国房景气指数	月度	月后 20 日	
世界主要经济指标	世界经济	月度	月后 20 日	
	美国经济	月度	月后 20 日	
	欧元区经济	月度	月后 20 日	
	日本经济	月度	月后 20 日	
	其他主要国家和地区经济	月度	月后 20 日	
	国际市场初级产品价格	月度	月后 20 日	
季度统计数据				
发布内容	指标	更新频率	发布日期	备注
国民经济核算	国内生产总值	季度	季后 20 日	
劳动工资与就业	城镇单位就业人员和劳动报酬 2.2.1	季度	季后 40 日	年度数据滞后 4 个月
	分行业从业人员及劳动报酬 4.1.1			
建筑业	建筑竣工面积与价值 3.5.11～12	季度	季后 40 日	
经济景气指标	经济学家信心指数	季度	季后 20 日	
	行业企业景气指数	季度	季后 15 日	

续表

季度统计数据				
发布内容	指标	更新频率	发布日期	备注
世界主要经济指标	美国经济	季度	季后 20 日	
	欧元区经济	季度	季后 20 日	
	日本经济	季度	季后 20 日	
	其他主要国家和地区经济	季度	季后 20 日	
	国际市场初级产品价格	季度	季后 20 日	

注:①以上发布时间表为常规数据解密时间,逢法定节假日向后顺延。

②3、6、9、12 月数据存在发布较晚的情况。

③如有特殊情况,届时进行相应调整。

1. 历史数据:《中国经济景气月报》2000 年第四期(总第 1 期)至 2008 年第十二期(总第 105 期)数据内容。

2. 即期数据:《中国经济景气月报》的部分数据(附件一)。

许可方按照合同约定向被许可方提供附件一指定的 2009 年 1 月份至 2009 年 12 月份统计数据。

3. 许可方应在被许可方所需的统计信息可以公布的第一时间提供给被许可方。

二、一手数据的收集

一手数据主要通过市场和产业景气调查中的问卷调查和企业直报系统获取收集。

(一)数据收集的时间要求

旅游经济监测预警的目标决定了数据的及时性、稳定性和连续性非常重要,课题组在每季度结束前 10 日发布旅游经济运行报告和行业报告。为了保证报告数据的准确性,必须满足特定的时间节点要求,中国旅游经济监测与预警项目每月度、季度定期或不定期收集相关指标数据和信息。因此,根据具体的监测预警任务,一手数据的收集时间必须满足以下要求。

1. 旅游企业景气调查

每个季度通过问卷调查获取一手数据,具体时间安排为 3 月、6 月、9 月和 12 月中旬期间。

2. 市场调查

各月度通过随机拦访进行问卷调查,小长假、黄金周等节假日时间为固定调查时间。具体取样时间为:

月份	1	2	3	4	5	6	7	8	9	10	11	12
时点	元旦	春节	中旬	清明	五一	端午	中旬	中旬	中秋	国庆	中旬	中旬

3. 旅游企业直报系统

通过课题组建立的旅游企业直报系统,定期在每个季度结束前 10 日采集旅游企业的季度经营数据。

(二)旅游市场景气调查

1. 调查目的

(1)准确把握消费者旅游意愿和需求,及时进行因势利导。通过定期开展的连续性调查,准确把握消费者出境游、入境游、国内游和本地休闲旅游的意愿和需求以及影响消费者旅游意愿和需求的主要因素,为旅游政策找准"抓手"、及时进行因势利导提供决策依据。

(2)深入了解旅游消费行为,以有的放矢地引导市场。通过定期开展的连续性调查,深入了解消费者出境游、入境游、国内游和本地休闲旅游的消费行为特征,包括交通、景点、酒店、购物、文化、娱乐等旅行过程中为满足个人发展和享受需要而对各种产品、劳务使用和消耗的行为与过程,积极引导市场发展。

(3)系统分析旅游消费评价,切实提高消费者满意度。根据消费者行为研究的调查数据,满意度较高的消费者平均会向 3 个人传播口碑,而满意度较低的消费者则会向 9 ~ 10 个人抱怨其经历。通过定期开展的连续性调查,系统分析旅游消费评价和影响因素,了解消费者的期望与实际评价之间的差距,挖掘旅游满意度因素优先改善矩阵,实现满意度连续动态测量,切实提高消费者满意度,树立卓越的旅游市场品牌,打造良好的旅游消费口碑,提升旅游消费吸引力。

(4)建立立体化的旅游消费监测机制,动态跟踪发展趋势。通过定期开展的连续性调查,建立旅游消费监测数据库,积累纵向调查数据,进行时间序列分析,动态跟踪旅游消费市场的变化和发展趋势,及时进行产业预警和调整,推动旅游经济快速、健康、稳定地发展。

(5)建立同源数据库,提高旅游调查数据的准确性和科学性。通过定期开展的连续性调查,将旅游消费意愿和需求、消费行为和消费评价融合在对同一批次消费者的调查中,建立旅游消费调查的同源数据库,降低调查误差,有效提高数据的准确性和科学性。

2. 调查内容

主要通过问卷调查的形式，针对旅游消费意愿、旅游消费行为和旅游消费评价三个主要的内容模块进行深入调查，形成旅游市场动态监测数据。

3. 景气调查和数据收集方法

针对中国居民旅游消费意愿主要采用电话调查方式，行为和满意度调查采用现场问卷调查，二者的抽样方式均按照概率与规模成比例的方法进行理论抽样，按照各省市自治区的人口规模确定抽样比例。

(1)区域配额标准。根据国家统计局2007年统计年鉴发布的人口区域分布，确定本次调查的区域配额标准。

(2)性别配额标准。根据国家统计局2007年统计年鉴发布的人口性别分布，确定本次调查的性别配额标准。

(3)年龄配额标准。根据国家统计局2007年统计年鉴发布的人口年龄分布，确定本次调查的年龄配额标准。

(4)受教育程度配额标准。根据国家统计局2007年统计年鉴发布的受教育程度分布，确定本次调查的受教育程度配额标准。

出境和入境游客的消费行为和评价调查采取在机场、港口、边境等口岸(机场为主)以拦截访问的方式开展，选取中国六大区域即华北、东南、华南、西南、东北、西北重要出境旅游城市作为项目执行城市，具体实地调查的机场范围包括首都机场、浦东机场、广州白云国际机场、重庆江北国际机场、沈阳桃仙国际机场、西安咸阳国际机场。

(三)旅游产业景气调查

1. 调查目的

旅游产业景气调查目的有三个。一是了解旅游企业经营绩效，把握旅游产业运行状况。旅游企业经营绩效指标达到高峰或低谷的时间与旅游产业出现高峰或低谷的时间大致相同，这些指标可描述旅游产业的运行轨迹，确定旅游产业运行的高峰或低谷位置。旅游企业经营绩效指标是分析现实旅游产业运行态势的重要指标。调查涉及的主要旅游企业经营绩效指标包括营业收入、成本费用、旅游价格、销售数量等。二是了解旅游企业的预订、投资和信心情况，判断旅游产业发展前景。这些指标与先行指标类似，它们在旅游产业活动达到高峰或低谷之前，先行出现高峰或低谷。旅游企业的预订、投资和信心情况是旅游产业景气分析的有力工具，利用它们的变动特征和它们与旅游产业总体变动之间的超前关系，可以分析预测旅游产业何时扩张、达到高峰，何时收缩、落至低谷。三是了解旅游企业就业、员工工资水平和利税，科学评价旅游产业的效应。从经济意义上讲，从业人员、员工工资水平等旅游产业指标循环，其高峰或低谷出现的时间晚于旅游产业出现高峰或低谷的时间。上述指标有助于分析前一经济循环是否已结束，下一循环将会如何变化。四是建立旅游产业运行数据采集系统。建立起一支数据采集队伍，并与企业建立长期合作机制和固定沟通渠道。五是建立起旅游产业信息系统。旅游产业信息系统建设过程中需要大量投入数据的收集、加工整理和录入工作。由于系统规模大，数据类型复杂多样，数据的收集和准备是一项烦琐复杂、劳动量巨大的任务，一般在数据库模式确定后就应进行数据输入，对数据的输入应按数字化作业方案的要求严格进行，输入人员应接受相应程度的培训。采集数据存在手工录入和计算机自动采集数据两种途径，程序编制通常采用以下技术方法加以实现：标准数据接口采集法、直接拷贝法、文本转换法等。

目前对旅游产业运行的调查内容，主要包括旅行社、旅游饭店、旅游景区等企业的效益、就业、投资等情况，也包括企业家和专家的旅游产业发展信心情况，以及其他宏观经济指标。对于信心景气方面的数据采集，一般采取企业家调查、专家调查、电话采访等方法。针对旅游企业的景气调查方式主要有问卷调查、专家调查、现场调查等。例如，收集企业经营情况信息，除了直报之外，一般还采取现场访谈调查和问卷调查的方法。其中，目前的主要针对500家旅游企业的景气问卷调查是旅游产业景气调查中一手数据和企业家信心数据的主要采集途径。详细调查方法和数据收集方法如下。

2. 抽样方法

（1）各地区旅游企业样本数量的分配。

鉴于中国旅游经济监测与预警系统正处于建立阶段，以及对数据时效性的要求严格，课题组对旅游产业运行及景气的季度数据的收集，采取抽样调查的方法，确定旅游企业调查的样本数量为500家。总样本量在各地的分配方法，主要根据全国各地的旅游经济总量分配各省区直辖市的调查企业数量，具体选择旅游总收入这一总体指标。其中东北和内蒙古45家，华北70家，华中57家，华东170家，华南61家，中南26家，西南53家，西北23家。

（2）各类调查企业样本数量的分配。

2009年调查的旅游企业初步确定为旅行社、旅游饭店和旅游景区三类。根据各类企业的年度营业收入在旅游行业总收入中的比重来确定具体样本数量。

（3）数据收集方法和特点。

①企业直报系统。课题组通过与样本企业建立直接联系渠道，建立了企业季度经营状况远程填报系统，与企业的合作正在进行当中。

②企业景气问卷调查方法。目前课题组每个季度向500多家样本企业定向发放调查问卷。问卷问题的主体部分采取了典型的五级李克特量表形式，要求给出主观判断，并留有开放性问题，以收集更多的实质性资料辅助景气分析。

问卷调查是企业景气调查的主要方法，即对一部分样本企业的经营决策者进行定期调查，根据企业家对于反映企业经营状况和宏观经济形势的确定性问题的判断和预测编制景气指数，从而准确、及时地反映宏观经济运行和企业经营状况，进而预测经济发展变动趋势的一种统计调查方法。与一般的统计方法比较，企业景气调查具有以下特点：企业景气调查采用缜密、科学的资料采集和分析方法。首先，企业景气调查采用非随机抽样调查的方法，调查样本的采选，部分采用全面选取、部分采用抽样选取，并且根据调查企业的不同经济特征，采用不同的抽选方法。其次，企业景气调查的分析方法，借鉴了模糊数学的评价方法，将从调查问卷中获取的大量定性信息，根据其出现的频率及程度，通过加权、指数的计算、时间序列分析等一系列加工与分析方法转化为定量信息，进而提炼出对经济运行现状的评价和对未来趋势的预测。

此外，课题组开展的旅游企业景气问卷调查还具有以下特色：

第一，侧重于意向调查。即被调查者对于所调查内容的一种主观意向判断，具有定性的特征，因此获取数据主要为定性判断数据。旅游企业景气调查所调查的内容，是企业经营决策者对于旅游宏观经济运行态势的判断和对反映企业经营状况的一些确定指标的主观定性判断和预期，一般不涉及数量问题，这种判断和评价是建立在真实的经验和科学的估计基础之上，通过一些模糊语言来表述的。

第二，旅游企业景气调查问卷采用的是封闭式与半封闭式相结合的结构型问卷。即问卷的主要部分对所提出的调查问题的答案规定了选择范围，被调查者只能从中选一；同时还相应列出了开放型问题以备自由回答。这样所获得的封闭式定性数据可实现向定量数据的有效转化，同时开放式问题获取的质性材料则为景气分析提供了更为真实可靠的经验依据。这些数据特点既保证了调查内容的标准、规范，又扩大了调查结果的涵盖面。

第三，旅游企业景气调查数据具有超前性和预测性。旅游企业景气调查不仅仅是对调查当期的经济发展状况作出评价,更重要的是对预期的经济走势进行判断,是对预期进行调查。景气调查问卷中设置了包含实际和预计两类指标的选择回答项,通过问卷可直接采集到企业生产经营者对于宏观经济和企业生产经营状况的判断及预期估计信息。例如第一季度调查主要是针对旅游经营者对旅游业发展和自身经营状况的预期,第二季度调查还涉及对企业实际经营绩效同比增长的事实判断。而不同季度对经营者信心和预期的调查分别涉及了季度预期和年度预期等不同时限长度的信心数据。这一特点使旅游经济分析与预测建立在更为科学、理性的预期基础之上。

此外,课题组在开展产业景气调查过程中还注重通过部门沟通协调开展工作,全面获取其他相关产业数据。主要通过以下几方面的沟通渠道来获取有效的产业数据信息:一是与有关数据的采集部门的沟通,如国家旅游局、国家统计局、国内外旅游产业组织等。二是与各行业相关协会和数据采集机构的联系,如饭店业协会等。三是与各省区直辖市有关数据采集机构的合作,如与地方院校、科研机构取得联系,便于直接调查各个地方旅游产业运行的有关数据。

三、数据处理的一般方法

根据数据的内容划分,主要分为旅游市场类数据、企业家信心类数据、旅游产业运行类数据、参考类数据等;根据数据的形式划分,主要分为主观数据、客观数据,绝对数据、相对数据等;根据数据的性质划分,主要分为成本型数据、效益型数据等。对于缺失值一般用平均值代替。

(一)主观数据处理

1. 主观景气数据的处理

在回答旅游企业的问题中,使用到{非常乐观 乐观 一般 不乐观 非常不乐观}、{较大上升 上升 持平 下降 较大下降}、{较大增加 增加 持平 减少 较大减少}等量表,本研究采用五级量表计算,以上定性判断可以统一为以下定量量表:

{5 4 3 2 1}。

然后将定性结果转化为0—200之间的景气分值。根据宏观经济预警方法,经济运行指标或指数的值,称为景气。根据国家统计局相关规定,景气区间的划分标准为:180以上为“非常景气”区间, 20以下为“严重不景气”区间,其他分值对应具体景气区间如下表所示:

表 4－5 经济景气级别的划分

景气级别	景气值
非常景气	180 以上
较强景气	180 ~ 150
较为景气	150 ~ 120
相对景气	120 ~ 110
微景气	110 ~ 100
景气临界点	100
微弱不景气	100 ~ 90
相对不景气	90 ~ 80
较为不景气	80 ~ 50
较重不景气	50 ~ 20
严重不景气	20 以下

景气指数 CI(Climate Index) = $[\sum_{i=1}^{n} a_i/(n \cdot 5)] \times 200$

其中，a_i 为第 i 个调查对象的打分结果，n 为有效样本量，200 为最高景气值。当所有调查对象的打分都为 5 时，$CI = 200$。

此外，参照国家统计局企业家信心景气调查的做法，主观景气指数计算方法通常还有以下定量转化方法。即调查问卷是五分制量表，计算时可以把{5 4 3 2 1}进行折算，1・2为－1，4・5为1，3 为0。然后按照以下公式计算出相应的产业景气指数：

企业家信心指数＝0.4×即期信心指数＋0.6×预期信心指数，其中：

即期信心指数＝企业负责人对当前本行业总体运行状况回答乐观的比重－回答不乐观的比重＋100

预期信心指数＝企业负责人对下季度本行业总体运行状况预计回答乐观的比重－回答不乐观的比重＋100

企业家信心指数的取值范围均在0～200之间，以100为临界值，当指数大于100时，反映企业家信心是积极的、乐观的，越接近200乐观程度越高；当指数小于100时，反映企业家信心是消极的、悲观的，越接近0悲观程度越深。

此外，产业景气指数的其他计算方法通常还有直接比例法等。

2. 比例数据的处理

用统计的百分比来表示景气情况。以旅游意愿调查为例，2011 年第一季度对未来三个月大陆居民出游意愿的调查显示，84.9%的居民在未来三个月(2011 年 3 月、4 月和 5

月)内有出游的计划,高于2010第四季度的73.6%。

3.其他定性评价的定量转换

针对满意度调查的定性数据,采取了以顾客满意度指数模型为基础的加权平均算法。以饭店客人满意度调查为例。第一步,根据用户点评状况,计算出所确定的指标体系中每一级指标的消费者评价的频数,包括正面评价频数、负面评价频数和总体评价频数。第二步,计算权重。各级各组各指标的权重是这样计算的:每一级每一组每一个指标的权重等于"消费者对该指标的关注频数(P_i)"与"消费者对该指标所在组所有指标的关注频数之和($\sum_{i=1}^{n}P_i$)"的比例,即 $W_i=\frac{P_i}{\sum_{i=1}^{n}P_i}$。第三步,计算出最末一级指标的消费者满意度指数:消费者对于该指标的满意度指数(S_{ijmn})为"消费者对该指标的正面评价频数(P_{0ijmn})"与"对其正、负面评价频数之和(P_{ijmn})"的百分比,即 $S_{ijmn}=P_{0ijmn}/P_{ijmn}\times100\%$。然后,根据第二步所确定的权重和第三步计算出的四级指标的消费者满意度指数,计算出各三级指标的消费者满意度指数。消费者对于第 m 个三级指标的消费者满意度指数(S_{ijm})为:$S_{ijm}=S_{ijm1}W_{ijm1}+S_{ijm2}W_{ijm2}+\cdots+S_{ijmn}W_{ijmn}$。如此类推,再根据三级指标的消费者满意度指数和权重,计算出二级指标的消费者满意度指数,最后以此计算出消费者对饭店的满意度指数。

饭店消费者满意度指数指消费者对于饭店提供的某种服务的满意程度。消费者满意度指数值介于0~100之间。分值越高,消费者对该项服务越满意;分值越低,消费者对该项服务越不满意。游客满意度的调查方法(包括指标体系的确定、数据来源、计算方法等)与饭店客人满意度相同。

(二)客观景气数据

对于客观景气数据,根据各种指标的不同特征,分别采用了加权平均、直接比例和合成指数法等方法来计算。国际上通用的景气指数计算方法有扩散指数(Diffusion Index,DI)方法和合成指数(Composite Index,CI)方法。扩散指数可以有效分析和预测经济波动的转折点,但是不能说明经济波动的程度,因此本书主要采用了合成指数方法。具体计算方法如下:

(1)单指标的对称变化率和标准化。

对称变化率的计算公式为:

$$C_{it}=\frac{d_{it}-d_{it-1}}{\frac{d_{it}+d_{it-1}}{2}}\times100=\frac{200(d_{it}-d_{it-1})}{d_{it}+d_{it-1}}$$

其中 C_{it} 表示第 i 个指标第 t 年的对称变化率,用百分数表示。d_{it} 和 d_{it-1} 分别表示第 i 个指标第 t 年和第 $t-1$ 年的原始数据。当 d_{it} 包括零、负值或者原来就是百分比时,对称变化率计算公式调整为:$C_{it}=d_{it}-d_{it-1}$。

用 A_i 表示第 i 个指标对称变化率时间序列的序时平均数,N 表示标准化的期数,则有:

$$A_i = \sum_{t=2}^{N} |C_{it}|/(N-1)$$

用 S_{it} 表示第 i 个指标 t 期对称变化率的标准化数值,则有:

$$S_{it} = C_{it}/A_i$$

(2)多指标对称变化率标准化后的加权平均数。

$$R_t = (\sum_{i=1}^{k} S_{it} \cdot W_i)/\sum_{i=1}^{k} W_i$$

其中 S_{it} 表示第 i 个指标第 t 年的对称变化率的标准化数值,R_t 为多指标综合的平均对称变化率,W_i 表示第 i 个指标的权数, $i=1,2,\cdots,k$ 表示指标项目数。

(3)平均变化率以同步指数标准化。

标准化因子 F 的计算公式是:

$$F = [(\sum_{t=2}^{N} |R_t|)/(N-1)]/(\sum_{t=2}^{N} |P_t|)/(N-1)$$

其中 R_t 表示先行指标或滞后指标的综合平均对称变化率第 t 期的数值,P_t 表示一致指标的综合平均对称变化率时间序列的 t 期数值,N 表示期数。

平均变化率以同步指数标准化的计算公式是:

$r_1=R_t/F$

其中 $t=2,3,\cdots,m$ 表示期数。

(4)计算合成指数。

首先还原为原始指数的时间序列即环比原始指数,令 $I_1=100$,则计算公式为:

$I_t=I_{t-1}\cdot(200+r_t)/(200-r_t)$,$t=2,3,\cdots,m$

用 $\bar{I}_0$ 表示所选基准年份的平均值,由此得到合成指数 CI_t 为:

$CI_t=(I_t/\bar{I}_0)\times100\%$

四、时间序列数据分析和处理方法

时间序列也叫时间数列或动态数列,是变量的数据按照时间顺序变动而形成的一种数列,反映了变量随时间变化的发展过程。时间序列分析(Time Series Analysis)是一种被广泛应用的数量分析方法,它主要用于描述和探索现象随时间发展变化的数量规律性。定量预测的时间序列分析主要遵循以下两个基本原理。一是承认事物发展的延续性。即应用过去的数据,就能推测事物的发展趋势。二是考虑到事物发展的随机性。任何事物发展都可能受偶然因素影响,为此要利用统计分析中加权平均法对历史数据进行处理。它比较适合做出短期预测。根据系统观测得到的时间序列数据,时间序列分析一般通过曲线拟合和参数估计建立数学模型的方法来做出。根据旅游经济监测与预警系统建设的经验,旅游业主要指标增长率的预测可以使用时间序列趋势分析法。旅游经济监测与预警模型对旅游人数、旅游收入及其分指标的预测主要涉及的处理方法包括简单移动平均法、加入季节变动的移动平均法、简单指数平滑法和趋势线法等。

(一)简单移动平均法

移动平均法(Moving Average Method)是一种较简单的时间序列分析方法。该方法的基本思想和原理是,通过扩大原时间序列的时间间隔,并按一定的间隔长度逐期移动,分别计算出一系列移动平均数,由这些平均数形成的新时间序列相对原时间序列的波动起到了一定的修匀作用,削弱了原序列中短期偶然因素的影响,从而呈现出现象发展的变动趋势。

移动平均数序列可以写为:

$$F_{t+1} = MA_t = \frac{A_t + A_{t-1} + \cdots + A(t - NP + 1)}{NP}$$

公式中:

t——某个时期(some time period);

NP——时间间隔(number of past periods);

A——实际值数列(actual value);

MA——移动平均数组成的数列(moving average value);

F——预测值数列(forecast value)。

但是,时间间隔 NP 可以取不同的数值,那么到底哪个时间间隔的移动平均序列相对其他序列更好些呢?理论上讲,当然是预测值跟实际值的差异越小越好,这里就要引入一个预测准确性(Accuracy of Forecast Measures)的概念。Stephen F. Witt 和 Christine A. Witt(2000)认为准确性是最主要的预测评估标准。这点对于时间序列分析是通用的,不局限于移动平均法。预测模型准确性的指标,包括平均绝对误差 MAE(Mean Absolute Error)、根均方误差 RMSE(Root Mean Squire Error)、平均绝对误差百分比 MAPE(Mean Absolute Percentage Error)、均方根误差百分比 RMSPE(Root Mean Squire Percentage Error)和赛尔 U 系数(Theil's U - Statistics)等。

这里仅介绍平均绝对误差百分比 MAPE(Mean Absolute Percentage Error),计算公式如下:

$$\text{MAPE} = \frac{1}{NT}\sum_{T=1}^{NT}\frac{|A_t - F_t|}{A_t}$$

公式中:

t——某个时期(some time period);

NT——序列的时间点总数(number of time periods);

A——实际值数列(actual value);

F——预测值数列(forecast value)。

下面将采用移动平均法对中国入境旅游者的月度数据进行分析,数据详见表 4-6。

表 4-6　中国入境外国人旅游者月度统计表(2004~2006 年)

月份	观光休闲入境旅游者数量(单位:万人)		
	2004	2005	2006
1	94.67	143.04	140.07
2	110.22	126.20	149.69
3	124.49	167.23	173.48
4	145.00	179.99	189.99
5	134.15	163.18	186.03
6	138.53	183.58	181.63
7	144.62	172.04	191.77
8	159.45	184.89	203.92
9	153.76	174.87	194.48
10	179.15	202.01	228.83
11	165.64	175.04	198.13
12	143.56	153.45	181.19

资料来源:2004 年数据来源于《中国旅游统计年鉴 2005》、2005 年数据来源于《中国旅游统计年鉴 2006》、2006 年数据来源于中国国家旅游局网站 http://www.cnta.org.cn;原始数据单位为人,本表格把单位转换为万人,保留小数点后两位数字。

通过 Excel 分别进行时间间隔为 6 期的移动平均法预测,结果比较如下(见表 4 -7):

表 4 -7 中国入境外国人旅游者月度数据移动平均法预测结果比较(2004 ~ 2006 年)

	A	B	C	D	E	F	G
1		月份	入境外国人旅游者	$F_t(NP=3)$	MAPE($NP=3$)	$F_t(NP=6)$	MAPE($NP=6$)
2	1	2004 - 1	94.67				
3	2	2004 - 2	110.22				
4	3	2004 - 3	124.49				
5	4	2004 - 4	145.00	109.79	0.0076		
6	5	2004 - 5	134.15	126.57	0.0018		
7	6	2004 - 6	138.53	134.55	0.0009		
8	7	2004 - 7	144.62	139.23	0.0012	124.51	0.0048
9	8	2004 - 8	159.45	139.10	0.0040	132.84	0.0058
10	9	2004 - 9	153.76	147.53	0.0013	141.04	0.0029
11	10	2004 - 10	179.15	152.61	0.0046	145.92	0.0064
12	11	2004 - 11	165.64	164.12	0.0003	151.61	0.0029
13	12	2004 - 12	143.56	166.18	0.0049	156.86	0.0032
14	13	2005 - 1	143.04	162.78	0.0043	157.70	0.0035
15	14	2005 - 2	126.20	150.75	0.0061	157.43	0.0085
16	15	2005 - 3	167.23	137.60	0.0055	151.89	0.0032
17	16	2005 - 4	179.99	145.49	0.0060	154.14	0.0050
18	17	2005 - 5	163.18	157.81	0.0010	154.28	0.0019
19	18	2005 - 6	183.58	170.13	0.0023	153.87	0.0056
20	19	2005 - 7	172.04	175.58	0.0006	160.54	0.0023
21	20	2005 - 8	184.89	172.93	0.0020	165.37	0.0036
22	21	2005 - 9	174.87	180.17	0.0009	175.15	0.0001
23	22	2005 - 10	202.01	177.27	0.0038	176.43	0.0044
24	23	2005 - 11	175.04	187.26	0.0022	180.10	0.0010
25	24	2005 - 12	153.45	183.97	0.0062	182.07	0.0064
26	25	2006 - 1	140.07	176.83	0.0082	177.05	0.0091
27	26	2006 - 2	149.69	156.19	0.0014	171.72	0.0051

续表

	A	B	C	D	E	F	G
1		月份	入境外国人旅游者	$F_t(NP=3)$	MAPE($NP=3$)	$F_t(NP=6)$	MAPE($NP=6$)
28	27	2006－3	173.48	147.74	0.0046	165.86	0.0015
29	28	2006－4	189.99	154.41	0.0059	165.62	0.0044
30	29	2006－5	186.03	171.05	0.0025	163.62	0.0042
31	30	2006－6	181.63	183.17	0.0003	165.45	0.0031
32	31	2006－7	191.77	185.88	0.0010	170.15	0.0039
33	32	2006－8	203.92	186.48	0.0027	178.77	0.0043
34	33	2006－9	194.48	192.44	0.0003	187.80	0.0012
35	34	2006－10	228.83	196.72	0.0044	191.30	0.0057
36	35	2006－11	198.13	209.08	0.0017	197.78	0.0001
37	36	2006－12	181.19	207.15	0.0045	199.79	0.0035
38				202.72	0.1050	199.72	0.1173

显然，时间间隔为3期的移动平均预测的MAPE是10.50%，小于时间间隔为6期的移动平均预测的MAPE值是11.73%，所以$F_t(NP=3)$比$F_t(NP=6)$预测要准确一些。那么MAPE的值到底多大比较好呢？Lewis[1982，转引自(Frechtling，2001)]的研究结果表明：

MAPE＜10%，高度准确的预测；

10%≤MAPE＜20%，好的预测；

20%≤MAPE＜50%，可行的预测；

MAPE≥50%，不准确的预测。

以此标准看，这两个移动平均预测都属于好的预测。

（二）季节趋势校正的移动平均法

经济时间序列的变化可以分解为长期趋势、季节变动、周期变动和不规则变动四个因素。长期趋势因素(T)反映了经济现象在一个较长时间内的发展方向，它可以在一个相当长的时间内表现为一种近似直线的持续向上或持续向下或平稳的趋势；季节变动因素(S)是经济现象受季节变动影响所形成的一种长度和幅度固定的周期波动；周期变动因素也称循环变动因素，它是受各种经济因素影响形成的上下起伏不定的波动；不规则变动又称随机变动，它是受各种偶然因素影响所形成的不规则变动。

时间序列 Y 可以表示以上四个因素的函数，

$$A_t = T_t \times C_t \times S_t \times I_t$$

进而有，

$$\frac{A_t}{T_t \times C_t} = S_t \times I_t$$

t　表示某个时期（some time period）；

A　表示实际值表示实际值数列（actual value）；

T　表示趋势因素（the trend component）；

C　表示循环因素（the cyclical component）；

S　季节因素（the seasonal component）；

I　不规则因素（the irregular component）。

我们仍然以前述“中国入境外国人旅游者月度数据”为例，进行季节趋势校正的移动平均预测。预测结果如下：

表 4-8　中国入境外国人旅游者季节趋势校正的移动平均预测结果（2004～2006 年）

	P	Q	R	S	T	U	V
1	月份	入境外国人旅游者	季节因子	用季节因子修正后的序列	移动平均值预测值 F_t（$NP=3$）	预测值	MAPE
2	2004-1	94.67	0.846	111.90			
3	2004-2	110.22	0.812	135.74			
4	2004-3	124.49	0.994	125.24			
5	2004-4	145.00	1.068	135.77	124.29	132.75	0.0026
6	2004-5	134.15	0.996	134.69	132.25	131.72	0.0005
7	2004-6	138.53	1.036	133.72	131.90	136.65	0.0004
8	2004-7	144.62	1.012	142.91	134.72	136.34	0.0017
9	2004-8	159.45	1.09	146.28	137.10	149.44	0.0019
10	2004-9	153.76	1.028	149.57	140.97	144.92	0.0017
11	2004-10	179.15	1.178	152.08	146.25	172.29	0.0012
12	2004-11	165.64	1.041	159.12	149.31	155.43	0.0019

续表

	P	Q	R	S	T	U	V
1	月份	入境外国人旅游者	季节因子	用季节因子修正后的序列	移动平均值预测值 $F_t(NP=3)$	预测值	MAPE
13	2004－12	143.56	0.897	160.04	153.59	137.77	0.0012
14	2005－1	143.04	0.846	169.08	157.08	132.89	0.0022
15	2005－2	126.20	0.812	155.42	162.75	132.15	0.0014
16	2005－3	167.23	0.994	168.24	161.51	160.54	0.0012
17	2005－4	179.99	1.068	168.53	164.25	175.41	0.0008
18	2005－5	163.18	0.996	163.84	164.06	163.41	0.0000
19	2005－6	183.58	1.036	177.20	166.87	172.88	0.0018
20	2005－7	172.04	1.012	170.00	169.86	171.89	0.0000
21	2005－8	184.89	1.09	169.62	170.35	185.68	0.0001
22	2005－9	174.87	1.028	170.11	172.27	177.10	0.0004
23	2005－10	202.01	1.178	171.49	169.91	200.15	0.0003
24	2005－11	175.04	1.041	168.15	170.41	177.39	0.0004
25	2005－12	153.45	0.897	171.07	169.91	152.41	0.0002
26	2006－1	140.07	0.846	165.57	170.23	144.02	0.0009
27	2006－2	149.69	0.812	184.35	168.26	136.63	0.0026
28	2006－3	173.48	0.994	174.53	173.66	172.62	0.0002
29	2006－4	189.99	1.068	177.89	174.81	186.70	0.0005
30	2006－5	186.03	0.996	186.78	178.92	178.21	0.0013
31	2006－6	181.63	1.036	175.32	179.73	186.20	0.0008
32	2006－7	191.77	1.012	189.50	180.00	182.16	0.0015
33	2006－8	203.92	1.09	187.08	183.86	200.41	0.0005
34	2006－9	194.48	1.028	189.18	183.97	189.12	0.0008
35	2006－10	228.83	1.178	194.25	188.59	222.16	0.0009
36	2006－11	198.13	1.041	190.33	190.17	197.97	0.0000
37	2006－12	181.19	0.897	202.00	191.25	171.55	0.0016
38							0.0336

结果显示,MAPE=3.36%,预测效果很好,再通过原序列趋势比较如图4-1所示,拟合效果很好。

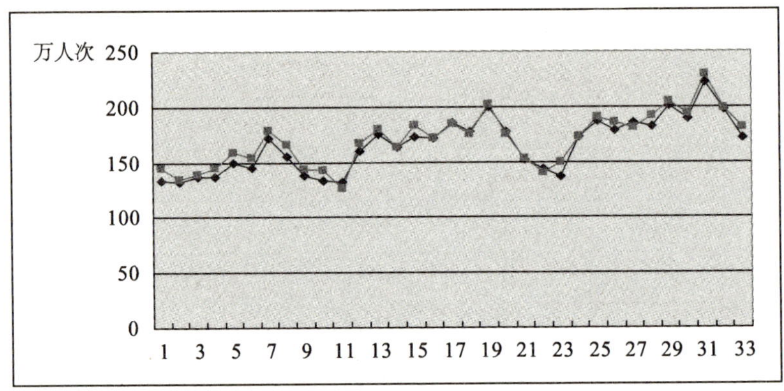

图4-1 季节趋势校正的移动平均预测法效果图

(三)指数平滑法

指数平滑法是对时间序列进行预测常用的方法之一,其理论基础是趋势外延,即未来一定时期内事物在数量上的演变特征不脱离过去的发展趋势,预测值是以前所有观测值的加权和,且对不同的数据给予不同的权数,越近期数据给予越大的权数,越远期的数据给予越小的权数。例如我们使用SPSS软件对2001~2010年间的我国入境旅游人数季度数据进行指数平滑分析预测,采用温特季节性乘法模型,所得实际值、拟合值和预测值如图4-2所示。结果发现使用指数平滑法进行预测,是有滞后作用的,这是指数平滑法的一个缺点。

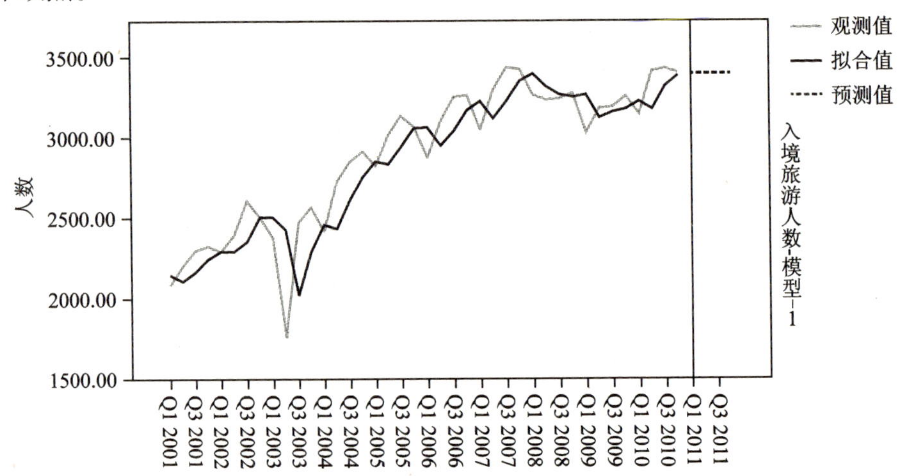

图4-2 入境旅游人数季度数据指数平滑预测(2001~2011)

通过以上分析,可以发现各种预测方法都有适用的特定情景,具体使用时需根据实际数据特点、预测的目的和精度要求等特征权宜处理,更多的情况下需要使用多种预测,并通过综合比较预测结果来最终确定旅游经济运行的发展趋势。

第二节　模型初步检验与修正

作为一项探索性的研究和实践应用工程,旅游经济监测与预警系统研究工作才刚刚开始,现阶段的研究成果需要来自理论与实践两个方面的持续检验与完善。

一、阶段性成果与不足

旅游经济监测与预警是以理论创新为导向的学术研究项目。经过三年多的研究与实践,课题组完成了与我国旅游经济运行基本面相适应的监测与预警分析模型和系统,包括旅游经济预警研究模型、指标、指数以及独有的工作方法。旅游业具有关联性、综合性、敏感性和波动性等显著特点,有其自身独特的运行规律。总体上看,建立的旅游经济预警模型涉及的指标体系基本涵盖了旅游经济运行的各主要方面,市场和企业调查的指标、配额和时点控制等也基本达到了分析要求。专家小组和联席会商制度为分析结果的质量控制提供了强有力的制度保障,形成了我国旅游经济运行的动态数据信息资料库的基本框架,并基本完成了主要历史数据的收集。本模型将分散的旅游市场、旅游产业、发展环境等数据有机整合起来,根据研究需要,挖掘和完善各项数据,使旅游研究、旅游主管部门和社会各界对旅游经济运行有一个整体的认识。研究成果的现实转化和实践应用,在一定程度上促进了我国旅游经济宏观调控体系的建立和政府工作方式的转变。在对旅游经济运行进行实时监测和对未来一个时段内可能影响旅游经济运行的重大变动进行预测的基础上,理论研究也在相继转化为政策建议。同时,课题组还建立了对旅游市场、旅游产业、区域旅游、国际旅游、港澳台旅游以及旅游政策和重大事件等方面的常态化分析制度。随着这些研究工作的不断深入、研究成果的不断创新和政策建议的不断应用,我国旅游经济宏观调控体系的建设将具备坚实的基础。

旅游经济监测与预警也是一项应用性很强的工作任务，其建立和完善将是一个持续的过程，还存在着景气指数和预警指标体系的完善，以及分析模型的优化等后续工作。目前建立的旅游经济预警模型涉及的指标体系基本涵盖了旅游经济运行的各主要方面。但是由于旅游经济监测预警体系庞大，部分景气指数和相应的指标体系的科学性还需要进一步的验证，特别是需要持续的测试并根据宏观调控目标和旅游经济环境的变化做出灵活调整。鉴于本研究的开创性，再加上前述数据和指标设计两个方面的局限性，课题组以审慎的态度采用了最为经典的经济景气分析方法作为整个监测预警系统的核心，即景气指数法和综合预警法，其核心是合成指数法。目前受制于时间序列长度的局限性，此传统预警方法的预测功能也受到了局限。因此在抓紧建设数据库的同时，未来经济领域需要尝试一些较为新颖而且多样化的预警模型方法以弥补现有模型缺陷。考虑到旅游经济固有的关联性、综合性等特征，在数据准备充分的阶段可以采取多维景气分析方法。旅游经济监测预警系统分为监测和预警两大部分，前者是更为基础的工作，也是现阶段的研究重点，下一步需要强化旅游经济预测预警功能。

二、模型的初步应用和检验

如前所述，旅游经济监测与预警模型的一个重点内容就是先行、一致和滞后指标的建立，但囿于季度和月度数据的不完备性，本研究的初期阶段对大多数指标的筛选只能采用理论和经验结合的方法，只有少数具备完整时间序列的指标参与了定量筛选。自旅游经济监测与预警的实践工作开展以来，课题组已通过自建数据库初步累积了景气指标体系和预警指标体系中各个经济指标的季度时间序列数据，在此基础上我们可以开展初步的模型应用和检验，并进一步明确未来模型的修正方向。

首先，对一致指数和预警指数进行统计检验。由于一致指数的构成指标必须是同步指标，而预警信号主要考虑各项指标所代表的经济意义以及综合评分对整体经济的代表性（可以且必须引用部分非同步指标），而且这两项指数的计算方法完全不一样，但它们都是同时反映经济运行现状的综合指数，只不过评分系统更直观地描述了经济现状的程度，而不仅仅是趋势，为消除由时滞差别所带来的相互抵消，可以通过各指标的临界点的确定来解决，因此预警信号综合评分与一致指数的走势必须完全一致。

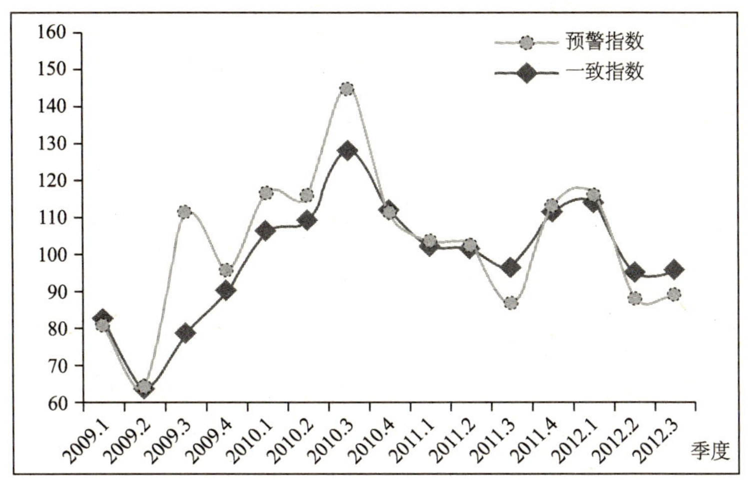

图 4－3　预警指数与一致指数走势图(2009 年 1 季度～2012 年 3 季度)

2009 年第一季度以来的预警指数和一致指数走势如上图所示，总体来看，两个指数的走势大体一致，并且多数转折点出现在同一时点上。我们来对近年来的预警指数和一致指数的时间序列进行相关性分析。首先，我们用散点图的形式来对二者进行初步判断，预警指数和一致指数呈明显的线性关系。进一步地，针对两个变量的相关性的分析结果如下表所示：

表 4－9　一致指数和预警指数的相关性分析结果(2009.1～2012.3)

		预警指数	一致指数
预警指数	Pearson 相关性	1	0.840**
	显著性(双侧)		0.000
	N	15	15
一致指数	Pearson 相关性	0.840**	1
	显著性(双侧)	0.000	
	N	15	15

**:在 0.01 水平(双侧)上显著相关。

由以上结果可以看出，一致指数和预警指数时间序列的 Pearson 相关系数为 0.840**，具有强正相关性。这表明，当前预警指数和一致指数的选取在理论上是科学合理的，虽然合成的方法和涵盖的指标的内容不同，但二者在对旅游经济运行走向的监测结果方面具有较强的一致性。

其次，先行、一致和滞后指数的波动时差关系检验。由于经济指标有先行、同步、滞后之分，在经济波动转折期，经济指标在相同时点会有不同的变动幅度，甚至不同的变动方向。而一般来讲，先行指标是在经济达到高峰或低谷前超前出现峰谷。在选取先行指标时，不仅通过定量分析，还要通过定性分析判断该类指标是否在经济性质上具有比较肯定的、明确的先行关系。一致指标的选取则充分考虑了经济意义的重要性，而且在波动特征上达到峰谷的时间要与经济周期波动的基准日期基本保持一致，特殊循环上时差保持在 3 个月以内。滞后指标则晚于基准日期达到峰谷，且滞后时差应在 3 个月以上。从 2009 年以来基准循环增长率的波动趋势来看，我国旅游产业总体上保持了上升趋势（增长率都在零上方波动），但增长速度有放缓的趋势。对比三类景气指数和基准循环的波动情况，我们发现先行指数、一致指数与基准循环波动序列的波动趋势最为接近，而滞后指数相差较大，且波动幅度明显较小。这客观地表明，相对来讲目前滞后指数的准确性较差，未来需要在指标筛选方面进一步探索。虽然三类景气指数的序列步长较短，还不足以用来进行景气循环周期的判断，但可以按照前文所述的转折点判断标准，通过比较各类指标波峰和波谷的变动情况来评价先行指标和一致指标等反映旅游经济运行短期走势的准确性。如图 4 - 4 和图 4 - 5 所示，按照峰—谷的判别原则，发现先行指标领先基准指标一个季度于 2009 年第二季度出现谷底，但二者同时在 2011 年第一季度抵达第二次谷底。而就一致指标和先行指标的时差关系来看，如果直观地从图上看，在 2010 年第三季度以前三类指标的波动较为一致，没有明显的时差关系，但其后，先行指标的波动开始明显领先于一致指标，先于一致指标第二个季度抵达第二次谷底，波峰的领先趋势也比较明显。总体来看，由于景气指标的时间序列步长太短，各类指标对于经济景气循环的判别作用还不是很明显，尤其是滞后指标波动较小，没有出现明显的周期循环特征，还不能起到确认经济周期波动循环的作用。而且理论模型本身也还处于探索的初级阶段，在以定性为主的基础上筛选的季度指标体系有待进一步的实践检验。

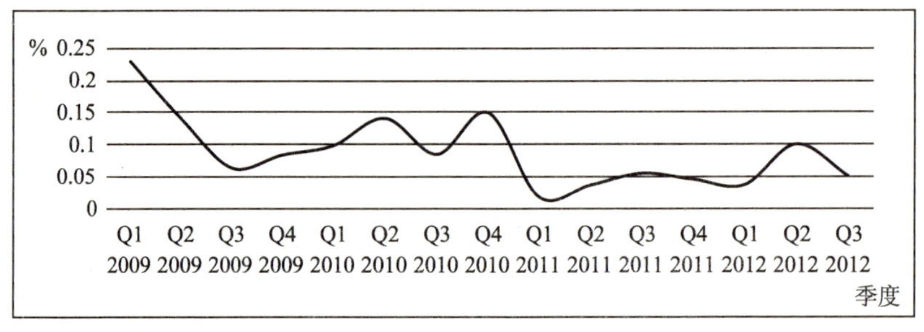

图 4 - 4　季节调整后基准循环增长率波动趋势

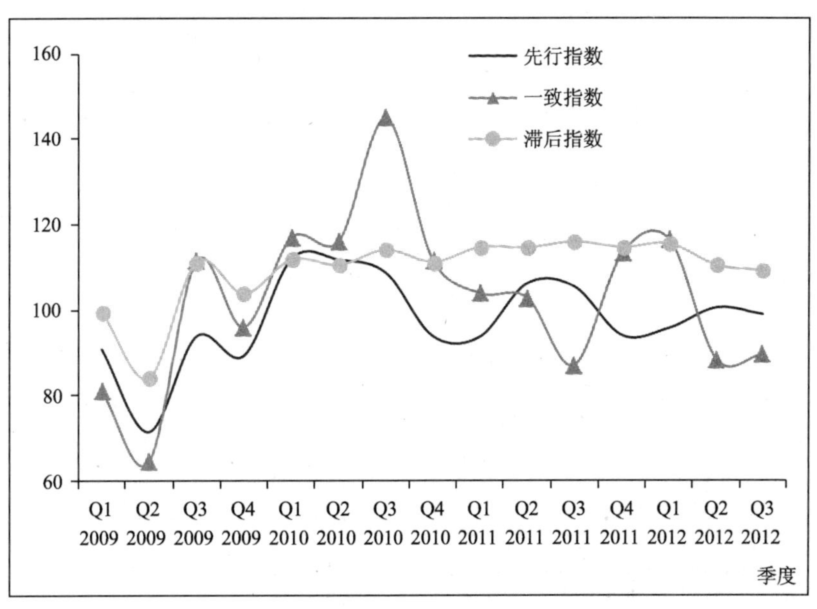

图 4－5　先行、一致和滞后指数走势(2009 年 1 季度～2012 年 3 季度)

最后,一致指标的景气监测效果的检验。如前所述,先行指标和同步指标是基于经济周期的发展规律提出来的。一致指标与经济周期的变化是同步的。因为在监测旅游经济运行方面,一致指数发挥着重要作用,它可以如实地刻画旅游经济运行情况,动态反映旅游经济发展变动的轨迹,监测经济领域中的新情况、新问题,是旅游经济运行的"晴雨表"。2009 年一季度以来,一致指标的变动趋势如图 4－6 所示。从中可以看出 2009 年以来我国旅游经济总体上保持了较快平稳的发展,除个别年份外,一致指数都保持在景气水平以上。受国内外突发危机事件的影响, 2009 年一、二季度旅游经济延续了 2008 年第三季度以来的低位运行状态,并在第二季度达到谷底,一致指数仅为 64. 36 的较为不景气水平。但到第三季度时反弹到 81. 81 的相对不景气水平。2010 年旅游经济景气持续上升,在第三季度达到 144. 8 的较为景气水平。2011 年我国旅游经济在世界经济增长缓慢、日本复合型灾害等不利因素的影响下,旅游经济增长存在下行压力,但除第三季度外仍然保持在微景气水平以上。2012 年我国旅游业发展环境仍然面临下行压力,前三季度的旅游发展环境景气指数分别为 85、110. 82 和 104. 24,总体处于景气临界水平并存在波动。入境旅游增长低于预期,贸易逆差进一步扩大,整个旅游市场景气表现低迷,而整体旅游经济运行的一致景气指数也从第一季度的相对景气水平下降到了二、三季度的相对不景气水平。

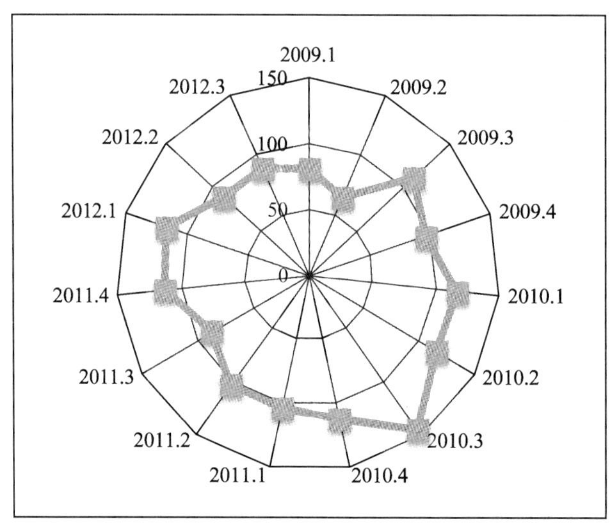

图 4-6 旅游经济一致指数走势图(2009 年 1 季度~2012 年 3 季度)

三、预测精度检验

1. 先行指标预测检验

监测经济景气的先行、一致和滞后指数在预测经济发展态势方面,先行指数发挥主要作用。由于经济本身在客观上就存在着周期波动,同时在波动过程中,经济运行中的一些问题可以通过一些先行指标率先暴露或反映出来,因此由先行指标组构建的先行指数在预测经济短期波动方面比较有效。从图 4-5 可以发现,三类景气指数在 2009 年第二季度同时进入低谷期,先行指标中的居民出游意愿指数仅为 46.7。随后先行指数保持了持续上升并在 2010 年第一季度达到一个峰值 111.93(相对景气水平),一致指数则在第三季度达到 144.8 的峰值(较为景气水平)。在这个转折点先行指数预示的景气状况领先一致指数 2 个季度。从 2010 年第四季度起,旅游先行指数开始围绕分值为 100 的临界景气水平发生较为频繁的小幅波动,客观上反映出近几年我国旅游业受日趋复杂的国内外发展环境影响较多,也预示着从长远来看,旅游经济周期将表现出微波动趋势。2012 年以来,受世界经济和国内经济近年来的处于低位运行的影响,第三季度旅游经济运行的先行指标仅为 98.85,仍处于“微弱不景气”状态,预示着第四季度旅游经济存在明显的下行压力。但比较一致指数和先行指数的总体波动趋势,现阶段旅游先行指标的领先作用还不是很明显(见图 4-5)。

2. 综合预测结果检验

除了需要通过预警指数和先行指数对旅游经济短期波动的总体趋势进行预测外，在旅游经济运行监测报告中，还需要对每个季度、年度做出下一时期内诸多经济指标的相应预测，这也是旅游经济监测预警系统的重要内容。特别是国际、国内三大旅游市场的规模和收入预测尤为重要。课题组采取合适的时间序列分析方法和构建不同的预测模型进行了相关市场预测，表 4－9 是近年来的相关预测结果和实际值的比较结果。从 MAPE 值来看，只有 2010 年第一季度的国内收入误差超过了 10%，其余预测结果精度都比较高，但总体略为保守（见表 4－9）。

3. 季节指数趋势法预测的检验效果

市场需求量存在季节变动，同时各年水平或同月（或季）水平呈现上升或下降的趋势，这时不能采用指数水平法，而应该采用季节指数趋势法。

具体预测模型为：

$$Y_t = (a + bt)f_t \qquad (1)$$

式中$(a+bt)$为时间序列的线性趋势变动部分，f_t 为季节指数。

季节指数趋势法的基本思路是，先分离出不含季节周期变动的长期趋势，再计算季节指数，最后建立预测模型。其基本步骤是：

以一年的季度数 4 或月数 12 为 n，对观测值时间序列进行 n 项移动平均。

由于 n 为偶数，应再对相邻两期的移动平均再平均后对正，形成新的序列 Mt，以此为长期趋势。

（1）将各期观测值除以同期移动均值，为季节比率，$f_t = y_t/M_t$，以消除趋势。

（2）将各年同季（或月）的季节比率平均，季节平均比率 F_i 消除不规则变动，i 表示季度或月份。

（3）计算时间序列线性趋势预测值 X_t'，模型为：

$$X_t' = \mathrm{a} + \mathrm{b}t \qquad (2)$$

式中 $\mathrm{b} = (M_t$ 末尾项 $- M_t$ 首项$)/Mt$ 项数；$\mathrm{a} = (\sum Y_t - \mathrm{b}\sum t)f_n$。

计算季节指数趋势预测值 $Y_t' = X_t'F_i$

预测过程及结果：

（1）以 $n=4$ 进行移动平均；

（2）将相邻的 2 个移动平均值再平均对正，形成新序列 M_t；

(3)计算季节比率，$f_t = Y_t / M_t$；

(4)计算季节平均比率 F_i；

(5)计算趋势模型参数 b, a；

(6)计算各季度趋势预测值；

(7)按照季节指数调整预测值：

$Y_t' = X_t' F_i$

2013 年第一季度，预测值：$Y_{37}' = X'_{37} \times F_1 = 3522.09 \times 0.96 = 3365.50$(万人次)

2013 年第二季度，预测值：$Y_{38}' = X'_{38} \times F_2 = 3540.40 \times 1.01 = 3567.18$(万人次)

2013 年第三季度，预测值：$Y_{39}' = X'_{39} \times F_3 = 3558.70 \times 1.02 = 3634.17$(万人次)

2013 年第四季度，预测值：$Y_{40}' = X'_{40} \times F_4 = 3577.00 \times 1.02 = 3645.41$(万人次)

……

表 4－10　国内旅游、入境旅游和出境旅游三大市场预测值和实际值误差情况

		国内旅游						入境旅游						出境旅游		
		人数			收入			人数			收入			人数		
		预测	实际	差别(%)	预测	实际	差别(%)	预测	实际	差别(%)	预测	实际	差别(%)	预测	实际	差别(%)
2009	第一季度	5.2	5.6	-7.1	2600	2834	-8.3%	3016	3027	-0.4%	91	87.64	3.8%	1199	1197	0.2%
	上半年	10	10	0.0	4984	4979	0.1%	6200	6206.23	-0.1%	180	182.45	-1.3%	2250	2303	-2.3%
	十一国庆	2.1	2.27	-7.5	1000	1007	-0.7%	-	-	-	-	-	-	-	-	-
	前三季度	14.5	14.3	1.4	7400	7673	-3.6%	9400	9393.83	0.1%	280	281.7	-0.6%	3500	3552	-1.5%
	全年	19	19.02	-0.1	10000	10200	-2.0%	12600	12600	0.0%	380	397	-4.3%	4700	4813	-2.3%
2010	春节	1.27	1.25	1.6	600	646.2	-7.1%	-	-	-	-	-	-	-	-	-
	第一季度	6.4	6.1	4.9	3000	3430	-12.5%	3200	3142.89	1.8%	100	102.08	-2.0%	1300	1371.05	-5.2%
	上半年	11	10.97	0.3	5900	6050	-2.5%	6500	6552	-0.8%	220	218.61	0.6%	2700	2685.4	0.5%
	前三季度	16	15.91	0.6	9100	9514.52	-4.4%	10000	9977.69	0.2%	335	337.43	-0.7	4100	4228.24	-3.0%
	全年	21	21	0.0	11600	12600	-7.9%	13200	13376.69	-1.3%	460	452.31	1.7%	5400	5738.64	-5.9%
2011	第一季度	7.6	7.6	0.0%	5200	5262	-1.2%	3100	3177.6	-2.4%	105	104.53	0.4%	1600	1615.24	-0.9%
	上半年	13.3	13.52	-1.6%	9300	9383	-0.9%	6600	6627	-0.4%	225	225.5	-0.2%	3200	3220.5	-0.6%
	前三季度	19.5	19.78	-1.4%	14400	14338	0.4%	10000	10070	-0.7%	347	348	-0.3%	5100	5158	-1.1%
	全年	26	26.41	-1.6%	19000	19305	-1.6%	13000	13542	-4.0%	464	470	-1.3%	7000	7025	-0.4%

表 4－11　2012～2015 年入境旅游人数预测表

（单位：万人次）

年份	季度	时序	总计	移动平均数 $n=4$	对正均数 $M_t(n=2)$	季节指数 f_t	季节平均比率 F_i	趋势值 X_t'	预测值 Y_t'
2004	一季度	1	2417.20				0.96	2863.18	2735.88
	二季度	2	2725.57				1.01	2881.48	2903.28
	三季度	3	2848.04	2725.96	2794.46	1.02	1.02	2899.78	2961.28
	四季度	4	2913.02	2827.30	2862.96	1.02	1.02	2918.09	2973.89
2005	一季度	5	2822.58	2898.63	2934.11	0.96		2936.39	2805.83
	二季度	6	3010.86	2969.59	2988.45	1.01		2954.69	2977.05
	三季度	7	3131.91	3007.31	3013.12	1.04		2973.00	3036.04
	四季度	8	3063.88	3018.94	3030.48	1.01		2991.30	3048.50
2006	一季度	9	2869.11	3042.02	3056.66	0.94		3009.60	2875.79
	二季度	10	3103.18	3071.29	3097.42	1.00		3027.91	3050.82
	三季度	11	3248.99	3123.55	3145.65	1.03		3046.21	3110.81
	四季度	12	3272.93	3167.74	3191.21	1.03		3064.51	3123.12
2007	一季度	13	3045.87	3214.68	3237.19	0.94		3082.82	2945.75
	二季度	14	3290.91	3259.70	3278.27	1.00		3101.12	3124.58
	三季度	15	3429.09	3296.83	3323.62	1.03		3119.42	3185.57
	四季度	16	3421.46	3350.41	3342.94	1.02		3137.72	3197.73
2008	一季度	17	3260.16	3335.48	3311.64	0.98		3156.03	3015.71
	二季度	18	3231.22	3287.80	3269.24	0.99		3174.33	3198.35
	三季度	19	3238.36	3250.69	3221.55	1.01		3192.63	3260.34
	四季度	20	3273.00	3192.41	3185.91	1.03		3210.94	3272.34
2009	一季度	21	3027.07	3179.40	3173.05	0.95		3229.24	3085.67
	二季度	22	3179.16	3166.71	3164.30	1.00		3247.54	3272.12
	三季度	23	3187.60	3161.90	3176.38	1.00		3265.85	3335.11
	四季度	24	3253.77	3190.86	3219.60	1.01		3284.15	3346.96
2010	一季度	25	3142.89	3248.34	3278.04	0.96		3302.45	3155.62
	二季度	26	3409.10	3307.75	3325.90	1.03		3320.76	3345.88
	三季度	27	3425.23	3344.06	3348.39	1.02		3339.06	3409.87
	四季度	28	3399.00	3352.73	3357.78	1.01		3357.36	3421.57
2011	一季度	29	3177.59	3362.84	3364.99	0.94		3375.67	3225.58
	二季度	30	3449.53	3367.14	3376.37	1.02		3393.97	3419.65

续表

年份	季度	时序	总计	移动平均数 $n=4$	对正均数 $M_t(n=2)$	季节指数 f_t	季节平均比率 F_i	趋势值 X_t'	预测值 Y_t'
	三季度	31	3442.45	3385.59	3392.34	1.01		3412.27	3484.64
	四季度	32	3472.78	3399.09	3387.55	1.03		3430.58	3496.18
2012	一季度	33	3231.60	3376.01	3361.86	0.96		3448.88	3295.54
	二季度	34	3357.19	3347.72				3467.18	3493.42
	三季度	35	3329.30					3485.49	3559.40
	四季度	36						*3503.79*	*3570.79*
2013	一季度	37						*3522.09*	*3365.50*
	二季度	38						*3540.40*	*3567.18*
	三季度	39						*3558.70*	*3634.17*
	四季度	40						*3577.00*	*3645.41*
2014	一季度	41						*3595.31*	*3435.46*
	二季度	42						*3613.61*	*3640.95*
	三季度	43						*3631.91*	*3708.93*
	四季度	44						*3650.22*	*3720.02*
2015	一季度	45						*3668.52*	*3505.41*
	二季度	46						*3686.82*	*3714.72*
	三季度	47						*3705.13*	*3783.70*
	四季度	48						*3723.43*	*3794.63*

（注：斜体字体部分为预测值）

将上述预测值和实际值进行比较，并进一步测算预测精度，结果发现 MAPE 值仅为 3%，远远低于 10% 的较高精度要求，预测结果比较理想。

四、数据修正

（一）季节调整分析

1. 旅游经济运行数据的季节性特征

旅游经济运行具有明显的季节性，在对整个经济运行进行监测预警分析时必须考虑到季节性因素。涉及季节性的数据问题还包括以下几个方面：

一是对旅游热点时间的考虑。每年的旅游热点时间相对固定，因此必须考虑其对旅游经济规模的影响。事实上，通过监测发现，国庆黄金周和春节黄金周分别对第四季度和第一季度的国内旅游有较大影响，通常这两个季度的国内旅游规模要大一些。

二是季度景气比较。在对某指标进行景气分析时，本研究将其在一定时期内的某季度平均增长率作为基数，转化为定基序列后进行比较。例如第一季度的国内旅游人数景气计算，是用本年度第一季度国内旅游人数增长率和一定时期内第一季度国内旅游人数相比较得来。

三是企业家信心的季节性问题。根据预测的需要，一般地，在第一季度末调查企业家信心的时候，会问及其对本季度、上半年及全年的信心；在第二季度末，会问及其对本季度、下半年以及全年的信心；在第三季度末，会问及其对本季度、全年以及下一年的信心；在第四季度末，会问及其对本季度、全年及下一年的信心。计算企业家信心指数时，应先分别计算即期和下期信心指数，最后通过加权平均算法得出总的企业家信心指数。

针对旅游经济监测预警中的种种季节性问题，除了根据经验判定和定量预测结果进行适当调整外，对于景气指数合成中各季度指标时间序列数据的季节性因素则采取了国际上通用的 X11 或 X12 季节性调整。

2. X11、X12 季节性调整

一般认为，季节性因素是在正常年度情况下，季度或月度序列（以下统称子年度序列）中表现出来的有规律的波动。时间序列的变化会受到社会经济系统中各种因素的影响，一般可以表示为：$Y = T \times C \times I \times S$。为更准确地反映客观经济现象的本质，必须事先对季节变动因素做一定消除和调整。季节调整就是将一个时间序列分解成以上各部分。研究表明，采用不经过季节调整的数据与去年同期进行比较，所反映的经济周期的转折点往往要平均滞后 6 个月。这种分析会给经济决策带来不利的影响。季节调整后数据的另一个特点是，可以根据当期数据对年度数据进行预测（刘丽萍，2001）。

X12 季节调整方法的核心算法是扩展的 X11 季节调整程序。X11 方法是基于移动平均法的季节调整方法，也是当前一种相当精细、典型的季节调整方法。它的特征在于除了能适应各种经济指标的性质，根据各种季节调整的目的选择计算方式外，在不做选择的情况下，也能根据事先编入的统计基准，按数据的特征自动选择计算方式。在计算过程中可根据数据中的随机因素大小，采用不同长度的移动平均，随机因素越大，移动平均长度越大。X11 方法是通过几次迭代来进行分解的，每一次对组成因子的估算都进一步精化。正因为如此，X11 方法受到很高的评价，已为欧美、日本等国家和地区的官方和民间企业、国际机构（IMF）等采用，成为目前普遍使用的季节调整方法。我国也一般采用美国商业部普查局开发的为官方使用并在世界上有着广泛影响的 X11 季节调整程序。而 X12 在改进 X11 版本的基础上获得越来越广泛的使用,正逐步成为进行经济预测的有效工具。

下面我们以 2001 ~2010 年的入境旅游人次季度数据为例来说明 X12 季节调整的处理方法和过程。

首先,通过软件 Eviews 对原始数据进行季节性分解,各影响要素的波动分解图如下:

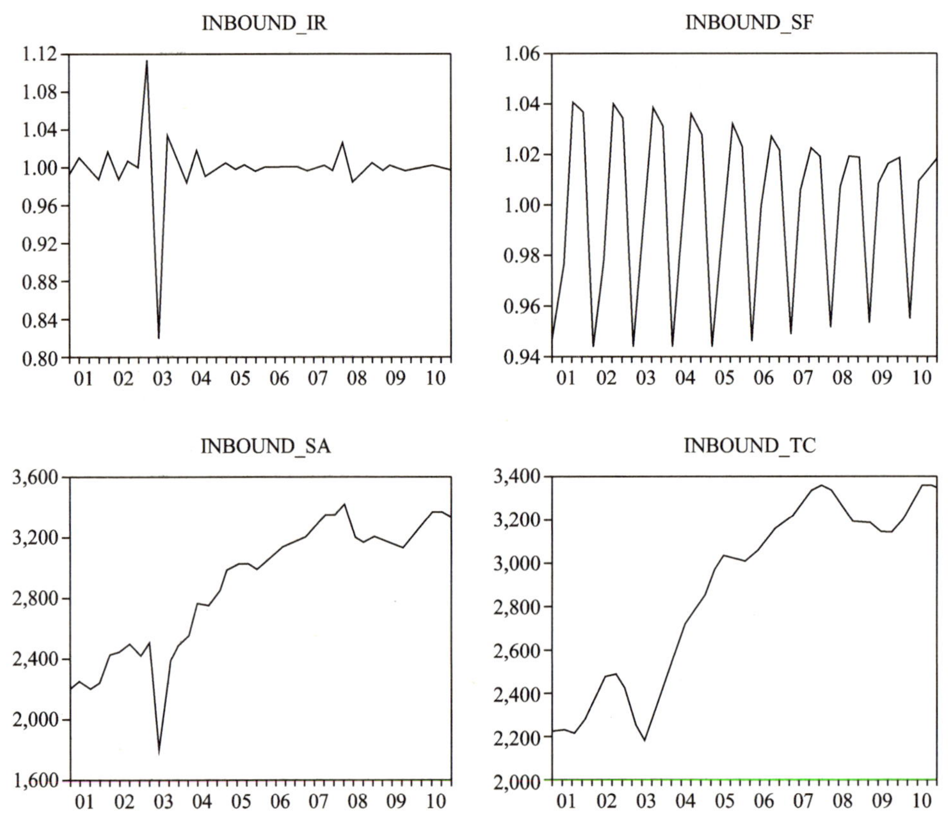

图 4 -7　2001 ~2010 年入境旅游人次时间序列数据的 X12 季节调整结果

如上图所示,左上为随机波动成分图,可能含有模型未能解释的因素。右上为季节性因子图,可以发现入境旅游市场具有规律性季节波动特征,即 2、3 季度的表现明显好于 1、4 季度。左下为季节修正后序列走势图,可以发现 2008 年以前除 2003 年受非典影响大幅下降外,入境旅游市场总体上保持了稳定上升趋势,2008 年以后波动较大,且呈下降趋势,2010 年虽然略有好转但并没有改变总体下降趋势。从右下的长期趋势图来看,2008 年之后波动更为频繁,且呈下降趋势。入境旅游人次的季节调整后序列如下图所示:

D 11 Final seasonally adjusted data
From 2001.1 to 2010.4
Observations 40

	1st	2nd	3rd	4th	TOTAL
2001	2201.	2254.	2204.	2241.	8901.
2002	2425.	2445.	2503.	2419.	9792.
2003	2515.	1788.	2376.	2485.	9164.
2004	2558.	2761.	2746.	2832.	10898.
2005	2986.	3027.	3033.	2991.	12037.
2006	3036.	3099.	3160.	3191.	12486.
2007	3209.	3274.	3351.	3354.	13189.
2008	3424.	3208.	3176.	3210.	13018.
2009	3174.	3150.	3135.	3191.	12651.
2010	3292.	3375.	3375.	3333.	13375.
AVGE	2882.	2838.	2906.	2925.	

Table Total- 115510.15 Mean- 2887.75 Std. Dev.- 422.83
Min- 1788.28 Max - 3424.29

图 4-8　2001～2010 年入境旅游人次时间序列数据的季节调整后序列

进一步地，我们将入境旅游人次的季节性调整后序列与原始序列进行对比，如下图所示。直观上看，调整后的序列线（粗线）比调整前的序列线（细线）要平缓得多，这正是剔除了季节性因素的结果。

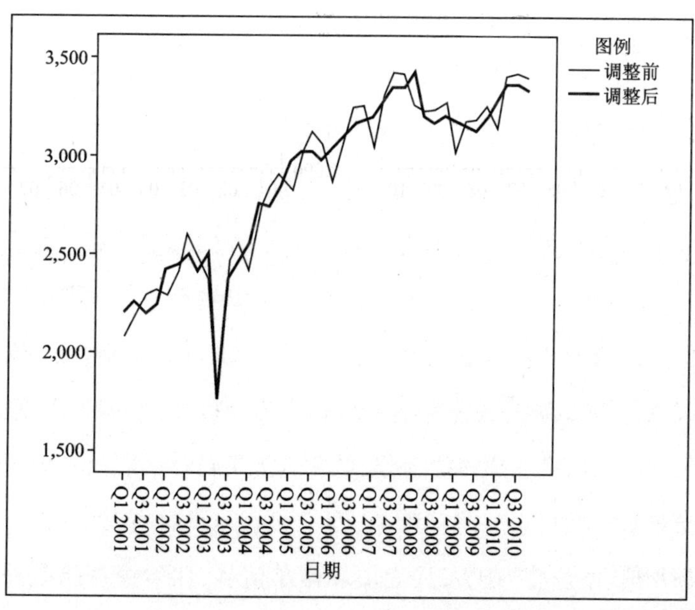

图 4-9　2001～2010 年入境旅游人次原始序列与季节调整后序列趋势比较

然后,在观察上述分解图以及调整序列特征的基础上,将分解开来的因素再重新合并,可以进一步通过参数估计构造数学模型来得到相应的季节预测值。

值得注意的是,趋势分析需要考虑动态变化。根据每季度旅游经济运行实际情况,对年度预测数据进行修正或保持;根据年度旅游经济运行实际情况,对中长期预测数据进行修正或保持。趋势分析需要考虑重大影响因素。旅游经济运行容易受到全局性、重大的外部事件,例如政治危机、军事冲突、公共安全等危机事件冲击的影响。危机事件延续时间越长,对旅游经济运行的影响越大。另外,宏观经济运行、居民出游意愿、客运交通、节假日安排和旅游促进政策等也对旅游经济运行产生重要的影响。

(二)定性与定量预测结合的方法

首先,在数据的搜集上兼顾定性与定量数据的互补作用。一方面是直接可以用来定量分析的二手统计数据,另一方面是通过访谈或者问卷调查获取的一手定性数据,二者相互补充以求尽可能全面地真实地反映旅游经济的运行情况。其次,在预警结果的呈现上也考虑到了纯粹定量预测的局限性。课题组建立了定期的专家联席制度,通过专家经验判断得出的专家意见与通过监测预警指数进行的定量分析互为补充。同时,通过景气调查和市场调查等方式获取的定性数据在量化处理的基础上也纳入了景气指数的计算。这样,通过定性定量预警方法的结合,以求在追求科学性和客观性的同时,也能更准确地反映旅游经济的景气走向。

(三)综合运用预测经验和数据提高预测准确性

旅游经济监测与预警工作要求按季度、半年、三个季度和全年进行预测。在每季度预测之前,课题组可以掌握一定数量的出境市场、入境市场的月度数据、分析报告等资料,对本季度和预测期市场的基本运行状况有大致了解。国家旅游主管部门对旅游产业的统计数据逐步建立起来,但发布时间相对滞后。地方旅游主管部门的旅游统计公报发布也存在相对滞后的情况。基于以上现实,预测时可以将产业景气调查的相对数据与统计发布的绝对数据结合分析。表达预测结果时,可以灵活使用绝对值数据与相对值数据。特别要强调的是,我们要充分运用各种数据,但应跳出从数据到数据的分析套路,更不能过于依赖数据。数据只是预测的基础,重要的是我们对未来趋势的判断和观点。

课题组在借鉴基本预测原理的基础上,确定预测数值时,首先考察所选指标时间序列的统计特征如均值、中位数、众数、最大值和最小值等,然后根据旅游经济循环波动的历史经验、各变量在旅游经济活动中的作用与性质,以及当前时期政府宏观调控目标和旅游经济发展目标等综合考虑后确定数值界限。各个构成指标界限值的确定也结合了专家经验和统计特征值的计算。这个界限的标准根据长期观测、分析经验，反映旅游业的特征。我们以2011年第二季度的市场预测为例。国内旅游和城镇旅游季度数据来自国家旅游统计部门，农村旅游数据可以由以上两项指标计算获得。但由于国内旅游的季度数据2008年才发布，因此农村旅游市场的季度数据只有3年的长度，没有达到趋势预测的要求。(1)城镇居民旅游人数的预测。根据2001～2010年的趋势分析，2011年第二季度城镇旅游人数预测为4.09，增长20.65%。从历年数据看，第二季度城镇旅游人数平均增长率为15.89%；2009、2010年相应数据为29.52%和9.77%；而且第二季度增长率比第一季度要低，实际人数也要少一些(大概少10%)。以上4个关于第二季度的增长率数据平均值为18.97%，2011年第一季度增长率为5.1%。综上，采用大致比第一季度少10%的预测，即3.7亿人次，同比增长9.18%。这也是一个中位数。在数据发布中，采用10%的增长率。(2)城镇居民旅游花费的预测。移动平均的趋势预测显示，2011年第二季度城镇居民旅游花费为3755亿元，高于第一季度的3539.65亿元。从近年看，第二季度规模比第一季度要小，且呈现季节性波动。本指标历年第二季度平均增长率为17%，根据该增长率，则第二季度为3167亿元。综上，采取中位数3400亿元的预测。(3)农村居民旅游人数的预测。近两年的第二季度农村旅游人数增长率为3.71%和11.56%。另外的一个现象是，当第一季度增长较快时，第二季度也会增长较快，按此推测，增长率应在30%以上，但这显然不合理。从规模上看，根据2010年国内旅游市场统计口径，2009年上半年农村居民旅游人数为4.4亿人次，2010年上半年为4.7亿人次，由此可以推测，2011年上半年为5亿人次左右，上半年增长6.4%。由于2011年第一季度为3.51个亿，因此第二季度为1.5个亿，增长率为-25%，这显然也不合理。因此应考虑调整口径之后2010年第二季度的基数2.01亿人次，再考虑2011年第二季度存在受旱涝灾害的影响。综上所述，采用中位数2.5%，即第二季度为2.06亿人次。(4)农村居民旅游花费的预测。从规律看，历年第一季度最高，二、三季度处于谷底，第四季度回升但不及第一季度。2008、2009、2010年第二季度比第一季度分别少38%、44%、33%。据此，2011年第二季度约为1050亿元。从平均增长看，近年第二季度增长率-3%、15%，据此平均增长率预测应为600亿。考虑到旱涝灾害对农村影响较大的因素，应作保守估计，最后取中位数800。上述分析综合考虑了以上所使用到的移动平均的趋势预测分析法、月度分析法、季度分析法、年度分析法、平均增长分析法、季节变动分析法、经验规律分析法、大数分析法、中位数分析法、集体作业法和专家咨询法、相关分析法和经济地图分析法等多种分析方法。

值得注意的是，对于已选取的预测指标和相应的波动界限，应随着旅游经济发展状况的变化进行修正，一般是一个景气循环过后做一次修正。课题组专门建立集体预测机制，在每次预测时充分参考各领域专家的预测意见，对定量分析结果进行修正和补充。

第五章

旅游经济监测与预警实践——以2011年旅游经济运行报告为例

作为一项以学术研究为基础、应用性很强的研究课题，本项目成果的实践转化既是理论检验的需要，也是旅游经济宏观管理工作的现实要求。为此，在应用实践过程中，课题组发布了一系列的旅游经济监测预警季度报告、年度报告、专题报告，面向公众的新闻稿以及提供给政府部门的旅游内参等，形成了一个涉及中国旅游经济运行方方面面的旅游经济运行分析系统。本章我们将以2011年的中国旅游经济运行分析报告为例，具体展示旅游经济监测与预警模型在分析应用层面的主要实践形式。

第一节　2011年旅游经济运行分析

2011年以来，世界经济增长放缓，国际贸易增速回落，国际金融市场剧烈动荡，各类风险明显增多。在党中央和国务院的有力领导下，我国国民经济继续朝着宏观调控预期方向发展，呈现增长较快、价格趋稳、效益较好、民生改善的良好态势。在上述背景下，2011年我国国内旅游和出境旅游保持快速增长态势，入境旅游轻微增长，旅游市场总体上呈现出“两高一平”格局，旅游企业运行总体上处于令人满意的“较为景气”区间。总体上看，2011年第一至四季度中国旅游经济景气指数分别为102.93、111.80、113.39和113.16，保持在景气水平区间。

一、发展环境——国内环境好于国际环境，但景气水平相对较低

2011 年第一至四季度国内环境的景气指数分别为 96.8、123.52、114.78 和 81.7，国际环境的景气指数分别为 101.9、125.56、125.6 和 110.69。尽管国内环境好于国际环境，但与历史数据相比，国内环境的景气水平波动较小，相对更平稳一些，如图 5-1 所示。

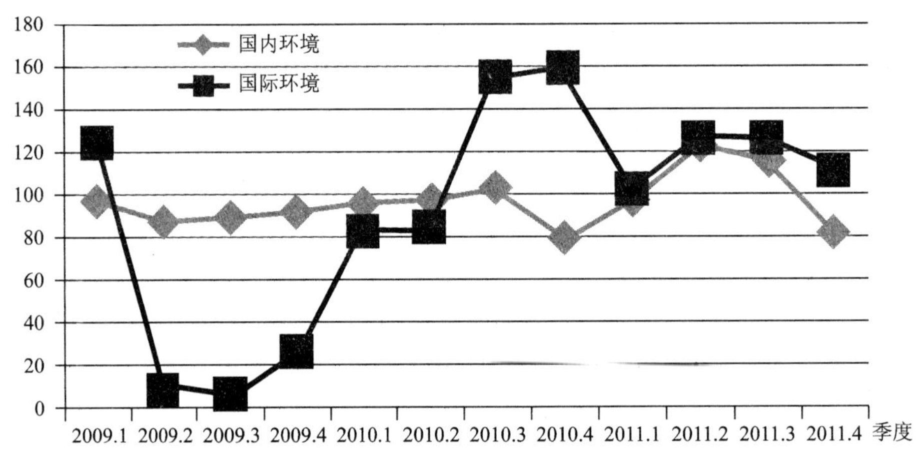

图 5-1 旅游经济运行环境景气指数变动情况（2009 年 1 季度～2011 年 4 季度）

（一）国际环境

2011 年以来，世界经济增长放缓，国际贸易增速回落，国际金融市场剧烈动荡，各类风险明显增多，加上日本复合型灾害、中东和北非动荡等的影响，国际形势严峻复杂。

1. 全球经济发展状况

2011 年全球经济在保持缓慢复苏的同时，下行的风险逐步累积。国际货币基金组织（IMF）在 2011 年 9 月 20 日发布的《全球经济展望》报告中，将 2011 年全球经济增速预期下调至 4%。根据联合国 2011 年 12 月 1 日发布的《2012 年世界经济形势与展望》报告，2011 年全球 GDP 增长预计为 2.8%。

发达国家由于政府政策指向削减公共预算赤字或经常账户赤字，经济增长较 2010 年普遍放缓。前述国际货币基金组织报告预计发达经济体 2011 年的经济增长率为 1.6%，其中美国为 1.5%，低于 2010 年的水平。而据联合国发布的报告，美国经济增长在 2011 年估计为 1.3%。另据美国联邦储备委员会预计，美国全年失业率将维持在 9.0% 至 9.1% 的高位区间。欧盟方面，虽然 2011 年经济总体保持缓慢增长势头，但是除德国

增长较快以外，其他主要经济体均乏善可陈，陷入主权债务危机的国家仅能勉强维持正增长。根据欧盟委员会在2011年11月的预计，欧元区2011年的经济增长率大约为1.2%，整个欧盟大约为1.4%；根据经济合作与发展组织2011年1月28日发布的最新经济展望报告，欧元区经济2011年预计将增长1.6%，整体通胀率2.5%，整体失业率则达8%。受地震、海啸和核泄漏事件影响，尽管日本政府继续采取宽松的财政和货币政策以维持经济增长，但根据日本银行在2011年10月27日发布的《经济与物价形势展望报告》，日本2011年度实际经济增长率预计为0.3%。

相比发达经济体，新兴经济体尽管增速也有所下滑，但仍保持较快增长速度，成为全球经济增长的主要动力。根据联合国《2012年世界经济形势与展望》报告，发展中国家2011年的经济增长率约为6.1%，显著高于发达经济体。2011年大宗商品价格上涨推动了资源和能源出口国的经济增长，这些国家获得的外汇收入通过扩大进口和对外投资又回流到了其他新兴经济体和发展中国家，促进了新兴经济体的增长；而新兴经济体投资和消费的强劲增长又成为拉动部分发达经济体出口增长的重要因素。虽然近一段时期主要新兴经济体纷纷收紧宏观经济政策以应对通胀压力，但并没有对经济增长速度造成明显影响，表明新兴经济体增长态势较为健康。

2. 全球旅游业发展状况

根据世界旅游组织的相关数据，2011年前8个月国际旅游继续呈现增长态势，国际旅游总人次为6.71亿，同比增长4.5%，较2010年同期高出2900万人次，2011年全年有望实现4%～4.5%的增长。另据世界旅游及旅行理事会（WTTC）预计，2011年全球旅游经济增长为4.2%。

从发展格局来看，新兴经济体为世界旅游业增长作出了重要贡献。根据世界旅游组织数据，2011年中国出境旅游消费增长约30%，俄罗斯出境旅游消费增长约20%，巴西出境旅游消费增长近45%。和近年来的趋势不一样的是，得益于欧洲旅游业的强劲表现（6%），2011年前8个月，发达经济体旅游业以4.9%的同比增长速度，超过了新兴经济体。中东、北非则由于政治形势动荡，2011年前8个月分别下滑了9个百分点和4个百分点。

（二）国内环境

2011年是“十二五”时期开局之年，党中央、国务院团结带领全国各族人民，牢牢把握科学发展这个主题和加快转变经济发展方式这条主线，实施“十二五”规划，加强和改善宏观调控,正确处理保持经济平稳较快发展、调整经济结构、管理通胀预期的关系,加大解决突出问题的工作力度,巩固和扩大应对国际金融危机冲击成果,促进经济增长由政策刺激向自主增长有序转变,国民经济继续朝着宏观调控预期方向发展,呈现增长较快、价格趋稳、效益较好、民生改善的良好态势。社会主义经济建设、政治建设、文化建设、社会建设以及生态文明建设和党的建设都取得了新的成绩,实现了"十二五"时期良好开局。

1. 经济继续保持较高增长速度

2011 年前三季度,面对复杂多变的国际形势和国内经济运行出现的新情况、新问题,党中央、国务院坚持实施积极的财政政策和稳健的货币政策,不断加强和改善宏观调控,国民经济运行总体良好,继续朝着宏观调控预期方向发展。

根据国家统计局的初步测算,前三季度国内生产总值 320 692 亿元,按可比价格计算,同比增长 9.4%。分季度看,一季度同比增长 9.7%,二季度增长 9.5%,三季度增长 9.1%。分产业看,第一产业增加值 30340 亿元,增长 3.8%;第二产业增加值 154795 亿元,增长10.8%;第三产业增加值 135557 亿元,增长 9.0%。从环比看,三季度国内生产总值增长2.3%。另据统计,1 ~ 11 月份,规模以上工业增加值同比增长 14.0%。

世界银行在 2011 年 11 月 22 日发布的《东亚与太平洋地区经济半年报》报告中,预计中国 2011 年经济增长率为 9.1%。联合国在 2011 年 12 月 1 日发布的《2012 年世界经济形势与展望》报告中,预计 2012 年中国经济增长率为 9.3%。

2. 通货膨胀压力较大

根据国家统计局数据,2011 年 1 ~ 11 月平均工业生产者出厂价格同比上涨 6.4%,工业生产者购进价格同比上涨 9.7%,全国居民消费价格总水平比 2010 年同期上涨 5.5%。本轮的通胀压力主要来自于成本压力,一是国际能源资源和大宗原材料价格上涨,二是国内农产品价格和劳动成本上涨。

3. 通胀与增速同时出现放缓的趋势

尽管 2011 年以来,我国经济增长保持了较高的增速,同时通货膨胀压力较大,但是随着中央财政金融政策的调整,经济增长中的政策刺激效应在消退,自主增长机制逐渐发挥作用,通胀与增速同时出现放缓的趋势。从采购经理人指数(PMI)来看,2009 年 4 月达到最高点 56.6,到 2010 年 11 月降为 55.2, 2011 年以来下降更为明显,3 月为 53.4,4 月为 52.9,5 月为 52.0,6 月为 50.9,11 月下降到 49.0,这是自 2009 年 3 月以来该指数首次降至临界点(50)以下。这种持续下降表明整体经济过热受到抑制,反映了经济调整中增长与政策预期趋于稳定。从房价指数来看,2011年的大部分时间,无论是国房景气指数还是销售价格都保持在一个稳定水平,即100~104点区间,房价指数的稳定也说明经济整体趋稳。

4. 城乡居民收入继续增加

2011年前三季度,城镇居民家庭人均总收入17886元。其中,城镇居民人均可支配收入16301元,同比名义增长13.7%,扣除价格因素,实际增长7.8%。在城镇居民家庭人均总收入中,工资性收入同比增长11.9%,转移性收入增长11.2%,经营净收入增长30.4%,财产性收入增长23.4%。农村居民人均现金收入5875元,同比名义增长20.7%,扣除价格因素,实际增长13.6%。其中,工资性收入同比增长21.9%,家庭经营收入增长20.4%,财产性收入增长6.2%,转移性收入增长22.0%。

5. 社会民生进一步改善

2011年以来,党中央、国务院加快了覆盖城乡居民的社会保障体系建设:进一步加大了教育投入,完善了农村义务教育经费保障机制;新型农村养老保险试点的范围从2010年的约24%的县计划扩大到2011年的40%的县,并且要将试点地区城镇没有收入来源的居民纳入养老保险范围;继续推进医药卫生体制改革,将城镇居民基本医疗保险以及新型农村合作医疗保险的参保率提高到90%以上;大幅度增加保障性安居工程的投入,国务院确定2011年我国保障性安居工程建设1000万套,在政府政策的监督和鼓励下,各地保障房建设开工情况良好,2011年前三季度,全国城镇保障性住房和棚户区改造住房已开工986万套,开工率98%;大力推动了文化事业的发展,优先支持了大量涉及农村和基层群众切身利益的文化建设项目,推进了博物馆、纪念馆、图书馆等公益性文化设施免费开放等。

6. 西安世界园艺博览会及深圳世界大学生运动会成功举办

2011年西安世界园艺博览会成功举办。西安世园会自4月28日开幕至10月22日结束的178天内,接待中外游客达1572万人次,高于预期的1200万人次,门票收入超过5亿元人民币。世园会的成功举办不仅带动了西安旅游业的新跨越,同时也对西安经济社会发展、西部地区旅游业发展起到了促进作用。2011年深圳大运会亦取得圆满成功,较大地推动了举办地旅游的发展。

7. 产业政策环境进一步优化

继2009年12月1日国务院发布《关于加快发展旅游业的意见》(国发〔2009〕41号)、2010年7月22日国务院办公厅发布《贯彻落实国务院关于加快发展旅游业意见重点工作分工方案》之后,2011年旅游产业政策环境进一步优化,从中央政府到各级地方政府制定的“十二五”纲要规划中都明确提出要加快旅游业发展。《我国国民经济和社会发展“十二五”规划纲要》单独设立“积极发展旅游业”一节，明确指出：“要全面发展国内旅游，积极发展入境旅游，有序发展出境旅游。坚持旅游资源保护和开发并重，加强旅游基础设施建设，推进重点旅游区、旅游线路建设。推动旅游业特色化发展和旅游产品多样化发展，全面推动生态旅游，深度开发文化旅游，大力发展红色旅游。完善旅游服务体系，加强行业自律和诚信建设，提高旅游服务质量。”此外，在对外贸易、农业、海洋、中西部地区发展（以及享受西部政策的海南）、两岸四地共同发展等领域中均提到了旅游发展。2011 年 10 月，党的十七届六中全会审议通过了《中共中央关于深化文化体制改革、推动社会主义文化大发展大繁荣若干重大问题的决定》，其中明确提出“要推动文化产业与旅游、体育、信息、物流、建筑等产业融合发展”，“要积极发展文化旅游，发挥旅游对文化消费的促进作用”。

二、市场基本面——呈现出“两高一平”格局

在经济社会良好基本面的支撑下，2011 年我国旅游市场克服了世界经济增长放缓等困难和挑战，总体上保持了平稳较快发展，继续保持良好的发展态势。

旅游市场方面，呈现出“两高一平”格局。国内旅游和出境旅游快速增长，入境旅游轻微增长。2011 年第一至四季度国内旅游市场景气指数分别为 158、128.89、150.99 和 149.91，入境旅游市场景气指数分别为 10.5、15.39、23.08 和 38.89，出境旅游市场景气指数分别为 64.7、106.37、100 和 83.44，如图 5－2 所示。

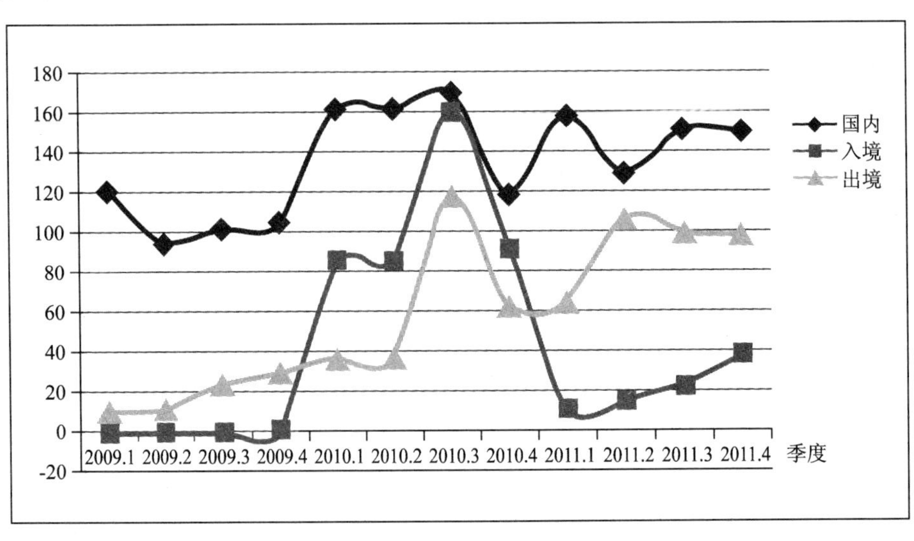

图 5－2　三大旅游市场景气指数变动趋势

国内旅游和出境旅游快速增长，入境旅游轻微增长，三大旅游市场呈现出“两高一平”格局。预计2011年全年旅游业总收入为2.2万亿元，同比增长18%。

国内旅游快速增长。国内旅游在两个黄金周表现良好。2011年春节黄金周期间，全国共接待游客1.53亿人次，比上年春节黄金周增长22.7%，实现旅游收入820.5亿元，增长27.0%。2011年“十一”黄金周期间，全国共接待游客3.02亿人次，比上年同期增长18.8%，实现旅游收入1458亿元，比上年同期增长25.1%；游客人均花费支出483元。2011年前三季度，我国国内旅游达19.8亿人次，同比增长12.6%，国内旅游收入1.43万亿元，增长20.1%。预计全年国内旅游人数约26亿人次，同比增长12%，国内旅游收入约1.9万亿，同比增长21%。

出境旅游快速增长。前三季度，出境旅游人数5100万人次，同比增长超过20%。预计全年出境旅游人数7000万人次，同比增长22%；出境旅游花费690亿美元，同比增长25%。

入境旅游轻微增长。前三季度，我国累计接待入境旅游人数1亿人次，同比增长1%，其中，过夜旅游人数4200万人次，同比增长1%。旅游外汇收入350亿美元，同比增长2%。预计全年入境旅游人数1.3亿人次，同比增长1%，旅游外汇收入464亿美元，同比增长1.5%。

由于各种保护主义的抬头、人民币升值以及通货膨胀等因素，我国旅游服务贸易条件在2011年进一步恶化，旅游服务贸易逆差扩大到225亿美元。但与此同时，由于我国出境旅游消费能力提高，成为国际旅游市场举足轻重的力量，这为我国开展国际旅游合作增强了主动权。

表5-1　2011年旅游市场需求指标预测

国内旅游			
人次数（亿人次）	去年同比增长率	收入（万亿元）	去年同比增长率
26	12%	1.9	21%
入境旅游			
人次数（亿人次）	去年同比增长率	收入（亿美元）	去年同比增长率
1.3	1.0%	464	1.5%

续表

出境旅游			
人次数(万人次)	去年同比增长率	花费(亿美元)	去年同比增长率
7000	22.0%	690	25.0%
全年接待总量			
总人数(亿人次)	去年同比增长率	总收入(万亿元)	去年同比增长率
27.3	22.1%	2.2	18.0%

(注:美元对人民币汇率按1:6.335计算)

旅游市场进入常态化发展阶段。经过多年以来的快速发展,我国旅游市场已经进入常态化的发展阶段。无论从人次数还是消费上,城镇居民占我国国内旅游的比重都在稳步上升,特别是城镇居民旅游消费已占国内旅游收入的3/4。同时,城镇居民旅游花费占其可支配收入的比重,多年来已经稳定在10%左右,这表明旅游已经成为城镇居民的日常生活方式。从发展趋势来看,城镇居民的旅游消费更多地将表现为一个常态化的增长机制,也就是随着经济的增长而增长;旅游经济的额外增量主要是农村居民消费率的提高和农村居民向城市居民的转变。

根据历年三大市场旅游消费规模与旅游人次数的数据计算出人均旅游消费情况。从入境旅游市场看,入境旅游人均消费平稳增长。2000年入境旅游人均消费为182美元,2011年预计为346美元,低于去年的398.8美元,历经十二年,复合增长率为6%。国内旅游人均消费在1993年以前一直在百元以内走势平缓,1993年开始迅速增长,在经过2003年的小幅下降后稳步增长。2000年国内旅游人均消费仅为426元,2011年预计为730元,十二年的复合增长率为5%,略低于入境旅游花费的增长。随着国民收入水平的提高以及国家出境政策的不断宽松,我国出境旅游的发展在近年来出现井喷。出境旅游花费的增长速度异常。2004年我国出境游花费人均为663美元,2011年预计为985美元,7年的复合增长率是5.8%。

从三大旅游市场旅游人次数的结构看,自1997年以来,国内旅游市场一直占有绝大多数比重,平均超过90%,出境旅游市场所占比重平稳发展,入境旅游市场所占比重不断下降。2011年国内、入境、出境三大旅游市场结构为:0.928:0.046:0.025,除了入境旅游占比较2010年有所增长外,国内、出境旅游占比较2010年都有所上升。其中,国内旅游人次数占三大市场的比重快速增加，尤其是2006年以后增速加快，2011年国内旅游人次数占旅游总人次数的95.2%。(1)国内旅游市场由城镇旅游市场和农村旅游市场组成。从旅游人次数上来看，从2000年开始，农村旅游人次数一直高于城镇旅游人次数，但2008年以后，城镇旅游人次数增加，农村旅游人次数减少，二者所占市场比例逐渐接近。2011年前三季度，城镇居民旅游人次明显高于农村旅游人次数。从旅游消费情况看，城镇旅游花费近年一直高于农村旅游花费，这种差距2011年进一步拉大。城镇旅游者以不到50%的市场份额的旅游人数创造了占市场份额超过70%的旅游收入，而农村旅游者则以多数的旅游人数只创造了较少的旅游收入。(2)2011年1~9月，入境旅游市场较2010年有所增长。从入境旅游人次来看，入境外国游客人数占总人数的20%；香港入境旅游者仍然占有最大比例，但较2010年同比下降0.54%，入境旅游台湾同胞人数与入境旅游澳门同胞人数较2010年分别同比增长2.63%和3.38%。从入境外国旅游者的主要客源地来看，韩国仍然居于首位。朝鲜、蒙古、哈萨克、澳大利亚、印度等市场增长较快。(3)2011年1~10月，我国公民出境总人次数为5789万人次，同比增长超过22.23%。其中，因公出境人次数为506.8万人次，占总出境人次数的8.6%，同比增长4.9%；因私出境人次数为5282.9万人次，同比增长24.19%。从出境方式来看，2011年1~10月，乘坐飞机、汽车、轮船、火车和徒步出境人次数分别为1372.94万人次、970.64万人次、410.40万人次、88.71万人次和2947.01万人次，分别比2010年同期增长19.60%、19.40%、12.12%、27.94%、25.91%。

三、产业基本面——总体上处于“较为景气”区间

2011年度旅游产业运行总体较为景气，景气水平持续上升，企业绩效良好。如图5-3所示，从4个季度的产业景气指数来看，分别为127.38、137.71、134.68和132.00，处于“较为景气”区间。具体行业景气特征方面，旅行社、饭店、景区和综合旅游企业的景气也均保持在“较为景气”水平，景气指数分别为129.97、134.36、134.90和131.37。景区和饭店行业景气水平略高于旅行社和综合旅游企业。但是由于市场竞争日趋激烈，加之通货膨胀的影响，造成企业运营成本上升，给企业经营带来不小的压力。饭店行业的表现最为突出，整体经营环境呈现稳中趋紧的态势。从产业面上观察，旅游产业发展日臻成熟，新的商业模式和业态不断涌现，已经成为产业变革的主导力量。

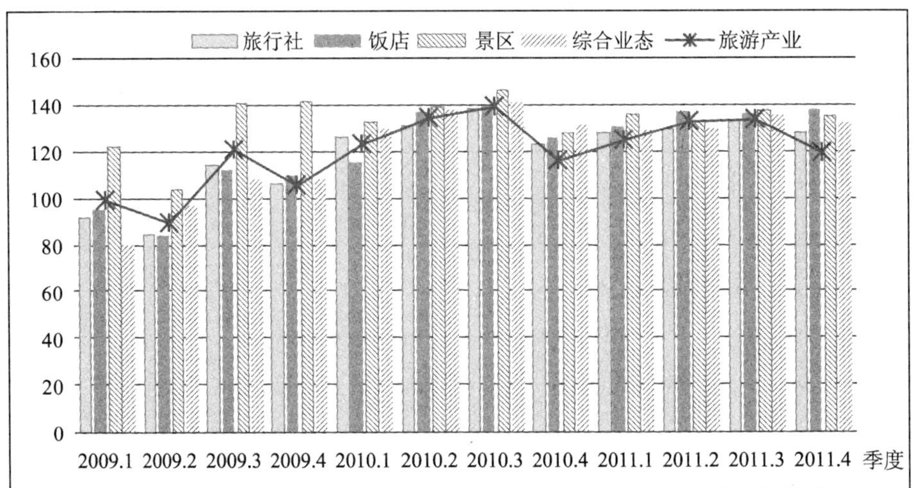

图5－3　旅游产业面各景气指数波动趋势

前三季度企业家信心指数分别为129.8、132.9、135.0，企业家对全年预期的信心指数分别为137.1、138.9、130.7，信心指数较高（见图5－4）。可见2011年旅游企业运行状况良好，上海世博会的落幕、日本复合型灾害和渤海湾漏油事件等不利因素并没有对旅游企业造成太大的影响，反而在高铁旅游、暑期旅游、红色旅游、西安园艺博览会、海南离岛免税政策等因素的驱动下趋向好的态势发展。企业家们对于2011年旅游企业的发展也充满信心，并且纷纷加大了投资的力度。宾馆饭店、景区景点等旅游设施建设进一步加快，仅2011年第二季度全国就新开业五星级饭店30多家。旅游投资持续升温，初步统计全国有近4000个在建旅游项目，上半年实际完成投资600多亿元。新建项目总体投资大，质量、档次和综合配套水平更高，出现了一批数十亿乃至上百亿的投资项目。旅游供给的不断增加，缓解了旅游供求矛盾，进一步引导了旅游消费需求。

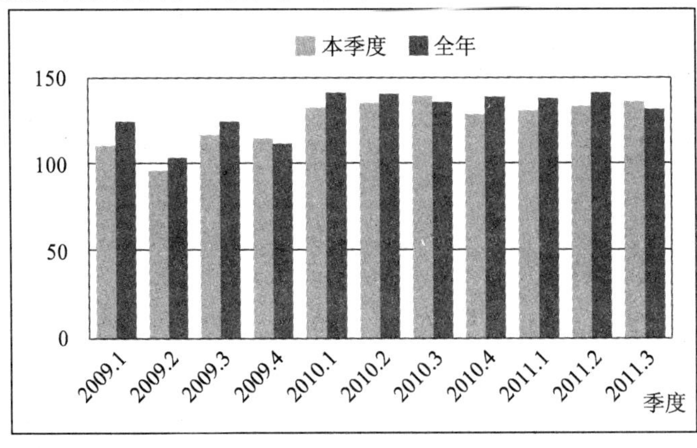

图5－4　旅游企业家信心景气波动趋势

旅游企业成本压力增加。从企业各项经营指标的景气度看，收入指标景气较高，但成本压力较大（见图5－5）。各指标综合景气指数分别为：接待人数133.54、营业收入131.63、季末员工工资127.92、门票价格126.79、利润水平127.39、季末从业人员118.26。2011年以来营业成本景气指数较低，前三季度分别为84.44、82.82和84.04，显示旅游企业成本压力加大。

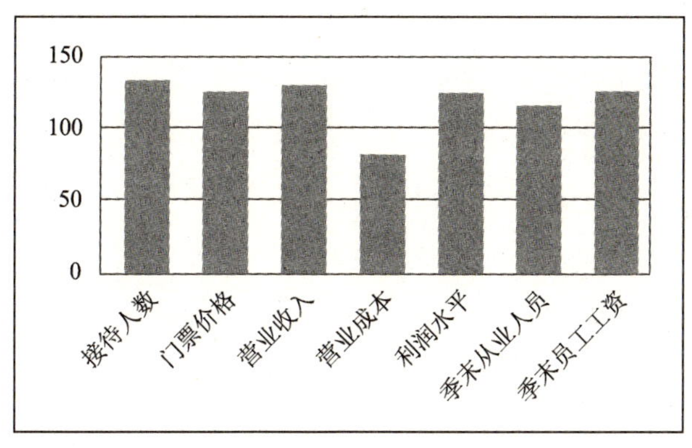

图5－5 2011年第三季度主要旅游企业景气指数

景区和饭店行业景气水平较高。不同行业的旅游企业各个季度的景气水平和信心指数表现不同，呈现出各自的特点。总体来看各行业旅游企业景气水平相差不大，但景区行业和饭店行业景气度略高一筹，旅行社和综合旅游企业景气水平基本一致。饭店行业前三季度景气指数呈现出平稳增长的态势，景区行业景气指数在第二季度稍有下降，第三季度又恢复了增长态势，旅行社和综合旅游企业景气指数处于增长状态但是增长十分缓慢。可见酒店和景区行业2011年发展态势良好，而旅行社和综合旅游企业稍逊。

对于酒店和景区行业，西安园艺博览会、高铁旅游、海南离岛免税政策和台湾自由行开通等有利事件的刺激和国内旅游热度上升为它们的运营创造了有利环境。对于旅行社和综合旅游企业，从国内环境看，上海世博会的落幕给旅游市场造成的冷却效果还会持续一段时间，渤海湾漏油事件对该地区滨海旅游产生负面影响；从国际大环境看，受到欧美金融动荡和中东、北非地区局势动荡等余震效应以及2011年日本海啸等不利事件的影响，入境旅游市场增长缓慢。中国旅游研究院统计数据显示，前三季度我国入境旅游人数同比增长率只有1.5%，我国入境旅游与全球旅游失衡，上半年全球国际旅游人数同比增长4.5%，我国入境旅游人数同比增长率低3.5个百分点。这些都将直接影响旅行社和综合旅游企业的经营绩效。

旅游对民航、铁路、零售、餐饮等相关行业的带动作用进一步增强。相关数据显示，2011 年前 10 个月，全国铁路累计发送旅客近 16 亿人次，同比增长 11%；民航旅客运输量累计完成 2.45 亿人次，同比增长 8.7%；社会消费品零售总额 147357 亿元，同比名义增长 17%；餐饮收入 1.67 万亿元，同比增长 16.5%。

基于大众需求的业态创新成为产业成长的关键力量。2011 年 9 月 13 日，《财富》杂志公布了 2011 年全球“100 家增长最快的公司”排行榜，携程、如家分列中国增长最快公司第二、三位。这两家公司分别是近年中国旅游产业发展最快的两个领域在线旅行服务和经济型酒店的典型代表。这两个领域的发展动态说明基于大众需求的业态创新越来越成为产业成长的关键力量。目前，淘宝、腾讯、百度等大型电子商务企业均已介入在线旅游市场，特别是腾讯斥资 8440 万美元收购艺龙 16% 的股份，对中国在线旅行市场格局可能产生重要影响。一些新兴的旅游网站则将目光投向旅游线路、景区门票、旅游攻略之类更为个性化的旅游产品。团购业务的发展也是 2011 年广受关注的焦点，去哪儿网于 2011 年年初推出酒店团购项目，起初并不重视团购市场的携程最后也加入了团购大军。经济型酒店开始分化，一部分酒店从低成本运营转向个性化经营，如汉庭全季瞄准中高档市场商务客源，怡莱连锁酒店推出具有个性化江南民居风格的西湖门店，桔子酒店打造高端品牌“水晶桔子”等。

游客满意度止跌回升，但影响旅游服务质量的深层次矛盾没有得到根本解决。根据各季度抽样调查数据，2010 年第一季度至 2011 年第三季度全国游客满意度指数经历了一个由降低到回升的波动过程（见图 5－6）。2011 年全国游客满意度指数在第一季度跌到谷底之后又开始逐渐回升，第三季度已回升到 80.46 的“满意水平”。在国内、出境、入境三大旅游市场中，入境游客和出境游客满意度有所波动，国内游客满意度持续提升，且散客满意度提升较快，与团队游客的差距不断缩小。旅游行业中，景区的满意度最高，交通、购物和餐饮的满意度相对较低，旅游公共服务、旅行社服务质量是影响游客满意度的主要因素。区域分布上，目前满意度水平较高的城市仍以东部为主，但地区间差距在缩小；从城市满意度差距看，平均差距从第一季度的 0.38 持续缩小到第三季度的 0.32；从满意度水平看，2011 年第三季度满意度水平较高的城市和满意度较低的城市均有东部、中部和西部的城市。

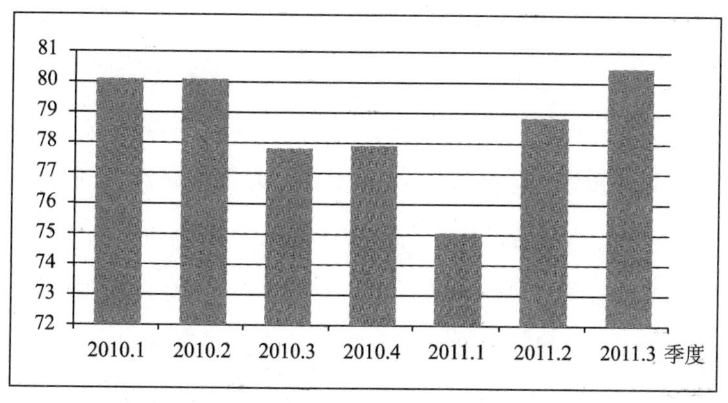

图5-6 全国游客满意度指数波动趋势(2010年1季度~2011年3季度)

区域非均衡旅游发展格局在固化中有变化。2011年东、中、西部旅游经济景气指数分别为133.12、130.93和130.34。东部地区继续保持领先优势,中西部地区持续稳定增长,区域旅游发展的总体格局没有太大变化。但这种固化的格局中也有若干变化。特别是在入境旅游方面,中西部地区旅游发展加快。从接待总量来看,中、西部地区省(市)受经济活动和缺乏大型口岸等条件制约,在接待量上仍然与东部地区保持着较大的差距,东部地区省(市)在量上仍然占据明显的优势地位。但从增长速度看,青海、四川、湖北、陕西、吉林、黑龙江、重庆、江西、陕西、广西中西部地区省市包揽全国29个省、直辖市、自治区的前十位,显示了中西部地区入境旅游发展的巨大发展潜力。

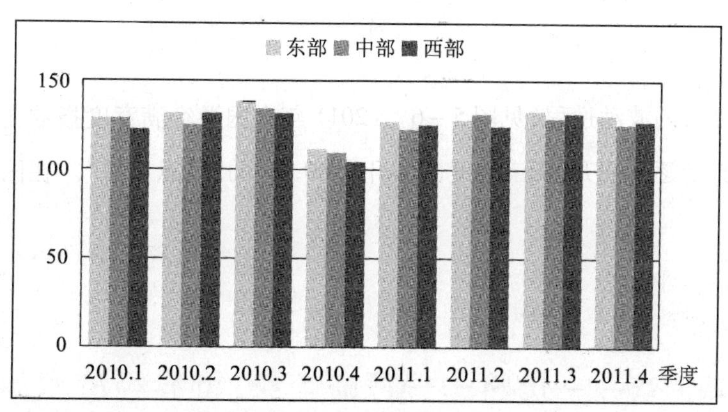

图5-7 我国区域旅游景气指数变动趋势(2010~2011)

四、问题和挑战

虽然总的来说,我国旅游业在2011年里取得了较好成绩,但是仍然存在一些比较突出的问题：

第一，旅游投资亟待科学引导。旅游投资普遍追求大规模、高消费，投资项目类型趋同，影响了旅游项目的可持续发展。很多影视城、高尔夫球场等都在亏本经营，一些旅游房地产项目也难以收回投资。与此同时，大众旅游市场需求却得不到有效满足。

第二，散客服务体系仍需加强。我国旅游业进入大众化的全面发展阶段，旅游需求的个性化和多样化趋势更加明显，现有的旅游产品和经营模式都难以适应市场的新需要。而且从旅游部门的工作来看，习惯于将团队旅游作为工作重点，面向散客的公共服务仍然比较欠缺。

第三，入境旅游市场增长乏力。入境市场持续低迷固然主要是因为不利的国际经济形势，但是缺乏对全球旅游市场的深刻把握以及营销方式的陈旧、僵化亦是重要原因。

第四，旅游安全问题仍然值得关注。市场规模的扩大必然凸显安全问题的重要性，特别是户外运动出游安全和出境旅游者权益保护等问题尤其需要重视。

第二节　2012 年旅游经济运行趋势预测

2011 年第一至四季度旅游经济运行先行指数分别为 93.63、106.1、105.34 和 104.80，显示旅游经济将保持平稳较快发展的趋势。第四季度的主要先行指标景气值分别为：预订人数 130.73、固定资产投资 120.2、企业家信心 132.8、居民旅游意愿 88.33、消费者信心100.5。展望 2012 年，世界经济形势总体上仍将十分严峻复杂，世界经济复苏的不稳定性、不确定性上升；国内经济增长存在下行压力，但预计仍将处于较快增长区间。综合分析，我们对 2012 年国民旅游发展较为乐观，对入境旅游发展则认为比较艰难，旅游业总体上仍将继续保持“两高一平”的较快增长态势。

一、国际形势——仍将十分严峻复杂，世界经济复苏的不稳定性、不确定性上升

国际金融危机影响还在持续和深化，欧元区主权债务危机和银行业问题的加重增加了世界经济走势的不确定性。欧元区经济增速明显下滑，美国经济的衰退风险有所增加，主要新兴市场国家增速普遍回落。据联合国 2011 年 12 月 1 日发布的《2012 年世界

经济形势与展望》报告预计,2012年世界经济增速将从2011年的2.8%下滑至2.6%,远低于半年前3.6%的预测值。即便如此,联合国仍警告"这份报告也许依然过于乐观",因为这一预测的假设前提是欧洲主权债务危机得到控制,且发达国家财政紧缩政策不会继续加码。主要客源国家经济增长放缓以及各种形式的保护主义抬头,旅游服务贸易条件进一步恶化,我国入境旅游形势依然严峻。总体看,2012年,世界经济形势总体上仍将十分严峻复杂,世界经济复苏的不稳定性、不确定性上升。这一方面会对我国经济社会发展形势产生重要影响,另一方面也会直接影响我国国际旅游的发展。

(一)世界经济复苏势头受阻

国际金融危机的影响还在持续和深化,欧元区主权债务危机和银行业问题的加重增加了世界经济走势的不确定性。欧元区经济增速明显下滑,美国经济的衰退风险有所增加,主要新兴市场国家增速普遍回落。近期世界各大机构对2012年全球经济增长预期均较早些时候有所下调。2011年11月28日,摩根士丹利表示,欧美债务问题引发的不确定性增大了全球经济增长的下行风险,将2012年全球经济增长预期由3.8%调降至3.5%。同日,经合组织(OECD)将2012年全球GDP增长预期由5月份的4.6%下调至3.4%。联合国2011年12月1日发布的《2012年世界经济形势与展望》报告指出,发达经济体经济陷入泥潭,新兴经济体也无法独善其身,全球经济正在"二次衰退"的悬崖边上"蹒跚前行"。报告预计2012年世界经济增速将从2011年的2.8%下滑至2.6%,远低于半年前3.6%的预测值。即便如此,联合国仍警告"这份报告也许依然过于乐观",因为这一预测的假设前提是欧洲主权债务危机得到控制,且发达国家财政紧缩政策不会继续加码。

(二)各经济体发展走势继续分化

根据联合国《2012年世界经济形势与展望》报告,由于债务危机深重、金融系统脆弱、高失业率和紧缩政策导致需求疲弱、政治僵局及机构效率低下造成决策机制瘫痪等因素,以及这些因素之间的恶性循环,发达国家下滑风险不断增加,欧美经济作为世界经济的两大引擎双双失灵。根据联合国报告,尽管美国经济在2011年第三季度出现温和反弹,但预计2012年仍将继续走软,甚至有陷入"温和收缩"的风险。欧洲经济形势更为严峻,即便欧债危机被成功控制,2012年欧洲经济增长仍将十分低迷,大多数国家经济处于萎缩边缘,而债务问题深重的欧元区边缘国家则很可能陷入较长时间的经济衰退。

受发达经济体的拖累,加之自身经济调整的压力,虽然发展中国家将继续以较为强劲的增长担起"全球经济引擎"之重任,但增长速度将明显受到影响。初步预计发展中国家经济增长速度2012年将进一步放缓至5.6%，低于2011年的6.1%，更低于2010年的7.5%。报告预计，2012年中国经济增长率将进一步下滑至9%以下，印度经济增速则将降至7.7%至7.9%之间；巴西和墨西哥受到的冲击更为明显，巴西经济增速预计会继续下滑至2.7%，墨西哥经济增速降到2.5%。

（三）国际环境更加复杂

2012年世界经济增长速度继续下滑，将进一步加剧各国之间围绕市场、资源、人才、技术、标准等的竞争，气候变化以及能源资源安全、粮食安全等全球性问题的重要性进一步凸显，全球通胀压力增大，不仅各种形式的保护主义继续存在，而且不排除局部冲突激化的可能。特别是发达国家经济衰退风险加大，其国内政治压力也进一步增强，发达国家采取何种举措将成为影响全球局势的关键因素。

（四）世界旅游经济回升步伐放缓

据WTTC的预计，随着全球经济增速在未来 年的放缓，全球旅游经济也会放缓回升的步伐。这主要是因为发达经济体由于债务问题在未来一年将采取紧缩的财政政策，而发达经济体的消费者会普遍削减旅行消费。据世界旅游组织预测，2012年国际旅游人次将以适中的速度继续增长，预计世界旅游人次的增长将在3%～4%之间。其中，新兴经济体随着国内消费水平的提升，将成为未来出境旅游的主要增长区域，在国际旅游中的花费水平将快速增长。

二、国内形势——发展势头仍然较好

总体来看，当前及未来一段时间，我国经济发展的基本面不会改变，旅游业持续稳定增长的基础没有改变，我国旅游业仍处于发展的黄金期，需要认清形势，坚定推动旅游业平稳较快发展的信心。

（一）国内经济增长放缓，但发展势头不改

受全球经济形势影响，加上国内转变经济发展方式的压力，目前普遍预计我国经济增速在2012年将有所放缓，预计GDP增长为8.5%左右，但在全球主要经济体中增速仍为最快，我国经济社会基本面依然良好，为旅游业发展提供了基本支撑。

2011年10月底举行的2012中国经济形势解析高层报告会认为，我国经济增长动力在减弱，但是依然较强。预期2012年拉动经济增长的“三驾马车”投资、出口和消费呈现增长幅度“两降一升”的态势，固定资产投资和出口增幅会有下降，消费需求会有小幅的上升。经济增长速度和通货膨胀上涨率均会略低于2011年,经济增长大概在9%以下,通货膨胀大概在4%左右。

商务部部长陈德铭在11月28日出席中国外商投资企业协会会员大会时表示,2012年经济形势比较复杂,中国经济面临下行风险。中国经济增速将进一步放缓,但在劳动力成本持续上升和全球整体流动性宽松作用下,通胀压力仍存。农业生产的成本持续升高,要保持高生产增长的难度增加。一些在建项目将遭遇融资难的问题,投资情况不乐观;企业生产或面临困境,尤其是一些小微企业。这将会影响居民收入增长并抑制消费。出口方面,我国出口增速长期处于较高水平,但增速回落态势明显;从广交会上达成的订单情况来看,接下来一段时期仍然是一个低速的增长。全国人大财经委副主任委员吴晓灵11月28日称:外需减少会给中国经济增长带来更大的转型压力;落实"十二五"规划实现经济结构调整,发展方式会使一些产业减速;房地产调控,高铁高速公路等基础设施发展速度调整会减少投资拉动力,中国经济放缓在2012年是大概率事件。但我国经济增速在全球来看还是快的,财政赤字和物价是可控的。

中金公司认为,当前中国经济处于长周期增长趋势性放缓和短周期总需求紧缩的叠加状态。从长周期看,潜在增长率正处于放缓的开始阶段;从短周期看,外需不振和投资放缓将拖累GDP增长,在2012年继续下滑至8.4%,而2013年随着政策内在的周期性扩张,经济增速将温和回升至9%左右。

(二)"稳增长、调结构、控通胀"是主要任务

2011年12月召开的中央经济工作强调,继续实施积极的财政政策和稳健的货币政策,保持宏观经济政策的连续性和稳定性,增强调控的针对性、灵活性、前瞻性,继续处理好保持经济平稳较快发展、调整经济结构、管理通胀预期之间的关系,加快推进经济发展方式转变和经济结构调整,着力扩大国内需求,着力加强自主创新和节能减排,着力深化改革开放,着力保障和改善民生,保持经济平稳较快发展和物价总水平基本稳定,保持社会和谐稳定。会议确立了2012年经济社会发展稳中求进的工作总基调,提出了5项主要任务:继续加强和改善宏观调控,促进经济平稳较快发展;坚持不懈抓好"三农"工作,增强农产品供给保障能力;加快经济结构调整,促进经济自主协调发展;深化重点领域和关键环节改革,提高对外开放水平;大力保障和改善民生,加强和创新社会管理。

(三)宏观调控方向有利于旅游业发展

旅游业在稳增长、调结构、惠民生、促和谐等战略中能够发挥重要作用,产业地位和

作用有望进一步凸显。随着转变经济发展方式的深入,从中长期来看,我国已进入相对稳定的经济增长期,消费占 GDP 的比重将逐步上升。在经济平稳较快发展基本面的支撑和收入分配调节、城镇化发展等政策影响下,国民旅游市场需求基础将进一步巩固,旅游消费在消费中所占的比重也将逐步上升。

保障和改善民生是我国加快转变经济发展方式的根本出发点和落脚点,我国将继续加大收入分配调节力度,坚定不移走共同富裕道路,使发展成果惠及全体人民,居民收入预计将以不低于人均 GDP 的速度增长,越来越多的人群将加入到旅游消费行列当中。城镇化发展将继续为我国旅游业发展提供强劲动力,根据第六次人口普查数据,2011 年居住在城镇的人口占总人口的 49.68%,根据我国"十二五"规划,到 2015 年城镇化率将进一步提高到51.5%,城镇化发展将极大地推动旅游消费需求。

此外,加强基础设施建设以及促进服务业、中小型和微型企业发展等措施,也将为我国旅游业发展提供更好的环境。近年来,我国高速铁路、高速公路、民航航线等不断增加,旅游通达条件进一步改善。截至 2010 年,我国公路总里程已达 370 万公里,其中高速公路总里程 6.5 万公里,居世界第二位,仅次于美国。2011 年年底,全国铁路营业里程预计将达 9.9 万公里。根据国际航空运输协会的报告,中国的客运航空市场在未来的 20 年里将保持 10% 的增速,2020 年中国的飞机旅客将达到 8 亿人次。在促进服务业、中小型和微型企业发展方面,国务院出台支持小型和微型企业发展的金融、财税政策措施,以及推行服务业增值税制度改革试点等,也将有利推动旅游企业发展。

(四)重大事件及可能的影响

从国内来看,党的十八大胜利召开无疑是影响经济社会发展的重要事件,也会对旅游业的发展产生重要影响,会议确定的政策方针将为旅游业发展确立基本的政策环境。《国民旅游休闲纲要》将出台以及《旅游法》出台的预期不断增加,也将为旅游业发展提供重要利好刺激。此外,围绕海洋开发政策、航天科技发展等,也可能掀起一些相关旅游热潮。

从国际来看,日、韩、俄等近程市场国家局势的发展将直接关系到我国入境旅游发展的基本面,而美国经济前景如何以及欧洲主权债务危机的发展也将对我国旅游发展造成重要影响。此外,诸如人民币汇率问题、伦敦奥运会等事件也值得关注。

三、2012 年旅游需求发展趋势

2012 年是我国"十二五"规划的第二年,2012 年可能出台或引发市场关注的旅游行业专项政策法规包括《国民休闲纲要》、《旅游法》。除行业专项政策法规之外，减税、提高最低工资标准、完善医疗保障体系等旨在改善民生、促进消费的政策都将在中长期内对国内旅游消费构成利好，并在中长期内加速行业增长。同时低收入群体的收入水平快速上升，中国旅游业迈入大众消费时代，意味着低收入阶层、普通老百姓的出游率将出现显著提升，旅游普及仍将是未来几年中国旅游业增长的主要动力来源。

（一）出游意愿

1. 出游意愿保持较高水平

据调查，2011年第一季度中国消费者的出游意愿为84.9%，第二季度为88.9%，第三季度为85.3%，第四季度为88.33%。而我国内地居民未来三个月内（2011年12月～2012年2月）有出游计划的比例为88.9%。

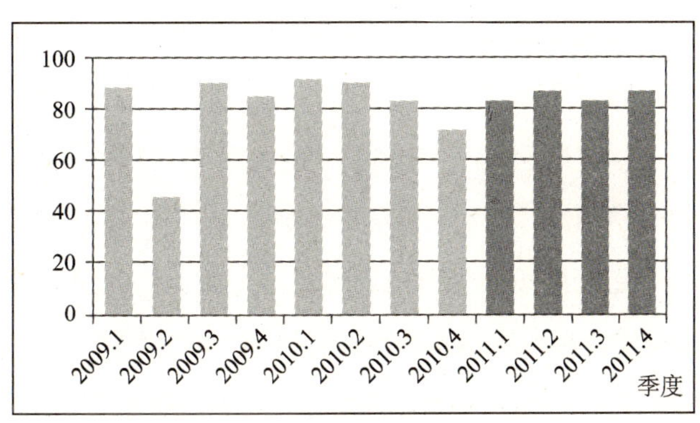

图5-8　居民旅游意愿指数波动趋势

2. 出游范围以国内和近郊游为主

根据中国旅游研究院2011年第四季度的调查结果显示，2011年公众的出游仍以国内游为主，其中近郊旅游占32.0%，国内跨省市（非邻近省市）占32.7%。计划出游的公众中，39.5%的受访者倾向于在元旦期间出行，选择在春节前后出行的占20.7%。

出境旅游目的地中，日本成为首选（49.0%），其次是韩国，新马泰（新加坡、马来西亚、泰国）和美国。在港澳台游中，香港依然是首选（44.4%）。

3. 自由行已成为公众选择度最高的方式

在出游形式中，选择“自己组织”和“单独出游”的比例分别为36.9%和14.6%，合计51.5%。而有44.4%的受访者选择了参加旅行社的出游团。

4. 游客的旅游消费略有增长

调查显示，多数受访者（31.1%）的出游预算在1001～3000元之间。而选择500～

1000元的占18.8%。另有23.3%的受访者选择了3001~5000元的预算。

(二)2012年旅游需求发展的机遇与挑战

1. 主要机遇

(1)国家"十二五"发展规划为旅游业发展环境提供保障。

"十二五"期间,国家将进一步提高人民群众的生活水平,这是旅游业加快发展、健康发展的最大机遇。目前我国人均消费水平持续增长,群众可用于旅游休闲的时间增多,社会保障体系逐步完善,公共服务和社会管理水平提高,群众对旅游的意愿和认识水平提高。这些因素都使旅游需求加快发展面临难得的机遇。当前,全国"十二五"旅游规划和旅游立法等工作正在抓紧进行,将为下一阶段旅游业的发展提供一个明确的发展目标。

(2)国家将延续稳健的货币政策。

自2011年我国实施积极的财政政策和稳健的货币政策以来,2011年11月份,全国居民消费价格(CPI)总水平同比上涨4.2%,创14个月新低,通胀压力得到进一步缓解。国务院针对物价上涨已经出台了16条稳定物价措施,并指出2012年将继续努力提高中低收入群体的收入,坚持更加积极的就业政策,完善保障民生的积极举措,进一步扩大内需特别是国内需求,保障居民收入稳步增加,提供良好的社会保障,促进经济发展。

积极的财政政策和稳健的货币政策将对2012年的经济形势造成影响,而农产品价格有望继续回落。随之产生的效应是居民家庭恩格尔系数降低,可自由支配收入相对提高,用于旅游的花费有增加的可能。

(3)居民旅游需求增长加快。

从市场需求看,我国居民人均GDP在2012年有望超过5000美元,消费结构升级加快,将促进国内旅游市场更加繁荣,人民币升值推动出境旅游规模持续扩大。旅游需求的总量将稳定增长,散客化、自助化、信息化等趋势将会进一步增强,游客对服务质量的要求将更高。

2. 主要挑战

在充分肯定机遇的同时,我们也清楚地看到,当前我国旅游经济发展面临的困难和挑战仍然很多。主要表现在以下两方面:

(1)新一轮的金融动荡影响的持续时间将会更长。

主要发达国家在过去两年采取了一系列财政和货币政策以遏制金融危机的继续恶

化，刺激经济复苏，但仍未能迅速解决其经济的结构性问题。这决定了我国一些传统客源国入境市场的恢复也将是一个缓慢的过程。若要恢复正常水平仍面临很大难度和挑战。2011年爆发的新一轮经济危机已经从金融领域蔓延至整个世界经济体系当中，因担心美国经济可能再陷衰退和欧洲主权债务危机风险外溢，8月3日以来黑色风暴席卷全球股市，发生了2008年罕见的金融危机，美股甚至连续刷新2008年金融危机以来的最大单日跌幅，而欧洲和日本经济增长速度更为缓慢，受主权债务困扰的欧洲国家的经济也将继续衰退或停滞不前。在这些因素的影响下，重点开拓新兴经济体中的入境市场来保持我国入境市场的持续增长，对于提高我国的国际形象、增强国家影响力都有着十分重要的意义。

（2）旅游安全、应急处理机制有待完善。

近年来，我国旅游业快速发展，旅游行业规模不断扩大，出游人数不断增加。急剧扩大的旅游市场规模，使旅游安全保障压力空前增大。旅游产业发展中存在着诸多安全问题，如对旅游安全认识不到位、旅游安全管理的责任不够清楚、对旅游安全的投入不足、旅游安全和应急处置的技术相对落后、覆盖旅游全过程的旅游保险体系尚未健全等。旅游行政部门要在依托于各地社会救援体系的基础上，建立和完善旅游紧急救援体系。

四、趋势预测——旅游业可望保持平稳较快发展

2012年国民旅游发展相对乐观，入境旅游发展则比较艰难，总体上仍将继续保持“两高一平”的较快增长态势。如表5－2所示，预计2012年我国旅游总收入2.4万亿，同比增长9%。国内旅游人次数28.6亿人次，同比增长10.0%；国内旅游收入2.1万亿元，同比增长11.0%。入境旅游人次数1.36亿人次，同比增长1.2%；旅游外汇收入470亿美元，同比增长1.3%。出境旅游人次数7840万人次，同比增长12.0%；出境旅游花费800亿美元，同比增长16.0%。旅游服务贸易逆差继续扩大，达330亿美元。

表5－2　2012年我国旅游市场需求预测

国内市场			
人次数（亿人次）	去年同比增长率	收入（万亿元）	去年同比增长率
28.6	10.0%	2.1	11.0%
入境旅游			
人次数（亿人次）	去年同比增长率	收入（亿美元）	去年同比增长率
1.36	1.2%	470	1.3%

续表

出境旅游			
人次数(万人次)	去年同比增长率	花费(亿美元)	去年同比增长率
7840	12.0%	800	16.0%
全年接待总量			
总人数(亿人次)	去年同比增长率	总收入(万亿元)	去年同比增长率
30	10.0%	2.4	9.0%

第三节　结论和建议

2011 年我国国内旅游和出境旅游快速增长,入境旅游轻微增长,旅游产业运行总体上处于令人满意的“较为景气”区间,旅游业发展方式初现转型迹象。2012 年国民旅游发展较为乐观,入境旅游则保持平缓增长态势,旅游市场总体上仍将继续保持“两高一平”的较快增长态势。2012 年是实施“十二五”规划承上启下的重要一年,要继续抓好国务院文件《关于加快发展旅游业的意见》的落实工作,稳步推进“十二五”规划的各项任务,保持旅游业平稳较快发展,更加充分地发挥旅游业在扩大内需、提供就业、改善民生、促进社会和谐等方面的综合功能。

一、千方百计扩大旅游消费

大力发展积极向上的旅游休闲文化。结合主题年(“2012 中国欢乐健康游”)、中国旅游日等,扩大“品质旅游、伴你远行”宣传规模,在全国进行大范围的公益宣传活动,创造旅游休闲氛围。推动《国民旅游休闲纲要》尽快出台,鼓励各地结合自身实践开展类型多样的旅游休闲活动,推动将旅游休闲教育纳入素质教育和公民教育当中,在全社会形成积极休闲、健康休闲的良好风气。

进一步完善旅游产品体系。继续抓好红色旅游产品开发工作,加强红色旅游的社会主义核心价值传递,加强适合青少年市场需求的产品开发,促进红色旅游和生态旅游、修学旅游等相结合。继续抓好乡村旅游产品开发工作,坚持乡村旅游发展和“三农”问题的解决相结合,促进乡村旅游产品的转型升级。加强文化旅游资源的挖掘,积极发展旅游演艺、旅游娱乐、旅游文化节事,促进旅游和文化多层次的深度融合。尽快编制全国度假旅游发展规划,加快休闲度假产品开发,加强休闲度假引导。大力发展邮轮母港、自驾车营地、房车宿营地、汽车旅馆、汽车租赁等与旅游休闲新需求相适应的设施和服务。积极关注航天旅游、科技旅游等的发展。

加大农民旅游市场、养老旅游市场等市场开发力度。促进“旅游下乡”,建立农民旅游咨询服务中心,提高农民出游意识,培育农村居民新的消费热点。加强养老基地等的规范和引导,推动养老旅游产品开发。依托城际交通体系的完善,加大联合宣传推广和旅游线路对接,联手规范市场管理、提升服务质量,推动近程旅游市场的发展,提高近程旅游市场的深度和广度。

二、下大力气促进入境和出境旅游市场协调发展

努力促进入境旅游增长。着手改革入境旅游营销方式,加强市场营销绩效评估。加强对国际旅游市场的调查研究,做好入境旅游市场细分。巩固港澳台地区、日韩、东南亚、西欧、北美等重点市场,加快发展东欧、南亚、中东、大洋洲等新兴市场,积极培育南美、非洲等潜力市场,加强对中转游客、老年市场、女性市场与青少年修学市场的促销,充分挖掘市场潜力。整合入境旅游市场宣传促销资源,组织中国文化周等集中宣传推广活动,促进旅游推广活动和商贸文化交流的结合,利用国际性节事等机会强化宣传营销,提高我国旅游的知名度和影响力。研究制定国家入境旅游中长期发展战略规划,加快整合建设丝绸之路、长江三峡、京杭大运河等一批国家旅游线路,加快培育吸引入境旅游的新产品、新业态、新线路和新目的地,加大对休闲度假、商务会奖、生态旅游、乡村民俗、医疗养生、邮轮游艇、宗教朝圣、海洋海岛等非传统旅游资源产品的开发,优化入境旅游的政策环境和服务环境,实现入境旅游产品的转型升级。

提升出境旅游发展质量。加强对出境旅游行为的统计和调查研究,探索出境旅游消费趋势和规律,并在此基础上着手制定中长期发展政策。加强和外交等部门的联动机制,完善海外旅游安全救援体系,有效保护公民在境外旅游的正当权益。加强对出境旅游行为规范的引导,推动出境旅游消费升级。研究制定出境旅游满意度评价体系,提升我国在世界上的话语权。结合出境旅游的发展,稳步实施旅游企业“走出去”战略。

三、提高旅游发展质量

推进行业调控体系建设。做好《旅游法》出台的相关工作，加强旅游部门和相关部门的联合执法，进一步完善旅游业发展的法制环境。完善旅游公共服务，特别是城市旅游公共服务以及面向旅游企业和散客的公共服务，增强以服务引导产业发展的能力。完善旅游标准化体系，规范引导旅游项目投资和建设。贯彻落实《安全生产“十二五”规划》、《旅游公共服务“十二五”专项规划》、《旅游者安全保护办法》，提升旅游业安全生产水平和应急管理水平。深入调查研究，做好信息收集、整理、发布工作，提升旅游业科学发展的水平。进一步深化旅游综合改革试点工作，以推动地方发展和促进旅游业两大战略目标实现为导向，充分发挥市场配置资源的基础性作用，进一步解放思想，根据本地区实际情况大胆突破，改革不利于旅游业科学发展的僵化机制，增强各部门、各行业共同发展旅游业的能力。

加强旅游服务质量监管。加强旅游投诉电话和质监网站建设，继续完善 24 小时热线及 12301 电话语音系统，建立健全专门的旅游质量监督网，按月或季度发布旅游服务质量公报。完善以游客满意度评价为核心的第三方评价系统，进一步优化游客满意度评价体系和发布工作，加强旅游景区、旅游企业、出境旅游等方面的满意度测评工作，增强以游客满意度引导旅游业发展的能力。

推动区域旅游业平衡发展。加强对地方经验的总结和推广工作，增强对区域发展的分类指导能力。加大对中西部地区旅游业发展的智力和人才支持，着重培育其自主发展能力。以市场为导向，推动区域旅游合作深化。

四、加快市场主体建设

积极培育旅游新业态。放宽旅游市场准入标准，鼓励旅游创业，积极为中小企业、微型企业的发展搭建更好的平台。鼓励企业依托信息技术整合、改造各种传统旅游业务，提供新型旅游服务。

深化产业融合发展。加强旅游部门和相关部门之间的合作，消除产业融合中的体制机制性障碍，以市场需求为基础，推动旅游与相关产业的深度融合，促进企业融合发展。加强适应产业融合发展的旅游教育和人才培养。

增强行业创新能力。设立国家旅游创新基地，完善旅游创新管理办法，构建旅游行业创新平台。增强旅游企业自主创新能力，支持社会参与旅游创新，支持有条件的地方建设创新旅游孵化器。注重理论对创新的支撑作用，加强对海洋旅游、邮轮旅游、航天旅游、旅游装备制造等的关注和研究。

五、转变旅游业发展方式

强化旅游科学发展意识。切实认识到旅游业发展是涉及经济社会方方面面的系统工程，切实认识到科技、人才在旅游业发展中的根本性作用，提倡调查研究的工作作风，推动形成更加科学的用人机制和决策机制，给予旅游科学研究更多的鼓励和支持。

强化旅游科技支撑作用。面向国家重大战略，加强相关领域基础理论研究工作，为政策措施的出台提供理论支撑。在当前特别要重视旅游与文化的共同发展、智慧旅游、休闲度假旅游等领域的基础理论研究。围绕人民币汇率、欧美主权债务危机等，要加强专题理论研究。注重进行国际旅游发展比较研究以及旅游业和其他行业发展的比较研究。推动智慧旅游发展，支持地方开展智慧旅游城市、智慧景区等建设。以加强现代信息技术和科学知识在旅游业中的运用为重点，提高旅游业的科技水平和文化含量。

推动旅游教育改革，创新人才培养工作。针对目前旅游教育中存在的供需错位等问题，以本科目录旅游专业调整和设立旅游专业硕士等为契机，推动产学研的进一步合作，培养更加适应旅游行业需要的专门人才。鼓励旅游企业加大旅游人才培养投入，推动形成更加合理的旅游人才成长机制。

六、加强国际旅游合作

增强国际话语权和影响力。全面跟踪、分析与判断全球经济走势及其对世界旅游经济影响、世界旅游经济格局的变化、世界旅游市场规模与结构的变动等，着手建立世界旅游经济运行预警系统。探索以出境旅游满意度为切入点的全球旅游目的地评价体系。鼓励在国内举办国际性旅游行业会议和学术会议。设立专项资金，鼓励推介中国旅游政策思想、学术成果和经典案例。

推动形成务实、高效的国际旅游合作机制。做好“中俄旅游年”的组织工作，加强市场互换、客源共享，共同打造中俄边境区域旅游品牌、共同维护旅游者利益等方面的合作。利用好二十国旅游（T20）部长会议、中国—亚欧旅游博览会、中日韩旅游部长会议、中美省州旅游局长对话会议等已经形成的多双边合作机制，推进合作深度。加强中俄、中越、中缅老泰、中国—尼泊尔等边界旅游合作和中国—东盟、中国—中亚、中国—南美、中国—非洲等区域旅游合作。

增强我国旅游企业的国际竞争力。鼓励我国旅游企业引进国外先进技术和人才。探索制定外资并购境内旅游企业安全审查制度。加强对信息服务、知识培训、分类指导和法律、外交等方面的支持,鼓励中国旅游企业“走出去”。

第六章

旅游经济预警的社会影响和理论展望

第一节　政策转化及效果评价

当今社会,理论研究越来越成为公共政策的重要来源和动力之一。研究产生的知识既可以直接为政策决策提供数据和论据支持,又可以对未来的政策制定产生潜移默化的理念影响。尤其对于应用型研究,其研究成果的政策转化过程具有与研究过程本身同等重要的地位,而政策转化的效果评价也是对理论研究价值最为直接的实践检验。因此,学术研究成果的政策转化既是学术问题也是实践问题。作为国家重点项目,我国旅游经济监测与预警系统研究不仅是对当代旅游产业基础理论研究的直接贡献,更对我国旅游产业发展具有当期和长远的政策指导价值和引导意义。

一、旅游经济预警研究的政策价值

(一)构建我国旅游经济发展宏观调控体系的理论基础和依据

构建我国旅游经济发展的宏观调控体系,是顺应旅游产业发展客观规律,在科学研判旅游经济发展形势的基础上做出的战略决策和建议。我国旅游产业特别是入境旅游市场增长等方面依然存在发展的问题,但是在当前的形势下改革的任务更重。构建旅游经济运行和产业发展的宏观调控体系应是旅游主管部门的首要工作目标。我国旅游经济发展进入大众化阶段,国务院关于加快发展旅游业的意见使旅游业摆位明显提升意味着旅游业正式进入了经济社会发展的战略体系,国家宏观决策部门也需要及时准确了解旅游消费、旅游产业和旅游就业等总体状况，分析旅游经济与国家宏观经济运行之间的相互作用机制。旅游系统更应该以改革的精神和务实的操作稳步推进宏观战略意图的实现，积极探索构建适应旅游经济发展的宏观调控体系。2009 年年初，由于国际金融危机的蔓延及其对我国旅游经济影响的日益凸显，国家旅游主管部门决定按季度分析旅游经济形势，公开发布我国旅游经济运行报告。要完成此项任务，关键是着手建设中国旅游经济监测与预警系统，构建和完成我国旅游经济发展运行分析的基础和依据。2010 年，该项工作组成理论研究课题组，对旅游经济运行分析所涉及的各方面工作进行系统的理论总结、模型研究和应用介绍。在完善项目技术方案、初步建立项目工作机制、构建旅游经济监测与预警系统的基础上，力求更加全面、深入、准确地反映旅游经济运行情况，不断完善应用服务能力，并争取获得一定的理论成果，从而深化该系统在理论和实践两方面的影响。旅游经济监测和预警系统的建立完善，需要大量子课题的具体工作作为支撑。课题组建立了对旅游市场、旅游产业、区域旅游、国际旅游、港澳台旅游以及旅游政策和重大事件等方面的常态化分析制度。随着这些研究工作的不断深入、研究成果的不断创新和政策建议的不断应用，我国旅游经济宏观调控体系的建设将具备坚实的基础。因此，旅游经济监测预警系统研究的首要政策使命就是为构建旅游经济宏观调控体系提供理论支撑，为旅游发展当期任务导向和长期战略提供数据、报告、理论、知识、思想等方面的支持。

（二）科学把握当前旅游经济的现实格局与阶段特征

经过三十余年的发展，全国旅游业已经由入境旅游为主进入国内、入境旅游和出境旅游三大市场齐头并进发展的大众化阶段，城市旅游业的地位也已经从早期入境旅游接待一枝独秀，向兼具旅游目的地、旅游客源地和旅游集散地功能的国际旅游目的地转型。无论是来访还是外出的游客，散客化的特征日趋明显，而且对于涉及旅游的服务品质要求也越来越高。再从旅游供给的角度看，传统的观光旅游资源开发已经进入了成熟而稳定的发展轨道，而文化娱乐、体育健身、商业购物、历史街区和餐饮等依托都市休闲消费的非传统旅游资源开发才刚刚破题，空间很大。以旅行社、旅游饭店、旅游景区为代表的旅游市场主体，要素齐全、规模大，但是国际化程度和市场竞争力还不明显，特别是业态创新能力较弱。近年来我国旅游经济的发展一直是各界十分关注的，但一直没有及时有效地反映旅游经济全貌和产业运行的数据与形势分析。市场运行主体在制定中长期发展战略和月度、季度、年度工作计划时，需要了解宏观信息。长期以来，我们熟悉旅游目的地的构建和微观层面的行业管理工作，而对于市场经济条件下的旅游经济运行如何管理，特别是如何加强政府的宏观调控能力，应当说全国都还没有成熟的可资借鉴的经验，是旅游主管部门面临的一项崭新课题。在旅游产业由市场经济主导的制度背景下，旅游经济的平稳运行需要在把握现阶段旅游经济波动规律、科学预测未来发展趋势的基础上进行及时有效的信息引导，这对旅游主管部门和企业都是非常重要的，也是保持旅游经济又好又快发展的最好途径。如果引导得当，会产生巨大的经济效益和社会效益。在新的历史条件下，旅游主管部门制定政策、加强预警、引导产业是其职能调整的主要方向，只有及时取得经济运行数据与信息，政策的制定才有坚实的依据。旅游经济监测与预警系统正是解决这些问题的重要手段，具有很大的示范价值，也可以有效提高旅游产业的社会影响。

（三）转变旅游行业管理工作方式，创新旅游产业促进手段

从旅游行政管理工作来看，旅游主管部门正由单一的入境旅游管理转向全市场管理，由产业管理转向经济社会的宏观指导，这些职能转变后还没有有效的工作抓手，而且旅游业决策主体缺乏必要的数据和信息支撑。因此必须通过旅游经济运行预警模型和应用这一系统工程，研究一套适合旅游业特点的经济运行预警模型，从而在对旅游经济运行进行实时监测的基础上，对未来一个时段内可能影响旅游经济运行的重大事项进行预测，并为旅游主管部门提供相应的政策建议。在继续抓好传统的行业管理的同时，拓展产业促进的空间，创新大旅游格局下的宏观调控手段，为全国旅游业转变发展方式，特别是转变旅游行业管理工作方式提供政策保障。在计划经济体制下，在旅游发展的初级阶段，旅游局管行业，抓微观，是以供给管理为导向的，先后解决了旅游饭店、旅行社、旅游资源开发、乡村旅游等供给短缺的问题。现在是在市场经济条件下促进旅游产业化发展，特别是在旅游需求进入了散客化的大众旅游发展阶段，旅游供给也相应进入了市场化的融合发展阶段，旅游管理要重点抓好需求面和市场面。通过旅游消费需求去引导市场，进一步调动各级党委政府和旅游企事业单位，乃至全社会的积极性、主动性和创造性，以规范保障供给，以创新促进发展。主要的工作抓手包括但不限于政府和行业协会定期发布旅游经济运行的宏观信息，或者相关行业经营数据，引导产业投资和企业经营行为。重点调控土地、资源、技术和劳动力等生产要素在旅游领域中的流量与流向，在总量控制的前提下，持续优化产业结构。建立动态调整的旅游产业发展目录，适应会议、展览、奖励等旅游新需求，通过鼓励性的政策和窗口指导去培育旅游综合体、旅游电子商务、旅游宿营地等旅游新业态。以游客满意度为核心，产业可持续发展为导向，有针对性地建立政府和相关机构的考核体系。由于旅游产业空间的不断

延展，我们还需要着力于区域合作机制和部门间的工作协调机制的建立与完善。

二、旅游经济预警研究成果的政策转化

如前所述，旅游经济监测预警研究的出发点和研究主题内容就决定了其重要的宏观政策转化意义。首先，通过研究所建立的预警系统可以正确评价当前旅游经济运行的走势，反映经济形势的冷热程度，并能承担短期经济形势分析的任务。其次，预警系统能够描述旅游宏观经济运行的轨迹，预测其发展趋势，在重大经济形势变化或发生转折前，能及时发出预警信号，提醒决策者要制定合适的政策，防止发生严重的经济衰退或发生经济过热。最后，旅游经济监测预警系统还能及时地反映宏观政策的调控效果，判断宏观调控措施是否运用恰当，是否起到了平抑经济波动幅度的效果，从而有利于改革措施出台时机的正确决策。

对研究的应用起决定作用的诸多因素中，研究本身的质量固然重要，而研究成果传播方法的效力与政策开放的机会也同样重要。在利好的政策环境下，进行了扎实的理论研究后，旅游预警研究成果实现政策转化的关键还在于如何以合适的形式和渠道去影响决策者。对此，课题组针对不同形式的研究内容，积极采取多样化的形式、多渠道的方式推动研究成果的政策转化。通过多样的成果转化形式起到推动相关政策的制定、对已制定的政策进行合理化解释、引导启发政策制定者等作用。

目前中国旅游经济监测与预警系统研究成果的主要内容包括中国旅游市场监测与预警体系、中国旅游产业运行监测与预警体系、旅游企业家信心指数体系、中国旅游就业监测与预警体系、中国旅游满意度监测与预警体系、中国旅游经济季度分析等。旅游经济运行预警系统的重点工作目标就是构建旅游经济宏观调控体系，为旅游经济发展的短期工作和长期战略提供数据、报告、理论、知识和思想等方面的支撑。迄今为止，课题组连续四年在每年全国旅游工作会议之前出版中国旅游经济蓝皮书，该报告对过去一年的旅游经济发展进行全面分析，对未来一年的旅游经济运行的主要趋势进行预测。目前国家要求每季度都做旅游经济形势分析并上报，为此，项目组依据国家旅游主管部门的工作计划，做了扎实的基础工作，已经建立了中国旅游经济监测与预警系统、“旅游意愿、行为与满意度调查体系”、CTA500样本企业调查体系以及旅游信息数据库。每季度发布旅游经济形势综合分析报告和全国游客满意度调查报告，按年度发布旅游经济运行分析报告、中国出境旅游发展年度报告、中国旅游集团发展年度报告、

中国饭店业发展年度报告和中国区域旅游发展年度报告，等等。根据学科建设计划，课题组还将在现有数据的基础上，逐步推出入境旅游、旅行社、景区、旅游投资等领域报告以及例如“旅游业发展的浙江模式”等专题报告。

总的来说，现有旅游经济运行预警研究重点成果的转化形式包括以下几种。

（一）内参

即按季度向旅游主管部门报送的旅游经济运行分析报告，包括旅游经济运行总体判断，产业、市场和区域旅游分析，趋势分析和工作建议等。内参是专供政府领导层判断问题、决策、处理问题的参考材料。通过旅游内参形式，将旅游经济运行的最新动态、重大问题和敏感问题、趋势预测及时向决策者反映出来，并通过预警系统研究的科学研判影响政府部门有关旅游发展的宏观政策。

（二）总报告

包括月度监测报告、季度分析、年度分析、五年规划、十年展望等不同时间要求的研究报告，这些研究报告是定期的，具有发展环境、市场基本面、产业基本面、区域旅游等方面的详细的分析内容。

（三）应急报告

即根据特定的需要开展专题研究形成的报告，如 2010 年的人民币升值的旅游影响报告，2008 年奥运会、2010 年世博会、2010 年亚运会的旅游分析报告，以及针对“圣诞、元旦、春节”期间的旅游市场分析报告，此外，还有“五一”、“十一”等（小）黄金周的旅游市场预测，等等。

（四）专题报告

即针对旅游行业、区域旅游、旅游市场等编制的专题报告，如旅游电子商务发展报告、旅游企业景气指数等。

（五）旅游经济蓝皮书

该报告是在大量调查研究和实证研究的基础上，对当期旅游经济运行进行分析，并预测下一期发展趋势，内容包括旅游经济运行总体分析与发展预测、旅游市场特征与趋势、全国游客满意度分析、旅游产业发展分析与预测、区域旅游发展分析、台港澳旅游发展分析与展望、全球旅游业发展态势与预测、突发事件对我国旅游业的影响及对策建议。

（六）新闻稿

旅游经济监测与预警系统课题组根据新闻媒体的需要，将主要研究结论和研究要点进行总结提炼而形成的公开发布材料。

表6－1　2011年上半年旅游经济运行分析

发布会新闻稿

2011年7月6日，中国旅游经济运行分析课题组在京发布2011年上半年旅游经济运行报告，认为上半年我国旅游经济发展环境相对有利，总体上保持平稳较快运行，国民旅游市场快速增长，旅游产业景气持续提升，区域旅游发展活跃。

上半年旅游经济保持平稳较快发展势头

预计上半年我国旅游接待总人数为14亿人次，按可比口径，同比增长12%；实现旅游总收入1.1万亿元，按可比口径，同比增长20%。上半年国内旅游人数为13.3亿人次，按可比口径，同比增长12.6%；国内旅游收入为9300亿元，按可比口径，同比增长23%。入境旅游人数为6600万人次，同比增长1%；入境过夜旅游人数为2750万人次，同比增长1%；旅游外汇收入为225亿美元，同比增长3%。出境旅游人数为3200万人次，同比增长19%；出境旅游花费为280亿美元，同比增长17%。旅游服务贸易逆差为55亿美元。

对下半年旅游经济发展趋势判断：谨慎乐观

旅游经济运行显示向好的趋势。有利因素主要有世界经济发展相对平稳，企业家信心较高和投资增长较快，居民旅游意愿回升以及下半年旅游热点较多等。不利因素主要是宏观经济的不确定性因素以及宏观调控效应下半年有可能传导至旅游领域。总体上支撑旅游消费的基本面没有改变，我们对下半年旅游经济运行持“谨慎乐观”的评价。

下半年旅游消费热点多

下半年旅游消费热点将会较多。暑期市场、建党90周年和红色旅游热、国庆黄金周以及中国旅游日等政策带来的后期效应将有力地带动旅游市场增长。海峡两岸航班大幅增长和台湾自由行的实施、京沪高铁开通等将形成多个区域性旅游热点。旅游产品创新、团购兴起、旅游企业并购整合和信息技术的持续应用等将使产品越来越丰富，为出行带来更大的便利。

全年发展任务可以实现

报告认为，今年国内旅游市场将超过预期，出入境旅游市场将实现年初目标。预计2011年国内旅游人数为25.5亿人次，按可比口径，比年初目标增加2.5亿人次，同比增长12%；国内旅游收入为1.9万亿，按可比口径，比年初目标增加5000亿元，同比增长20%。维持出入境旅游的发展目标。即入境旅游人数1.38亿人次，增长3%；入境过夜旅游人数5850万人次，增长5%；旅游外汇收入495亿美元，增长8%。出境旅游人数6500万人次，增长13%；出境旅游花费550亿美元，同比增长14%。预计全年旅游总收入2.2万亿元，按可比口径，比年初目标增加5000亿元，同比增长12%。

（七）旅游经济周报

由于旅游企业调查工作需要与企业高层主管建立长期稳定的关系，因此旅游经济运行分析课题组将可以公开的旅游经济动态按一定的周期制作成“旅游经济周报”（见表6-2），发送给填报旅游企业调查问卷的企业或其联系人以及其他合作方。

表6-2　旅游经济周报的发布时间和内容（2011年第一季度）

2011年	星期	主题内容
1月3日	一	2011年旅游经济趋势预测
1月10日	一	2011年旅游企业家信心和企业景气分析
1月17日	一	2010年全国游客满意度调查报告
1月24日	一	2011年旅游发展环境趋势预测
1月31日	一	2011年区域旅游发展预测
2月7日	一	2011年国内、入境和出境旅游市场预测
2月14日	一	2011年旅行社业发展预测
2月21日	一	2011年饭店业发展预测
2月28日	一	2011年景区业发展预测
3月7日	一	2011年旅游集团发展预测
3月14日	一	专题报告
3月21日	一	2011年第二季度旅游意愿调查报告
3月28日	一	专题报告

（注：旅游经济分析按季度进行，每个季度大约有13周，因此每个季度需要编制13期旅游经济周报，周而复始。一般是周一完成编制）

以上为旅游经济运行监测预警研究的重点成果转化形式。同时，针对不同的受众对象和发布平台，监测预警内容分为三类。涉密内容以内参形式报领导参阅；涉及企业经营数据的内容在符合《统计法》的前提下，在一定范围内使用；综合性指数对全社会公布。此外，还以国家旅游局《旅游要闻》、《旅游内参》和信息快报等形式，向中央和地方旅游主管领导和部门递送重要研究成果。适合公开和用于国际交流的成果，将递交世界旅游组织等国际旅游机构，以及与中国签署ADS协议的国家政府部门。

三、政策转化的社会影响和经验

成果发布是旅游经济运行预警系统的主要应用方式，同时它也是一项比较复杂的系统工作。根据中国旅游经济监测与预警系统的工作安排,课题组在数据采集和调查研究的基础上,以多种平台和形式向政府部门和社会公众发布旅游经济运行报告,以推动研究成果政策转化的社会影响。

(一)政策转化的社会影响

1. 主要成果的发布时间和主题

根据宏观调控部门的要求以及业界需要,旅游经济运行报告编制的完成时间一般是季度结束前10天左右。旅游经济运行分析和趋势预测的发布时间以季度结束前后10天内为宜。目前,国内主要经济运行预测机构、联合国世界旅游组织等的预测报告均在这一时间段发布。

表6－3　旅游经济运行监测指标的发布时间

发布内容	指标	更新频率	发布日期
旅游经济形势分析	总人数、总收入	季度	季度末
国际旅游市场	市场	月度	月度末
旅游产业	产业	季度	季度末
旅游意愿	旅游意愿	季度	季度末
游客满意度	游客满意度	季度	季度末
旅游企业家信心	指数	季度	季度末
旅游企业景气	指数	季度	季度末
区域旅游景气	指数	季度	季度末
	统计	月度	月度末

一般地,旅游经济运行分析的成果发布主题与该季度的总报告相同。以2010年为例,四个季度的发布会主题分别为:2010年第一季度的旅游经济运行分析和上半年趋势预测,2010年上半年旅游经济运行分析和下半年趋势预测,2010年前三季度旅游经济运行分析和全年趋势预测,2010年旅游经济运行分析和2011年趋势预测。

2. 发布平台和方式

目前的主要发布平台包括以下几个方面。举行发布会,即通过中央电视台、旅游卫视、人民网、新华网等对发布会过程进行现场直播和视频录制;通过电视台播发新闻报道和专题采访;在主要门户网站和旅游网站发布新闻稿;通过手机报、《旅游内参》等渠道发布。总的来看,应在报纸、广播、电视、互联网、杂志和手机等媒体上发布消息,这些媒体具体有中央电视台、旅游卫视、新华社、人民日报、中国旅游报、中国旅游网、经济日报等。

发布方式主要有以下几种。(1)业内宣讲:利用全国旅游工作会议、全国旅游局长研讨班等场合在旅游行业内宣讲研究工作和研究成果。(2)发布新闻:在中国旅游报等平面媒体上发布项目背景、项目方案以及预期成果等。(3)访谈节目:邀请课题组负责人和专家在中央电视台新闻频道制作一期访谈节目,并在中国旅游报上刊载。(4)季度发布与系列评论:根据实际工作,编制季度调研报告,并形成系列评论,在媒体上进行发布,使得社会各界能够了解项目正在推进的情况以及相关研究成果。重点是介绍各项调研成果。(5)旅游内参:以旅游经济运行分析结果为主,撰写关于旅游经济形势和趋势预测的旅游内参。(6)学术成果:就调研的成果形成系列的学术论文,向学术界发布旅游经济运行调研方法和研究的成果。(7)会议研讨:就调研的阶段性成果,邀请行业主管领导、地方领导、学者进行多次的研讨会议。

而且,每次发布会之后,除了将发布会的消息登报或上网之外,还及时地将发布会的主题发言稿、发布成果资料、专家讨论情况以及记者观众提问等加以整理成册,方便课题研究成果的进一步推广和对外交流。也及时把相关研究结果反馈给相关企业。

3.政策转化的社会影响

由于调查主体的权威性、调查方式的科学性,加上新华社、中央电视台、人民网、新华网、中国旅游报、中国旅游网、搜狐网等官方和大众媒体的强势介入,本研究项目的实践推广引起了社会各界的高度关注。

(1)国内影响。

在国内,旅游经济监测预警工作不仅受到相关政府部门和旅游主管部门的直接关注,一些地方政府也开始注重本地旅游经济的监测预警工作,目前北京、山东等地已经和研究院合作着手进行区域层面的旅游经济监测工作。而游客满意度调查等项目的深入开展在广大游客和社会各界获得了广泛的认可与支持,越来越多的城市关注此项目的开展,并创造性地将之转化为新时期旅游工作的重要抓手,更加关注城市旅游公共服务体系的建设,关注城市运营质量的总体提升,创造性地开展了若干工作举措。例如,成都市人民政府通过市领导主持的工作调度会把游客集中反映出来的问题分解到相关部门、区县政府和重点区域的管理部门。郑州则由此成立了"城市形象提升办公室",有专门的办公地点、专门的人员编制,把城市和各区县的满意度调查结果直接向市委市政府主要领导汇报。承德把游客满意度提升工作纳入国际旅游城市建设的工作框架内。延安则是开展了声势浩大的旅游环境质量大整治活动。重庆把满意度调查结果纳入领导干部的考核指标，浙江、江苏等地则结合本地工作实际独立开展对所辖城市的游客满意度调查。

(2)国际影响。

世界范围内，为了更好地研究中国旅游经济在世界旅游格局中的位势，课题组所在机构广泛开展国际合作，进行国际合作交流。在与国家开发银行签署《推进旅游产业发展战略合作协议》的背景下积极参与了斯里兰卡、津巴布韦等国的国家旅游发展规划和旅游产业经济发展交流项目，相关成果取得了国际认可。2010年游客满意度项目特别获得了联合国世界旅游组织以“政府创新”名义颁发的“尤利西斯奖”。随着本课题研究的不断推进，将为未来进一步深入开展国际比较研究基础上的中国旅游产业运行分析奠定基础，在国际旅游研究领域增强中国旅游学术话语权。

(二)政策转化的工作经验

通过对已有研究文献的梳理，我们发现近年来旅游研究领域的研究成果离产业实践越来越远，而且对于产业层面的研究缺乏建立在实证基础上的具有建设性的研究成果，旅游产业理论建构乏力，有关产业政策的研究又多数停留在政策解读的层次，因此这些研究成果对政策影响甚微。这是课题组开展旅游经济监测预警研究的前车之鉴。究其原因大概有以下几个方面的制约因素：(1)学者和决策者之间没有直接的交流；(2)缺乏搭建科研和政策之间桥梁的知识中介机构；(3)学者的传统知识传播策略影响了研究成果的应用；(4)学术界的传统体制阻碍了学术研究顺利地转化为政策行为。可以说，如何将学术研究成果有效转化为知识生产力，已经成为当前旅游学术研究进一步发展必须解决的重要问题。课题组在探寻旅游学术研究和政策之间的沟通渠道方面初步积累了一些经验。

1. 建立学者和政策制定者之间直接对话的渠道

首先，课题组在数据收集的工作中，征求了专家库中各领域专家对旅游经济形势的判断和观点，作为一项基础数据和指标；其次，课题组的调查、分析结果及其发布，对政府决策具有重要的参考作用；最后，课题组构建了常态化的专家联席分析制度。在旅游经济基础数据和预警计算结果的基础上，与旅游主管部门的相关机构进行联席会商分析，最终确定每季度的分析预测结果。

2. 知识中介机构搭建科研和政策之间桥梁，打造政府智囊

如前所述，阻碍研究成果政策有效转化的一个重要因素就是学者和政策制定者之间

缺少有效对话平台和能为两者搭建桥梁的知识转化机构。其中,知识中介机构指以某种方式在政府机构和学术界之间工作的媒介机构。课题组所依托的研究机构——中国旅游研究院积极承担政府智囊的角色,通过多种方式和渠道主动搭建学术研究界和政策制定者之间的桥梁。通过建立一个开放的平台,广泛团结国内外的学术力量共同促进中国旅游研究的进步和旅游经济的发展。首先,中国旅游研究院长期分设于各地的外设研究机构包括数家分院和研究基地,成为研究院、地方政府和旅游产业信息沟通的重要平台,同时也借此建立了全国旅游学术界的主要阵地和旅游决策部门之间沟通的桥梁。其次,课题组还专门成立了中国旅游专家资料库,整合旅游研究领域的学术资源和专业智力,不仅为本课题的研究也为未来的可持续性研究和政府决策提供必要的智力支持。最后,中国旅游研究院还利用各研究基地依托高校的优势,积极开展国际国内的学术交流与合作,在更为宽广的平台上促成研究成果的政策转化,同时也在更大范围内推动学术研究成果的社会影响。2009 年中国旅游研究院的“全国游客满意度调查”项目获得 2011 年联合国世界旅游组织尤利西斯奖的政府创新奖,这是一种充分肯定。作为政府智库和知识中介机构,中国旅游研究院成功搭建了科研和政策之间的桥梁,在研究成果实现有效政策转化方面在国际范围内取得了广泛影响。

3. 采取非传统的知识传播策略

长期以来旅游学者们直接把他们的想法传达给政策制定者的机会是很少的。在多数情况下,主要是通过出版物、讨论会和研讨会在小范围内传播他们的研究成果。课题组认为尽可能地与政策制定者加强联系是十分重要的,在项目的一开始就要考虑研究成果的传播问题,如前所述,对研究进行传播时制定了对不同受众采用不同传播方法的计划并积极付诸实践。除传统的传播途径外,课题组还积极采用近些年新出现的非传统的传播方法,包括网站、大众媒体以及合作制等积极推动政策转化的社会影响。前文提到的各种发布平台就是很好的说明。又如,课题组与中国领先的综合性旅游旅行服务公司携程旅行网,联合发布了 2011 年国庆黄金周旅游人气排行榜,包括出行人气城市前 10 名、到达人气城市前 10 名、最受欢迎出境旅游目的地排行榜、最受欢迎自由行目的地排行榜。同时,中国旅游研究院、携程旅行网与新浪微博联合进行了“2011 年国庆出游问卷调查”,12000 多人通过微博表达了对国庆黄金周旅游的意见。课题组所在机构与产业组织、媒体机构以及政府主管部门建立了广泛的合作关系,不仅组织参与了课题的研究过程和成果转化,更有效促进了政策转化的广泛社会影响。

旅游经济监测预警研究和实践都是一项长期任务和工作，正是前述研究工作的深入开展和政策转化的积极推广，对中国旅游社会科学建制的完善和合理化发展起到了积极的推动作用。

四、小结

旅游经济监测预警研究是一项应用性很强的系统研究，目前已经取得了很好的政策转化效果。本研究的阶段性研究成果已通过权威媒体举行了多场发布会，课题组持续发布的预警调查数据，转载效果良好，研究报告引起了政府部门和旅游业界的高度关注，旅游经济运行分析报告的发布已经成为各方定期关注的事件，影响的广度和深度持续扩大。总之，“旅游经济监测与预警系统”更加完善和更具影响力，不仅为旅游主管部门的旅游经济形势分析提供坚实的数据和分析基础，还通过发布会等形式公开主要的旅游监测预警数据，为旅游产业健康发展提供了宏观指导。

第二节　影响旅游产业运行的方式与路径

理论研究的意义不仅在于解释现象，更在于指导和推动实践，并在与实践的交互建构中实现理论创新。科学的发展是一个理论与实践互相建构的过程。旅游产业理论必须在服务于实践、指导实践和实践应用的检验过程中实现自身的发展和创新。

一、旅游研究与产业实践

（一）我国旅游研究与产业实践的发展关系

在科学发展观的战略思想指导下，我国旅游理论和学术研究对产业实践的指导和推动作用受到前所未有的重视。但旅游学术界对产业实践的现实关注，特别是对涉及产业发展深层次问题的理论关注还远远不够。始于 1979 年的现代中国旅游业，最初的发展目标是为了解决国家外汇短缺的问题。相应的理论建设也是围绕完善供给展开的，并形成了“入境为主、政府主导、适度超前”的发展方针和“观光团队、资源开发、要素完善”的运作策略。1999 年第一个“国庆黄金周”以后，先是国内旅游，接着是出境旅游发展起来了。整个旅游市场的基础由入境旅游转向国民旅游，而供给方面也由行政主导的公共资源转向市场主导的社会资源为主。自那时起，尽管国家旅游政策和发展战略做了一些相应调整，比如把国内旅游置于更加重要和优先发展的位置，比如更加重视新业态和民营市场主体的作用，但无论是发展理念的阐释，还是发展路径的选择，以及旅游产业未来可能的演化方向，理论建设都明显滞后于时代的发展。如果我们不能站在时代发展的前沿去主动加强理论建设就将面临被旅游产业主体和更大范围内的学术圈边缘化的尴尬境地。

只有来源于实践、依靠实践、为了实践的发展理论才是对现实有建设性的“大理论”。旅游业发展的时代背景要求创造更加适合中国国情和旅情的发展理论体系来指导产业实践，并引领产业发展。按照情景化知识观，在社会科学领域知识往往具有效度边界。我国旅游业起步较晚，发展较快，不仅会遇到西方发达国家曾遇到的普遍性问题，更有发展中国家语境下的特殊问题。经过三十多年的发展，在学习和借鉴世界旅游发达国家的经验和做法的过程中，中国旅游业取得了辉煌的成绩，也探索出一条适合中国国情的产业发展道路。这就是科学把握国民大众的旅游需求，与国家经济社会转型和现代化进程互动，坚持不懈地走市场化和产业化发展道路。旅游业当前和今后一个时期的主要矛盾依然是人民群众日益增长、日渐变化的旅游休闲需求与非均衡的产业结构、相对滞后的商业模式之间的矛盾。这是当代旅游发展理论创新发展的现实基础。

（二）当代产业实践对理论创新的要求

旅游业处于不同的发展阶段，必然会有不同的学术关注。在过去的 30 年中，我国旅游研究先后经历了早期的实践导向，中期更加关注自身的学科建设，近期呈现出学科建设与产业应用并重的格局的过程。经过“十一五”期间的稳定增长，当前我国大众旅游发展的阶段特征更加明显，旅游经济运行进入了全新的战略机遇期。包括国内旅游和出境旅游在内的国民旅游需求成为推动我国旅游经济发展的根本力量，并且稳居市场主体地位。随着一系列利好政策效应的显现，在资本、技术和商业模式创新的推动下，旅游产业运行的基本面更加稳固，市场机制在旅游资源配置中发挥的作用更加明显。由于中国旅游经济持续增长，尤其是在金融危机期间的出色表现和未来的乐观预期，中国正在吸引全球旅游业越来越多的关注。可以说，旅游发展的中国时代已经来临。世界对中国旅游业的关注客观上要求中国旅游学术界通过理论创新和学术交流，向世界传递一个旅游大国的立场和声音。从国际经验来看，旅游学术研究如果不能服务于产业、及时回应产业实践的时代需求，就无法引领产业的发展，也就不可能产生好的理论。事实上，当代发生了根本性变化的产业运行环境已经创造了学术研究的问题情境:如何最大限度地保障公民旅游权利的实现和旅游权益的提升,并经由旅游而提升人民群众的生活品质?如何把旅游业培育成为国民经济的战略性支柱产业和人民群众更加满意的现代服务业?如何从战略上谋划和巩固旅游强国的产业基础,并在广泛的国际交流与合作进程中共同促进全球旅游业的繁荣与发展?这决定了我们的理论研究绝不能仅仅满足于知识演化自身的逻辑自洽,借口带有普世价值的旅游知识观而回避架空旅游发展的重大现实问题。而当前在国内旅游学术繁荣的背后却存在着理论建构乏力的问题。首先,突出表现在支撑产业发展的基础理论领域研究还缺乏有分量的系统研究成果。目前的基础理论研究还主要局限于旅游学科范围内对旅游的起源、本质、旅游诸要素之间的关系等基本问题的探讨,而对于事关旅游中长期发展战略的经济运行质量和长远发展的重大基础性命题研究欠缺,包括"旅游发展为什么","旅游发展依靠什么"、"中国旅游在全球格局中的地位与角色"等问题,学术界还没有给出高屋建瓴的理论阐述。对理应引起理论界高度重视的全局性、战略性理论问题鲜有关注。正是由于缺乏深厚的基础理论指导,学术群体普遍缺乏广阔、深刻和敏锐的研究视野,学术研究不能真正把握产业运行各方的利益博弈态势,难以形成引领产业发展且具有深邃思想的理论体系,更多的学术成果表现为对策性的重复研究或满足于所谓学术规范的理论研究。正是在对国内旅游学术研究与产业实践的关系进行反身性思考的基础上,本研究就旅游经济监测预警研究展开了系统的理论探索和数据累积工作,期待对中国旅游学术的基础理论研究有所裨益,并为未来构建中国特色的旅游发展理论奠定坚实基础。

二、构建旅游科研、产业合作机制

围绕"依托产业、服务产业、引领产业"的目标,构建旅游科研与旅游产业的合作机制是开展旅游经济监测预警研究的重要内容之一。课题组在数据搜集、数据发布和成果分享等各个环节都与相关旅游企业展开了亲密合作,并建立了相应的常态合作机制。目前已形成的主要合作形式有以下几种。

(一)建立旅游企业经营直报系统

如前所述,旅游企业景气调查是旅游经济监测预警研究的重要数据收集渠道和方法。课题组通过与样本企业建立直接联系渠道,开发了旅游企业经营直报系统这一企业季度经营状况远程填报系统,及时获取企业经营状况的季度数据。该系统为企业获取数据提供了简单便利的渠道,可以直接登录中国旅游研究院的网站(http://www.ctaweb.org),点击“旅游企业经营直报系统”进行填报,具体步骤和方法在网站上有详细说明。同时,课题组会为提供数据的企业直接寄送旅游经济监测分析报告,提供详细的预警信息。而且也在网站上定期提供整体经济的分析判断来供所有旅游企业分享,以更好地为整个旅游产业服务。对于来自产业的数据分析结果,课题组采取了审慎的态度,以多种形式进行研究成果的展示,包括旅游内参、研究报告、趋势与变动图表、指示灯等。其中,涉密内容以内参形式报领导参阅,涉及企业经营数据的内容在符合《统计法》的前提下在一定范围内使用,综合性指数对全社会公布。正是在这一企业经营直报系统的合作机制基础上,获取了大量旅游企业景气调查数据,与其他统计数据一起构成了旅游产业数据库的主要内容。

(二)与旅游企业的战略合作

除了与旅游企业在收集数据建立数据库方面的合作外,课题组还与产业内一些颇具影响力的旅游企业,在数据共享的基础上联合研制发布一些旅游景气数据,展开数据调查、分析和发布等全方位的深度合作。课题组所在机构与携程旅行网这一中国领先的综合性旅游旅行服务公司多次联合研发了旅游人气指数。从2010年“十一”黄金周开始,携程旅行网和中国旅游研究院联合发布黄金周“全国人气城市排行榜”、“出境旅游目的地排行榜”、“城市旅游企业景气指数及排行榜”等重要旅游信息。从行业发展层面进一步提升排行榜的权威性,并强化其对旅游行业、市场和消费者的参考价值和指导意义。例如,中国旅游研究院和携程旅行网专家全面研究分析了2011年第三季度中国游客出境旅游统计资料,以及携程旅行网的实际预订与成交量,得出了包括前10位目的地、前10位最受欢迎出境游海岛、前10位最受欢迎自由行目的地、前10位最受欢迎出境游城市、游客选择旅游保险的前10位目的地以及前10位最受欢迎航空公司在内的出境游系列排行榜,并进行深度解读。课题组所在中国旅游研究院与去哪儿网签署《战略合作协议》,以开展一系列研究项目合作,共同推进有益于国家战略、行业规范和产业发展的各种数据指标的完善,更好地研究中国在线旅游的发展趋势。目前双方已经在机票价格趋势报告,游客旅游意愿、行为和满意度调研等方面启动合作。

(三)与旅游咨询机构的合作

为了保障旅游统计数据的权威性和全面性,课题组还非常重视与国内外知名旅游咨询机构的合作,在数据共享的基础上联合发布对特定领域旅游产业经济运行状况的联合监测预警数据。华盛国际(HVS)在全球酒店投资服务领域享有较高的知名度。中国目前拥有14000多家星级酒店和30多万家未定级的住宿机构,国内如此大体量的酒店业迫切需要相应的投资预警系统来引导,才能实现酒店业的持续健康发展。课题组所在机构中国旅游研究院与华盛国际(HVS)合作,发挥双方各自优势,共同研究和发布"中国酒店产业投资年度报告",引导中国整个酒店业的投资方向。

综上,课题组通过与一般旅游企业的直接合作、与主要大型旅游企业的深度合作以及与主要旅游咨询机构的重点合作,保障了旅游经济监测预警工作的顺利开展,同时也保障了经济监测预警研究紧跟产业实践,对产业运行的真实状况和规律以及未来的发展动向做出准确描述。

三、旅游预警研究的产业推动作用

旅游经济监测预警研究不仅有利于政府决策层面理性把握旅游产业的运行态势,建立科学的宏观调控体系和公共服务体系进而推动旅游产业的发展,而且可以直接推动产业的发展。

(一)推动旅游市场主体的培育

中国特色的旅游发展道路是一个市场化和产业化不断发育的过程,人民群众的广泛参与推动了旅游产业30多年来的繁荣与发展。旅游改革特别是旅游企业改革一直逐步本着"国退民进"的原则走市场化的道路,构建真正市场化导向的旅游市场运行主体。现阶段旅游需求的大众化、散客化趋势进一步要求以市场逻辑取代行政逻辑,更加充分地发挥市场机制在旅游企业培育、旅游市场推广、旅游资源开发、地方旅游形象等领域中的主导作用。近年来国家层面提出了把旅游业培育成国民经济的战略性支柱产业和人民群众更加满意的现代服务业,就需要更加充分地发挥市场在旅游业发展中配置资源的基础性作用,以促进旅游业增长方式的转变,提升旅游市场主体竞争力。要加大市场在资源配置中的主导作用,旅游市场主体的培育和壮大是关键。而且没有强大的市场主体,旅游强国就没有产业基础。加大政府扶持和引导力度、营造良好的发展环境、培育大型企业集团、吸引更多社会投资等是当前培育和壮大旅游市场主体的主要方式。而旅游经济监测预警的研究成果不仅可以为政府产业政策的出台提供直接的理论依据,而且旅游经济监测预警结果的发布更有利于为产业投资主体的理性决策提供帮助。课题组的区域旅游经济分析中对典型市场化模式进行了专题研究和模式推广,例如,《旅游业发展的浙江模式》研究报告彰显了加快市场化进程对于推动制度创新实现旅游经济快速发展的重要性。而CTA500指数等产业景气指数的定期发布，对重点旅游产业主体的健康有序发展进行了直接监测和及时反映。产业景气监测中，通过对不同所有制企业经营绩效的监测、饭店旅行社等不同行业景气的监测，对产业的市场化程度和开放度进行了持续深入的监测分析。期望通过经济监测预警工作的开展，直接推动政府管理向公共服务职能的转换，为市场运行主体的健康有序发展营造良好的市场成长环境。

（二）推动产业主体的理性决策

旅游经济监测预警成果的发布有助于提升旅游企业的战略判断力。课题组与大量旅游企业建立了长期的景气调查制度，搜集企业的相关数据和景气判断，并及时把反映产业总体情况的监测预警信息反馈给具体企业，有助于企业及时把握产业动态和发展前景，相应作出经营和投资层面的战略调整。具体来讲，首先，产业景气指数的发布有益于企业了解整个产业的供给态势，而课题组每季度在统计数据分析基础上所作的预警报告中还直接给出了下个时段的企业运行预测以及相关的企业、产业发展对策，为企业决策层提供建议。其次，重点模块的指数信息如出游意愿指数、旅游人气指数等则有利于旅游企业掌握市场动态，及时调整市场发展战略。最后，整体旅游经济景气指数和预警指数则为企业战略决策层从宏观层面整体把握运行态势提供了理性依据。综上所述，在日益激烈的市场竞争环境下，旅游经济监测预警工作的开展有助于推动企业从以往的感性决策向理性决策转变。

（三）推动旅游危机预警和处理机制的建立

旅游业是一个环境敏感性强的行业。近年来随着国内外政治、经济、社会危机事件等频仍出现，世界范围内旅游业危机预警机制的建立也成为热点问题。但因为影响旅游业危机的内源、外源因素错综复杂，且影响存在叠加效应，所以影响了人们对危机传导机制和影响评估的准确把握。如何在日益不确定的国际旅游业发展环境中实现我国旅游产业的又好又快发展，建立和完善风险控制机制、危机预警处理机制等成为未来我国旅游业实现可持续发展的关键。目前我国的旅游危机预警机制尚待完善。近年来，自然灾害和安全事故频发为旅游安全敲响了警钟。相对于常态化的经济监测预警，危机预警更关注突发事件等非正常因素对旅游经济正常运行的冲击和影响预测，因此对危机的有效预警必须建立在对经济常态运行轨迹的把握基础之上，然后估计偏离程度才更有价值和意义。旅游经济监测预警研究的深入开展，首先为旅游危机预警这一专门领域的深入研究奠定了理论基础和分析框架。旅游经济监测预警研究,能够对产业的整体运行和重点领域运行态势进行监测和短期预测,提供了一个专门的旅游预警平台,能够及时将旅游经济波动信息和国内外环境变动因素信息传递给旅游产业主体,并从政策建议的层面推动政府产业间的合作,逐步完善旅游危机预警和处理机制,保障旅游企业旅游业务的安全顺利开展,从整体上加强旅游产业抵御突发事件和抗风险能力。国际范围内,越来越多的重大事件影响到全球旅游业的发展,目前在年度旅游经济监测中课题组已开展该类大事件的专题研究。2009 年世界金融危机中,中国旅游业的出色表现引起世界关注。而当前金融危机动荡加剧已经开始影响世界经济,课题组就欧美经济走势对我国旅游市场、产业面和政策面的影响开展了专题研究。加强该领域的研究,建立以中国为主体的旅游经济运行预警系统、广泛开展国际旅游合作,有利于在世界旅游领域进一步取得话语权。因此,建立旅游经济监测与预警系统,不仅能够动态掌握旅游经济运行的现状,还对旅游经济运行中可能出现的潜在风险进行实时监测并提出警示性建议,对于旅游主管部门制定政策、加强预警、引导产业发展都具有重要价值。

(四)推动旅游产业的可持续发展

旅游可持续发展是当今世界旅游发展的共同议题。旅游业的可持续发展必须建立在科学研判当前经济形势和对未来发展趋势的预测基础上。作为发展中国家,中国需要贯彻低碳旅游、善行旅游等国际共识,更需要关注民生的可持续大众旅游发展模式。我国所处的转型发展阶段特征决定了旅游的可持续发展必须正确处理好保护与开发,质量与速度,以及改革、发展与稳定之间的平衡关系。面向未来,我们需要构建以“人的全面发展”为价值取向,注重社区发展、环境保护和旅游品质提升的可持续发展理论体系来指导产业的可持续发展。这决定了我们一切旅游工作必须建立在对产业发展阶段特征的科学研判的基础上。科学的旅游经济监测和预警必须顾及旅游产业的供给和需求方方面面的发展情况。课题组定期发布的旅游经济监测预警报告中都会有对旅游经济总体运行状况和发展预测、旅游需求特征与趋势、旅游企业发展状况、区域旅游经济运行格局、台港澳旅游发展、世界旅游发展中中国旅游业的位势和旅游行政管理与公共服务体系建设等旅游经济运行的各个层面的深入分析,并提供对策建议和发展预测。其中,需求方面对出游意愿、游客满意度等进行了重点监测和预警。产业方面,也对当前产业发展的热点问题如产业绩效、产业融合、商业模式、产品升级和市场化程度等进行动态分析。通过宏观监测结果的总结分析,课题组提出唯有围绕平民、平稳、平等的发展理念,当代旅游发展的目标和宗旨才能获得社会伦理上的正当性:经由旅游发展实现“更多的国民参与,更高的品质分享”这一指向人民生活和人文关怀的社会目标。在世界范围内,则倡导并践行“为了人类在大地上更加自由、更有尊严地行走”。上述理念和目标,应是旅游可持续发展政策设计的基调。

(五)推动国家战略的贯彻和研究

2009 年 12 月,颁布了国务院第 41 号文件《关于加快发展旅游业的意见》,明确提出要把旅游业培育成为“国民经济的战略性支柱产业和人民群众更加满意的现代服务业”,这标志着旅游业正式进入了国家战略体系。同年我国的国际旅游服务贸易首次出现了逆差,之后则是不断扩大的趋势。事实上,旅游业的创汇功能逐步弱化,国内旅游消费的散客化、自主化的趋势也是越来越明显。新的旅游发展形势决定了我们必须对“旅游发展为什么”,“如何发展”等战略问题给出科学的回答。这便是本研究的根本出发点,在科学研判旅游发展规律和阶段特征的基础上,给出推动国家战略目标实现的科学对策和建议。即一方面需要从市场机制、产业融合机制和现代科技三个关键要素来探索当代中国旅游发展战略路径的选择问题。第一,依靠人民群众的广泛参与,更加充分地发挥市场在资源配置中的基础作用。第二,从政府层面推动产业融合,通过产业链的延伸和完善提升旅游产业竞争力,塑造国家战略性支柱产业。第三,更加注重并发挥现代科技、教育、人才在旅游产业组织中的作用,通过资本、技术、人才和商业模式在不同产业间的流动,加快把传统旅游业改造成为现代服务业。另一方面需要建构中国特色的旅游发展保障体系,具体包括建立以旅游法为核心的国家意志体系,建立适应大众旅游发展要求的旅游经济运行宏观调控体系;建立以游客满意为导向的微观监管体系,建立以科技、教育、人才为支撑的基础保障体系,建立面向未来的旅游可持续发展理论体系。

四、小结

中国旅游产业的发展实践为旅游理论研究提供了丰富的现实土壤。旅游研究需要继承与产业发展共进退的学术传统,关注产业发展的现实问题。中国旅游经济监测与预警系统研究正是秉承“服务产业、引领产业”的学术使命,在进行严谨系统的理论创新的同时,加强了研究成果的产业应用转化。由于社会需求较大,本研究加大了产业服务工作。在旅游行业会议上介绍旅游经济形势,向旅游企业发送旅游经济分析报告,编制和发送调研资料《旅游经济周刊》,编制旅游企业 20 强排名等。同时,为全国性产业会议提供学术支持,与中国旅游协会共同举办旅游发展论坛。与携程、华盛等知名企业开展战略合作。此外还通过专题调研、编制行业报告、出席研讨会、发表文章等形式不断扩大研究成果在产业的影响。

第三节 研究局限与理论创新方向

旅游经济监测与预警研究扩大了旅游经济分析的领域,根据旅游经济分析的要求和宏观部门的实际需求,系统地形成了相应的系统分析方法,而非单一的市场分析或产业分析。本项目研究对于整体把握旅游经济动向,促进旅游经济发展,加强旅游管理工作等方面具有重要的现实意义。但目前,旅游经济监测与预警系统研究工作尚处于应用检验阶段。这一阶段特征决定了我们的研究成果还有很多的局限性。这包括在指标体系完善、数据的采集和处理技术、指数计算方法、景气指数的完备性、模型的改进、预警领域的深入拓展、旅游经济监测预警理论体系的完善等方面存在若干需要进一步解决的问题。这些问题有待于研究和实践应用的进一步深入开展以及统计数据的不断完备来解决,未来的旅游经济监测预警工作需要在预警模型方法的精密性、先行指标的研究等重点领域进一步深化理论研究。

一、研究局限

旅游经济监测预警工作是一项系统工程。它的建立和完善需要3~5年的时间,大致要经历三个阶段逐步推进,逐步实施。第一阶段是起步阶段(2009年1—12月)。主要构造一套指标体系,建立数据采集机制,初步建立旅游经济监测与预警系统。考虑到当时的数据基础和技术支持条件,并根据应对金融危机的实际需要,有重点地突出监测指标和预警指标。主要工作内容包括:(1)准备工作。包括确定指标、构建模型、确定方法,召开研讨会、开展学术交流等。(2)建立预警系统。包括学术支撑系统、数据采集系统、数据分析系统、信息显示系统和信息发布系统等。(3)建立工作制度和组织保障。(4)开展目的地经济指标监测与预警前期研究,收集相关数据,为时机成熟时进行发布做好准备。(5)开展休闲市场监测与预警前期研究,为落实“三定方案”关于指导休闲度假和《国民休闲发展纲要》提供支持。(6)进一步优化工作方案,增强可操作性,确保整体方案能够顺利推进。(7)制订2010年至2011年研究计划和具体工作方案。第二阶段是建设阶段(2010年1月—2011年12月)。根据已经建成的数据库,开发出一些有监测和预警作用的相对值指标,如区域比较、国际比较、行业集中度等,从而更加全面、深入、准确地反映旅游经济运行情况。同时开展项目的应用开发与服务工作。第三阶段是完善阶段(2012年1月—2014年12月)。在前面两个阶段的基础上,深入研究、论证本系统,进行复杂开发。在完善预警服务的同时扩大其影响力。完善全球旅游经济预警和面向旅游者的预警功能。上述旅游经济监测预警工作的阶段性特征决定了目前我们的理论研究在以下几个方面存在一定的局限性。

(一)景气指数和指标体系的局限性

总体上看,本研究建立的旅游经济预警模型涉及的指标体系基本涵盖了旅游经济运行的主要方面。但由于旅游经济监测预警体系庞大,部分景气指数和相应的指标体系还不完备,有待进一步的理论研究和数据准备才能最终建立起来。要确定究竟哪些指标能准确刻画旅游经济运行的方方面面,并取得专家和业界的认同,需要不断地测试预警模型,更需要根据宏观调控目标和旅游经济环境的变化作出灵活调整。而我国旅游统计方面较薄弱的数据基础则给合成指数的编制带来了现实困难,部分经济指标囿于数据的完备性欠缺需要在未来月度或季度数据累积到一定阶段后方可纳入景气指标体系。一般来讲,同一个经济指标必须有当月绝对值、当月同比增长率和累计值,月度数据的序列长度最好在7年以上。大量官方统计数据都只是年度数据,而课题组当前所采集的景气调查数据虽然都是月度或季度数据,但截至目前累计的年限尚短。当前的模型构建只有少数指标建立在历史季度数据的基础上,且只有10年的时间跨度。这已成为影响当前指标定量筛选准确性的主要原因所在。但上述问题也客观说明了在旅游经济监测预警理论的分析框架下加紧相关旅游经济指标数据搜集和整理工作的重要性和迫切性,建立和完善比较科学的旅游经济预警先行指标体系,需要各部门共同努力建立和完善自身的数据库。目前,课题组初步建立了旅游经济运行监测和预警的三级指标体系、相应的具体指标的季度和月度时间序列,以及一些经计算得到的景气指数。这些数据的变动情况,对于旅游系统人员及时了解旅游经济各方面的运行和动向,具有重要参考意义。只有数据资料完善了,对经济的预测才有可能更加准确。下一步将继续完善指标和景气指数设计,健全指标体系,逐步完善先行、一致和滞后指标体系,以及产业模块、发展环境和市场模块等领域的景气指数和相应的指标体系。

（二）数据的采集和处理技术的局限性

巩固各种各样的数据基础，特别是重点完善旅游产业数据库，才能使旅游经济监测与预警结果更加规范、具体、准确，更加符合各方面对预警信息的要求。当前中国旅游经济运行报告的数据来源有三类：一类是统计数据，来自国家旅游局、国家统计局，以及旅游企业等；一类是调研数据，来自产业调查和市场调查；一类是运算数据，来自预警系统各模型的计算结果。数据的获得需要得到各单位的大力支持，同时课题组也建立了由一定数量的旅游企业构成的旅游产业数据库和一定样本量的旅游市场数据库，为全面反映旅游经济运行态势和编制季度报告奠定基础。本研究将分散的旅游市场、旅游产业、发展环境等数据有机整合起来，根据研究需要挖掘和完善各项数据，使旅游研究、旅游主管部门和社会各界对旅游经济运行有一个整体的认识。初步建立了我国旅游经济运行的动态数据信息资料库。作为一项开创性的工作，当前的数据采集和处理方面还存在一定的不足：

一是数据采集的问题。模型的几十项指标和相应数据，需要通过组织调查队伍，建立数据库和企业数据直报系统。一些统计数据的采集受制于部门间沟通工作的程序问题在一定程度上影响了及时性，不能纳入景气监测指数的计算。而课题组自行采集的数据在初期一定程度上存在着统计口径不完全统一、数据有缺失等问题。二是数据的处理方面还存在不足。时间序列的数据处理方面，目前采用了主流的移动平均方法、X－11季节调整等，未来针对不同特征的数据将尝试更为先进复杂的处理方法如 X－12－ARIMA 季节调整、TRAMO/SEATS 季节调整等。另外，缺失值的处理、异常值的识别、随机因素的处理、统计口径变化的处理等都有待尝试更为精细化的处理方法。三是一些景气调查的数据尚未得到充分发掘和利用。旅游经济监测与预警研究是一个富有创新性的研究领域。即使在宏观经济领域，经济预警的方法和模型都在探索阶段。而且，旅游经济的科学预警必须建立在大样本的实证数据基础上。随着旅游经济监测预警工作的深入开展，课题组正在累积起越来越丰富的季度、月度景气调查数据。在研究的初级阶段，对现有数据的开发利用还是非常有限的。未来随着研究的深化、模型和方法的完善，累积的产业景气数据必将得到更为充分的开发利用。

（三）模型建构与研究方法的局限性

鉴于本研究的开创性，再加上前述数据和指标设计两个方面的局限性，目前课题组以审慎的态度采用了最为经典的经济景气分析方法作为整个监测预警系统的核心，即景气指数法和综合预警法,其核心是合成指数法。目前受制于时间序列数据的局限性,此传统预警方法的预测功能也受到了局限。因此在抓紧建设数据库的同时,未来需要尝试一些经济领域较为新颖而且多样化的预警模型方法以弥补现有模型缺陷。目前经济领域开始尝试的较为前沿的预警模型可分为计量模型和非计量模型两类,前者有 ARMA 模型、ARCH 模型、VAR 模型、STV 横截面回归模型、MCS 模型、贡献分析法等,后者有神经网络模型、KLR 信号分析法、概率模式识别模型、灰色预测模型等(王耀中等,2004)。每种模型具有特定领域的适用性和优势,因此可以考虑综合使用多种预警模型以增加预测的准确性。考虑到旅游经济固有的关联性、综合性等特征,在数据准备充分的阶段可以采取多维景气分析方法。而且整个旅游经济监测预警系统分为监测和预警两大部分,前者是更为基础的工作,也是现阶段的研究重点,经济预测预警功能的加强是下一步研究工作的重点。

(四)应用与拓展的局限性

旅游经济监测预警研究的应用性很强,完成报告之后,需要让决策部门直观、方便地使用。因此,本研究的成果转化是与研究本身一样重要的工作。预警信息发布是旅游经济监测与预警系统的组成部分。根据国内外经济预警信息(包括数据与资料)发布的一般做法,本研究组在以下两条原则的基础上,开展了发布工作。原则一是分批公布,即成熟一批数据和报告,就公布一批数据和报告,目前课题组提交的大部分数据,是可以公布的数据。原则二是适时调整,即在发布一段时期之后,根据经济形势和实际统计的要求,可以进行适当调整。下一步工作一方面需要深化指数运用,将景气指数成果运用到宏观调控和旅游经济的风险防范之中;另一方面需要进一步开发基于景气分析、操作层与展现层相结合的决策支持系统。

二、研究展望

将宏观经济景气监测和预警理论运用到旅游产业是一项系统创新工程,更是一项探索性研究。现阶段的研究成果在指标体系完善、数据的采集和处理技术、指数计算方法、景气指数的完备性、模型的改进、预警领域的深入拓展、旅游经济监测预警理论体系的完善等方面都有待进一步深化和完善。未来研究的总体思路是以国际化的视野,按预警研究项目的长期建设规划开展工作。未来的理论研究和理论推广工作将更加强调三个“坚持”:坚持国际化,坚持用数据说话,坚持学术和理论创新。要加强国际化数据来源;更加贴近政府工作需要；完善各环节工作，如价格指数、数据维调、细节勘测，如运算编程时摆放应与景气计算模式一致，以易于数据输入。另外对成本、收入等不同性质的数据要进行景气计算确认。此外还需要在以下几个理论研究和应用推广方面实现重点突破。

（一）综合采用多种预警模型

近年来，在宏观经济监测预警研究领域已经出现了更为复杂高端的预警模型和方法，这类方法虽然尚未普及，但其在某些方面所具备的突出优点对于旅游经济监测预警研究仍具有借鉴意义。目前的监测预警模型还不是完全基于计量模型基础的方法，未来可尝试更为高级复杂的经济计量模型针对某些具体指数或者具体预测领域展开研究，使得非模型基础的合成指数法更具有经济理论基础。比如具有用过去值预测未来值优势的 VAR 模型，可以避免对经济理论的较强依赖，将分析变量当作相互影响的动态系统进行考虑，其注重预测的特点对于旅游危机预警具有尝试价值。而需要大样本数据的非计量模型方法——人工神经网络法，可以在大样本的景气调查累积数据到一定程度后作为一种重要的预警方法。它具有较好的模式识别能力，具有容错能力，对数据的分布要求不严格，具备处理资料遗漏或是错误的能力，因而能够克服传统统计方法的局限。或者采取景气指数、预警信号灯系统、人工神经网络三者结合的综合预警方法，加强预警结果的准确性。

（二）先行指标的深化研究

旅游经济运行中的一些问题可以通过一些先行指标率先暴露或反映出来。构建科学的先行指标体系，有利于加强旅游经济监测和预警功能，及时掌握整体经济运行状况和发展趋势，提高宏观调控和产业政策的前瞻性、科学性和有效性。但受统计指标规模、口径、时间跨度以及经济结构变化等因素的影响，课题组的先行、一致、滞后指标的选取采取了定性定量分析结合的方法，当前先行指标的领先性和稳定性不够明显，尚不能准确预测出未来经济扩张或收缩的量级。目前的工作重点还侧重于通过探索性研究广泛搜集数据信息、建立先行指标信息源的基础工作阶段。未来需要在先行指标的数据处理、遴选方法、指标整合、预测范围、指数合成等方面积极进行新的尝试。

（1）先行指标遴选方法的改进。目前采用了国内常用统计学方法，包括峰谷对应法、时差相关分析方法和 K－L 信息量法。灰色关联度法、模糊贴近度法和判别分析法等也是在数据完备基础上值得尝试的方法。

（2）尝试构建多个先行指标体系。鉴于我国旅游业起步较晚，且存在计划经济特征向市场经济转型的阶段性影响因素，我国旅游经济波动不是明显有规则的周期性波动，为确定具有稳定性的先行指标带来了一定难度。在这种情况下，为了增加先行指标对经济波动预测的准确性，可参照美国景气循环研究机构(ECRI)的先行指标体系，增加先行指标数量，尤其是外源性环境因素如政策因素等，分别设立长期先行指标、短期先行指标和先行指标三个大类，用来预测不同时间期限内的经济走向。

(3)先行指数合成方法的研究。目前主要采用了非经济计量模型基础的合成指数方法，宏观经济景气分析领域探索出的更为复杂的基于模型基础的合成指数方法如 VAR - CLI 方法、SW2 - CLI 方法、FHLR2 - CLI 方法、MS - CLI 方法等，以及神经网络方法等对于研究旅游经济先行指数有一定借鉴价值，值得尝试。

(三)加大应用推广研究

旅游经济监测与预警研究不仅是构建中国特色的当代旅游发展理论体系的基础性研究，更对推动我国旅游宏观调控体系建设、实现旅游产业发展的国家战略目标具有重大意义。理论研究与理论实践应用的紧密结合是本研究的一大特点，也唯有本着实证的精神来推进旅游产业研究才能更有效地将旅游理论服务于产业发展的现实需要，才能更真实、更科学地反映出我国当代旅游产业发展的阶段性特征。作为一项系统性研究工程，本研究的成果应用研究也应成为下一步重点推进的研究工作内容。

(1)把旅游经济景气监测纳入中国经济景气监测工作。要形成专门的数据栏目，增加旅游市场和旅游产业关键指标的监测；开展旅游经济景气数据调查、搜集、整理等工作；扩大旅游经济运行报告在国家宏观决策部门、学术界和产业界的影响力。

(2)将旅游业纳入宏观调控分类指导体系，形成政府部门对旅游业的专门调控手段。加强旅游经济宏观调控体系的研究。集中力量将理论研究和行业潜力转化为新时期旅游部门的政策手段。

(3)开展旅游业发展重大问题研究。与宏观部门共同按年度开展旅游业长期发展的前瞻性研究，以报告、研讨会等形式研讨“十二五”转型和旅游业发展等重大问题，在宏观层面讨论旅游业定义、口径及宏观影响因素等。

(4)继续加大全国和区域旅游经济监测与预警力度，深入调研我国旅游业发展中的阶段性重大现实问题。鉴于旅游经济运行态势存在的较强不确定性，政府主管部门要进一步提高对旅游经济运行各方面的及时掌控能力，完善旅游经济运行信息收集系统。对旅游经济运行中存在的供求矛盾等重大问题开展专项调查研究，更加全面深入地了解旅游市场、旅游产业、企业家预期和国内外经济环境变化的情况。

(5)加强旅游经济预警信息的服务工作。对于统计指标变动、市场监测结果和调查研究中形成的各种预警信息和分析报告,要通过预警信息发布平台及时传递给各级政府部门和旅游市场主体,为有效应对市场变化提供信息支持。

三、结论

本研究初步建立和应用了我国旅游经济监测和预警系统,为我国旅游经济运行分析奠定了基础。现阶段的研究已经形成原创、权威的数据库,这是旅游经济研究深化的重要基础工程;构造了一个具有旅游经济运行特征的理论模型,成为旅游行政和产业实际工作所需要的指南;正逐步形成国家旅游行政主管部门的宏观调控工具,协助政府实现职能转型,形成公共服务平台。但局限于研究工作的阶段性和理论深化的渐进性,目前的研究还存在着一定局限性,有待未来进一步完善。除了上述技术层面的工作以外,最重要的是我们对目前的理论和研究工作的系统思考,希望本研究能够成为中国特色的当代旅游发展理论的重要内容,能够对今后一段时期旅游业的发展进行理论上的指导,起到引领产业发展的作用。未来在知识累积的基础上,应该会形成比较完整的、比较宏大的,对整个旅游经济运行都有重要意义的旅游经济监测预警理论体系。

参考文献

著作类:

1. 毕大川,刘树成. 经济周期与预警系统[M]. 北京:科学出版社,1990.

2. 戴斌等著. 论北京旅游产业安全与成长要素[M]. 北京:旅游教育出版社, 2006.

3. 董晓远. 反倾销与产业损害预警评估模型[M]. 北京:社会科学出版社,2008.

4. 范金等编著. 应用产业经济学[M]. 北京: 经济管理出版社, 2004.

5. 方燕,李朝鲜. 中国商品市场景气与预警研究[M]. 北京:经济科学出版社,2007.

6. 纪韶. 中国失业预警——理论视角、研究模型[M]. 北京:首都经济贸易大学出版社,2008.

7. 厉新建,张辉. 旅游经济学:理论与发展[M]. 大连:东北财经大学出版社,2002.

8. 李仲广. 旅游经济学:模型与方法[M]. 北京:中国旅游出版社,2006.

9. 刘春玲. 旅游产业危机管理与预警机制研究[M]. 北京:中国旅游出版社,2007.

10. 宋海岩,吴凯,李仲广. 旅游经济学. 北京:中国人民大学出版社,2010.

11. 王培志. 经济全球化背景下中国产业安全预警机制研究[M]. 北京:中国财政经济出版社,2008.

12. 王林. 不确定性与企业预警研究[M]. 北京:中国社会科学出版社,2007.

13. 王亚星. 2008 中国出口贸易壁垒监测与分析报告[R]. 北京:中国经济出版社, 2009.

14. 余根钱. 智能型中国经济数据库及监测系统用户手册[M]. 北京:经济科学出版社,2007.

15. 张得志. 中国经济高速增长期的充分就业与失业预警研究[M]. 上海:上海人民出版社,2008.

16. 张化中. 价格监测及预测预警[M]. 北京:中国市场出版社,2006.

17. 张健华,王素珍,徐忠,洪波. 金融危机早期预警系统及其在东亚地区的运用[M]. 北京:中国金融出版社,2006.

18. 郑桂环等著. 经济景气分析方法[M]. 北京:科学出版社,2011.

19. 周绍朋,张孝德. 经济安全——预警与风险化解[M]. 北京:国家行政学院出版社,2005.

20. 周阳敏. 企业战略危机预警与应急管理[M]. 北京:经济科学出版社,2007.

论文类:

1. 曹福荣. 旅游业敏感性及危机管理的适当解读——冷静后的再研究与实证分析[J]. 旅游学刊,2011,26(7): 44 ~52.

2. 陈怡宁,张辉,朱亮. 中国旅游经济研究发展与思考[J]. 生产力研究, 2010,221(12):293 ~295.

3. 陈迪红,李华中,杨湘豫. 行业景气指数建立的方法选择及实证分析[J]. 系统工程,2007,21(4):72 ~76.

4. 陈守东,杨莹,马辉. 中国金融风险预警研究[J]. 数量经济技术经济研究,2006(7): 36 ~48.

5. 陈又星,徐辉. 基于模糊数学理论的经济景气监测及其实证研究[J]. 统计与决策, 2010(1): 43 ~45.

6. 戴斌. 旅游中的经济现象与经济学视角下的旅游活动——论旅游经济学学科体系的构建[J]. 旅游学刊,2001,16(4):22 ~26.

7. 戴斌,夏少颜. 论我国大众旅游发展阶段的运行特征与政策取向[J]. 旅游学刊,2009,24(12):13 ~16.

8. 戴斌,乔花芳. 北京市旅游产业结构变迁:理论研究与实证分析[J]. 江西科技师范学院学报, 2005(2):1 ~12.

9. 戴斌,阎霞,黄选. 中国旅行社产业景气周期的指数化研究[J]. 2007, 22(9): 35 ~40.

10. 戴斌,张国胜,沈峰,吕径佳,谷南南. 中国饭店产业景气指数研究[J]. 北京第二外国语学院学报,2008(3):1 ~6.

11. 戴斌，周晓歌，夏少颜. 论当代旅游发展理论的构建：理念、框架与要点[J]. 旅游学刊,2012,27(3):11～17.

12. 党鑫. 韩国经济景气监测预警系统的建立及其意义[J]. 陕西师范大学学报(哲学社会科学版),2007(9):109～114.

13. 董观志,杨凤影. 区域旅游产业化测度体系研究[J]. 地理与地理信息科学,2006,22(3):96～100.

14. 董小君. 美国金融预警制度及启示[J]. 国际金融研究,2004(4):38～41.

15. 范维,张磊,石刚. 季节调整方法综述及比较[J]. 统计研究，2006(2):70～73.

16. 冯润民，韩冬梅，顾宝炎. 基于竞争神经网络的宏观经济预警指标选取研究[J]. 现代管理科学，2009(1):76～79.

17. 冯学钢，钟伟. 我国“长三角”地区民营资本投资旅游业研究[J]. 旅游科学,2007,21(2):37～42.

18. 郭峰. 基于大系统控制的房地产预警系统及应用研究[D]. 重庆大学，2006.

19. 郭国峰,郑召锋. 中国宏观经济先行指数和一致指数应用效果检验与改进[J]. 数量经济技术经济研究,2010(10):131～140.

20. 郭鲁芳. 关于我国旅游业国际竞争力的思考[J]. 旅游科学，2000(2):12～15.

21. 韩振华，王崧. 国内外旅游卫星账户的编制经验与要点[J]. 统计与决策，2009(1):30～32.

22. 贺京同,潘凝,张建勋,卢桂章. 基于模糊神经网络的宏观经济预警研究[J]. 预测，2000(4):42～45.

23. 顾海兵. 中国宏观经济预警的系统研究[J]. 数量经济技术经济研究，1999,10(2):32～40.

24. 顾红. 基于 SCP 范式的我国旅游产业的产业组织现状分析[J]. 湖北经济学院学报(人文社会科学版)，2010(2):36～38.

25. 黄鲁成,周婷婷,徐文璐. 研发产业景气监测与预警[J]. 统计与决策(理论版)，2007,9:39～42.

26. 黄继鸿,雷战波,凌超. 经济预警方法研究综述[J]. 系统工程,2003,21(2):64～69.

27. 黄印林. 地方宏观经济预警模型与算法研究[D]. 重庆大学，2005.

28. 康蓉. 旅游卫星账户与中国旅游经济测度研究[D]. 西北大学, 2006 .

29. 霍松涛. 旅游目的地旅游预警系统研究[D]. 河南大学,2006.

30. 霍松涛. 旅游预警系统的初步研究[J]. 资源开发与市场,2008(5):413 ~416.

31. 韩东,胡锡健. 新疆经济运行状况的监测预警分析[J]. 新疆财经, 1996(5):33 ~35.

32. 韩东林. 转型时期中国国际旅游经济波动:原因、特征及对策[J]. 统计教育, 2006,79(4):23 ~27.

33. 侯科峰. 区域经济景气指标体系研究[J]. 合作经济与科技, 2009(2):16 ~17.

34. 课题组. 中国经济监测预警分析系统的框架与结构[J]. 统计研究, 1993,10(4):8 ~13.

35. 匡林. 中国旅游业周期波动分析[J]. 旅游学刊,2000, 15(2):9 ~17.

36. 雷平. 中国外国游客入境旅游市场景气指数的编制与应用[J]. 旅游学刊,2009, 24(11):36 ~41.

37. 厉新建. 旅游经济学批判与框架构建[J]. 旅游学刊,2003(3):6 ~13.

38. 黎洁. 旅游卫星账户的起源、内容与研究进展[J]. 地域研究与开发,2009(1):58 ~61.

39. 黎洁,连传鹏,黄芳. 江苏旅游业固定资产投资对地区经济的贡献[J]. 统计与决策,2008(18): 85 ~87.

40. 李军,保继刚. 旅游经济脆弱性特点与产业联系——基于张家界旅游经济的实证研究[J]. 旅游学刊,2011,26(6):36 –41.

41. 李锋. 基于 BP 神经网络的上市旅游企业财务预警. 沿海企业与科技,2007(6):142 ~144.

42. 李树民,温秀. 论我国旅游业突发性危机预警机制建构[J]. 西北大学学报(哲学社会科学版),2004,34(5):45 ~48.

43. 李仲广. 从形式到实质:旅游经济学之路[J]. 旅游学刊, 2007,22(11):8 ~9.

44. 李晓芳,高铁梅. 应用 HP 滤波方法构造我国增长循环的合成指数[J]. 数量经济技术经济研究,2001(9):100 ~103.

45. 李晓芳,吴桂珍,高铁梅. 我国经济指标季节调整中消除春节因素的方法研究[J]. 数量经济技术经济研究 , 2003(4):147 ~150.

46. 李志青. 旅游业产出贡献的经济分析：上海市旅游业的产出贡献和乘数效应[J]. 上海经济研究,2001(12):66～69.

47. 林刚. 国际旅游服务贸易壁垒与我国旅游业的稳步开放[J]. 社会科学家,2003(3):88～90.

48. 梁留科,周二黑，王惠玲. 旅游系统预警机制与构建研究[J]. 地域研究与开发,2006,26(3):72～76.

49. 梁增贤，保继刚. 传统旅游城市经济系统脆弱性研究——以桂林市为例[J]. 旅游学刊,2011,26(5):40～46.

50. 梁艺桦,杨新军,马晓龙. 区域旅游合作演化与动因的系统学分析——兼论“西安咸阳旅游合作”[J]. 地理与地理信息科学，2004，20(3):105～108.

51. 刘安鑫. 略论我国经济运行状况预警模型的构建[J]. 经济问题，2007(9):28～30.

52. 刘畅,韩金辉，段磊. 浅析旅游企业逆境及预警指标体系的构建——以饭店业为例. 经济论坛,2009(7):116～119.

53. 刘丽萍. 对西方国家时间序列季节调整的几点认识. 统计研究,2001(12):60～61.

54. 刘益. 旅游业对扩大我国最终消费的影响评估及对策分析[J]. 旅游学刊，2010,25(9):27～31.

55. 刘媛华,罗鄂湘,钱省三. 灰色关联度指标分类法在经济预警中的应用[J]. 统计与决策，2007(7):51～52.

56. 罗明义. 论中国特色旅游经济理论的形成与发展[J]. 云南财经大学学报，2009(1):3～9.

57. 罗鄂湘. 产业经济预警研究综述[J]. 统计与决策，2009(3):162～164.

58. 马勇,肖智磊. 区域旅游竞争力的形成机理研究[J]. 旅游科学，2008，22(5):7～11.

59. 明庆忠,白廷斌. 澜沧江—湄公河次区域旅游合作的基本设想[J]. 旅游学刊，1997，17(2):77～81.

60. 明庆忠,陈述云. 关于旅游业构成的新探索[J]. 云南师范大学学报(自然科学版)，1998(1):97～103.

61. 倪晓宁，戴斌. 中国旅游市场景气指数计算与分析[J]. 北京第二外国语大学学报，2007(11):1～4.

62. 秦炳旺. 我国经济型酒店景气指数研究[D]. 华东师范大学，2009.

63. 钱文挥，宋海林. 我国金融风险预警系统设计及监测分析[J]. 经济社会体制比较，2002(1):70～76.

64. 卿前龙. 旅游经济研究中数量模型的应用问题[J]. 旅游学刊，2010，25(12):8～9.

65. 邱丕群. 金融预警系统初探[J]. 统计与信息论坛，1997(2): 20～22.

66. 屈定坤. 宏观经济预警初探[J]. 预测，1987(6):6～9.

67. 任佳燕，张海燕，赵丽霞. 旅游活动测量与 TSA 方法[J]. 中国统计，2001(8):12～14.

68. 任学慧，王月. 滨海城市旅游安全预警与事故应急救援系统设计[J]. 地理科学进展，2005，24(4):123～128.

69. 沈悦，王小霞，张珍. AHP 法在确定金融安全预警指标权重中的应用[J]. 西安财经学院学报，2008，21(2):65～69.

70. 史建平，高宇. KLR 金融危机预警模型研究——对现阶段新兴市场国家金融危机的实证检验[J]. 数量经济技术经济研究，2009(3):106～117.

71. 石良平. 中国宏观经济预警体系的评价与修正[J]. 统计研究，2007，24(1):64～69.

72. 宋亚非，刘国忱，高敬. 我国旅游产业化的条件与素质分析[J]. 财经问题研究，1999(1):23～26.

73. 宋子千，郑向敏. 旅游业产业地位衡量指标的若干理论思考[J]. 旅游学刊，2001(4):27～30.

74. 苏伟忠，杨英宝，顾朝林. 城市旅游竞争力评价初探[J]. 旅游学刊，2003，18(3):39～42.

75. 唐可欣. 基于 BP 算法的金融经济周期预警机制实证研究[J]. 经济问题，2010(11):109～112.

76. 唐小锋，李杜. 我国宏观经济景气监测预警指标体系构建分析[J]. 金融经济，2007(18):26～27.

77. 田纪鹏. 旅游经济结构内涵、特征与内在机理研究[J]. 现代管理科学, 2011(5):74～76.

78. 韦震,王硕. 金融危机预警模型综述以及评价[J]. 经济师,2009(11):201～204.

79. 汪德根. 中国旅游经济的省际比较研究[J]. 经济地理,2001(S1):278～281.

80. 王恩德,陈飞,梁云芳. 辽宁省宏观经济景气分析系统的研究与应用[J]. 统计与决策, 2008(9): 27～30.

81. 王凯,李华. 我国旅游经济发展水平省际差异的空间分析[J]. 地域研究与开发, 2007, 26(1): 63～67.

82. 王宁,刘黎明. 金融风险预警系统设计及实现[J]. 北京工业大学学报(社会科学版),2001(2):2～7.

83. 王守初. 旅游产业研究的理论价值和现实意义[J]. 南方经济,2004(5):11～12.

84. 王新峰. 中国旅游景气指数实证研究[J]. 统计教育, 2010(11): 55～60.

85. 王琪延, 罗栋. 中国城市旅游竞争力评价体系构建及应用研究——基于我国293个地级以上城市的调查资料[J]. 统计研究, 2009, 26(7):49～54.

86. 王耀中,侯俊军,刘志忠. 经济预警模型述评[J]. 湖南大学学报(社会科学版), 2004(2):27～31.

87. 王新峰. 中国旅游景气指数实证研究[J]. 统计教育,2010(11):55～60.

88. 王仲明. 发达国家与发展中国家旅游经济脆弱性比较研究[J]. 福建论坛(经济社会版),1989(11):12～16.

89. 邬爱其. 旅游市场进入博弈分析[J]. 经济问题探索,2000(11):120～122.

90. 吴军. 当代金融预警方法述评[J]. 世界经济文汇,2006(6):41～83.

91. 吴海霞,邢春华,孙婵娟. 运用信号分析法建立我国的金融风险预警系统[J]. 金融论坛,2004(6):51～56.

92. 谢朝武. 我国旅游安全预警体系的构建研究[J]. 中国安全科学学报,2010,26(8):170～176.

93. 徐萍, 成英文. 收入分配制度对我国旅游消费增长的制约[J]. 经济研究导刊, 2010(5):77～81.

94. 杨娥. 国际宏观经济景气循环研究视点与方法进展综述[J]. 生产力研究,2009(3):169～170.

95. 杨钢. 我国旅游业的产业经济分析[J]. 重庆教育学院学报, 2003(3):73~77.

96. 杨丽荣,沈悦,张珍. 金融安全预警指标的权重确定及其实证[J]. 统计与决策, 2008(4):59~61.

97. 杨新军,马晓龙. 旅游产业部门结构合理性的 SSM 分析[J]. 人文地理,2005,20(1): 49~52.

98. 杨英宝,钱乐祥,苗长虹. 旅游竞争研究的回顾与展望[J]. 世界地理研究, 2002, 11(2):88~95.

99. 闫敏. 旅游业与经济发展水平之间的关系[J]. 旅游学刊, 1999(5):9~15.

100. 阎霞. 中国饭店产业景气研究[D]. 北京第二外国语学院,2008.

101. 叶友良. 旅游调查统计研究[D]. 厦门大学, 2003 .

102. 依绍华. 旅游业的就业效应分析[J]. 财贸经济, 2005(5):89~91.

103. 游灏,伍进,张芳,黄艳玲. 星级酒店业景气波动的评价体系研究[J]. 旅游科学,2008(6):20~25.

104. 张斌. 饭店业经济预警系统研究[D]. 桂林理工大学,2010.

105. 张吉林. 旅游业,一个产业化组织的过程[J]. 财贸经济, 1999(2):35~38.

106. 张凌云. 试论有关旅游产业在地区经济发展中地位和产业政策的几个问题[J]. 旅游学刊, 2000(1):11~12.

107. 张凌云. 试论我国旅游业周期波动的复杂性和不规律性——兼与匡林先生商榷[J]. 旅游学刊,2001,16(6):27~30.

108. 张凌云,庞世明,刘波. 旅游景气指数研究回顾与展望[J]. 旅游科学,2009,23(5):21~28.

109. 张华初,李永杰. 中国旅游业产业关联的定量分析[J]. 旅游学刊, 2007,22(4):15~19.

110. 张元萍,孙刚. 金融危机预警系统的理论透析与实证分析[J]. 国际金融研究, 2003(10): 32~38.

111. 张昭玉. 基于移动加权平均综合指数的经济预警模型构建[J]. 商业时代, 2009(27):62~64.

112. 赵怀琼,王明贤. 旅游安全风险系统预警 [J]. 中国安全科学学报,2006, 16(1):17~21.

113. 赵黎明. 经济学视角下的旅游产业融合[J]. 旅游学刊, 2011(5):7.

114. 赵丽霞,魏巍贤. 旅游卫星账户(TSA)-1998 的构建[J]. 统计研究,2001,18(8):13~17.

115. 庄小丽,康传德. 旅游产业结构分析与优化实证研究[J]. 华中师范大学学报(自然科学版),2006(4):629~632.

116. 周开士. 中国经济监测预警系统[J]. 数量经济技术经济研究, 1992(10):51~58.

117. 周新辉,金融危机预警系统研究[J]. 金融研究,1999(2):64~69.

118. 周文丽. 国内外旅游对经济增长影响研究综述[J]. 经济地理,2011, 31(8):1403~1408.

119. 仲彬,陈浩. 金融稳定监测的理论、指标和方法. 上海金融,2004(9):33~35.

120. 仲彬,刘念,毕顺荣. 区域金融风险预警系统的理论与实践探讨[J]. 金融研究,2002(7):105~111.

121. 朱应皋,万绪才. 旅游业国际竞争力定量评价理论研究——全球旅游12强(国)实例分析[J]. 南京财经大学学报, 2003(5):12~17.

122. 邹炜,李兴绪. 构建云南旅游卫星账户 合理测度云南旅游经济[J]. 昆明大学学报,2007, 18(2):42~47.

123. 左冰. 云南海外旅游市场周期性波动问题分析[J]. 经济问题探索,2002(3):85~88.

124. 祝喜,王静,吴郭泉. 旅游安全预警指标构建及应用研究. 技术经济与管理研究,2010(S1):133~137.

英文文献:

1. Andrea Guizzardi, Mario Mazzocchi. Tourism demand for Italy and the business cycle [J]. Tourism Management,2010,31(3):367~377.

2. Archer, B., & Fletcher, J. The economic impact of tourism in the Seychelles[J]. Annals of Tourism Research,1996,23(1):32~47.

3. Barrell R., Davis E. P., Karim D., Liadze I. Bank regulation, property prices and early warning systems for banking crises in OECD countries[J]. Journal of Banking and Fi-

nance,2010, 34(9): 2255 ~2264.

4. Brian S. Duffield. Tourism: the measurement of economic and social impact. Tourism Management,1982, 3(4): 248 ~255.

5. Bruce Prideaux, Eric Laws, Bill Faulkner. Events in Indonesia: exploring the limits to formal tourism trends forecasting methods in complex crisis situations. Tourism Management, 2003,24(4):475 ~487.

6. Carla Massidda, Ivan Etzo. The determinants of Italian domestic tourism: A panel data analysis. Tourism Management. In Press, Corrected Proof, Available online 5 August, 2011.

7. Chi - Ok Oh. The contribution of tourism development to economic growth in the Korean economy. Tourism Management,2005,26(1):39 ~44.

8. Choi Jeong Gil,Developing an economic indicator system(a forecasting technique)for the hotel industry. International Journal of Hospitality Management,2003, 22:147 ~159.

9. Choi, J. G., Olsen, M. D., Kwansa, F. A., Tse, E. C. Forecasting industry turning points: the US hotelindustry cycle model. International Journal of Hospitality Management, 1999,18(2):159 ~170.

10. Christine A. Martin, Stephen F. Witt. Accuracy of econometric forecasts of tourism. Annals of Tourism Research,1989, 16(3): 407 ~428.

11. Chung - Hung Tsai, Cheng - Wu Chen. The establishment of a rapid natural disaster risk assessment model for the tourism industry. Tourism Management,2011,32(1):158 ~171.

12. Chun - Hung(Hugo)Tang, Soo Cheong(Shawn) Jang. The tourism - economy causality in the United States: A sub - industry level examination. Tourism Management,2009, 30(4): 553 ~558.

13. Clare A. Gunn. Amendment to Leiper the framework of tourism. Annals of Tourism Research,1980,7(2): 253 ~255.

14. Crompton, J., Lee, S., & Shuster, T. A guide for undertaking economic impact studies: The springfest example. Journal of Travel Research,2001, 40(1):79 ~87.

15. David B. Weaver. Organic, incremental and induced paths to sustainable mass tourism convergence. Tourism Management,2012,33(5): 1030 ~1037.

16. Dominik Maltritz,Stefan Eichlera. Currency crisis prediction using ADR market data:

An options - based approach. International Journal of Forecasting,2010, 26(4):858 ~884.

17. Douglas C. Frechtling. Tourism trends and the business cycle : Tourism in recession. Tourism Management,1982, 3(4): 285 ~290.

18. Egon Smeral, Stephen F. Witt, Christine A. Wit. Econometric forecasts: Tourism trends to 2000. Annals of Tourism Research,1992,19(3): 450 ~466.

19. Frechtling, D. , & Horvath, E. Estimating the multiplier effects of tourism expenditures on a local economy through a regional input - output model. Journal of Travel Research, 1998, 37(4):324 ~332.

20. Fei Ma,Ziyang Feng. Empirical Research on Real Estate Early Warning System Based on the Theory of System Core and Coritivity:Taking Peking for Instance. Proceedings of 2007 International Conference on Construction & Real Estate Management,2007, 1&2: 653 ~657.

21. Fulai Huang,Feng Wang. A system for early - warning and forecasting of real estate development[J]. Automation in Construction,2005(14):333 ~342.

22. George Athanasopoulos, Rob J. Hyndmana. Modelling and forecasting Australian domestic tourism. Tourism Management,2008, 29(1): 19 ~31.

23. Haiyan Song, Kevin K. F. Wong, Kaye K. S. Chon. Modelling and forecasting the demand for Hong Kong tourism. International Journal of Hospitality Management, 2003, 22 (4):435 ~451.

24. Haiyan Song, Gang Li. Tourism demand modelling and forecasting—A review of recent research. Tourism Management,2008, 29(2):203 ~220.

25. Irène Andreou. A forewarning indicator system for financial crises: the case of six Central and Eastern European countries. Journal of Economic Integration, 2009, 24 (1): 87 ~115.

26. Jan Willem Velthuijsen, Michel Verhagen. A simulation model of the Dutch tourism market. Annals of Tourism Research,1994, 21(4):812 ~827.

27. Jeffery W Gunther, Robert R Moor. Early warning models in real time. Journal of Banking & Finance,2003, 27(10): 1997 ~2001.

28. Jeong - Gil Choi. Developing An Economic Indicator System(a Forecasting Technique)for the Hotel Industry [J]. Hospitality Management,2003, 13(2):119 ~128.

29. Jen - Hung Huang, Kua - Hsin Peng. Fuzzy Rasch model in TOPSIS: A new approach for generating fuzzy numbers to assess the competitiveness of the tourism industries in Asian countries. Tourism Management. In Press, Corrected Proof, Available online 14 June 2011.

30. John T. Coshall, Richard Charlesworth. A management orientated approach to combination forecasting of tourism demand. Tourism Management,2011, 32(4): 759 ~769.

31. Karfunkle, Richard. Statistical Indicators of the Textile Cycle [J]. Business Economies,1969(5):13 ~17.

32. K. Ali Akkemik. Assessing the importance of international tourism for the Turkish economy: A social accounting matrix analysis. Tourism Management,2011,33(4):731 ~1006.

33. Larry Dwyer, Peter Forsyth, Ray Spurr. Evaluating tourism's economic effects: new and old approaches. Tourism Management. 2004, 25(3): 307 ~317.

34. Loyd Stear, Tony Griffin. Demythologizing the nexus between tourism and hospitality: implications for education. Tourism Management,1993,14(1): 41 ~51.

35. Luis Garay, Gemma Cànoves. Life cycles, stages and tourism history: The Catalonia (Spain) Experience. Annals of Tourism Research, 2011, 38(2): 651 ~671.

36. Mario Holzner. Tourism and economic development: The beach disease? Tourism Management, 2011,32(4): 922 ~933.

37. Ming - Hsiang Chen. Understanding the recent US tourism industry cycle. Annals of Tourism Research,2012(40): 423 ~427.

38. Nada Kulendran, Stephen F. Witt. Leading indicator tourism forecasts. Tourism Management, 2003, 24(5): 503 ~510.

39. N Leiper. The Framework of Tourism: Towards a Definition of Tourism, Tourist and the Tourist Industry. Annals of Tourism Research, 1979,64, 6(4):390 ~407.

40. Neil Leiper. Partial Industrialization of Tourism System, Annals of Tourism Research, 1990, 17:600 ~605.

41. Neil Leiper, Industrial entropy in tourism systems. Annals of Tourism Research, 1993,20(1): 221 ~226.

42. Neil Leiper. Why "the tourism industry" is misleading as a generic expression: The

case for the plural variation, "tourism industries" Tourism Management, 29(2):237 ~ 251.

43. Linsheng Zhong, Jinyang Deng, Baohui Xiang. Tourism development and the tourism area life – cycle model: A case study of Zhangjiajie National Forest Park, China. Tourism Management, 2008, 29(5): 841 ~ 856.

44. Mustafa Aka. Forecasting Turkey' s tourism revenues by ARMAX model. Tourism Management, 2004, 25(5):565 ~ 580.

45. Pao, J. W. A Review of Economic Impact Analysis for Tourism and ItsImplication for Macao. AMCM Quarterly Bulletin, 2005, 17: 67 ~ 81.

46. Peter U. C. Dieke. Policies for tourism development in Kenya. Annals of Tourism Research, 1991, 18(2): 269 ~ 294.

47. Rossello – Nadal, Jaume. Forecasting turning points in international visitor arrivals in the Balearic Islands . Tourism Economics, 2001 ,7(4): 365 ~ 380.

48. Rutter, H. and A. Berwert. A Regional Approach for Tourism Satellite Accounts and Links to the National Account. Tourism Economics, 1999, 5(4): 353 ~ 381.

49. Sharma, A. and M. D. Olsen. Tourism Satellite Accounts: Implementation in Tanzania. Annual of Tourism Research, 2005, 32(2):367 ~ 385.

50. Song H. , et al. Tourism Economics Research: A Review and Assessment. Annals of Tourism Research, 2012, 39(3):1653 ~ 1682.

51. Stefan Eichler, Alexander Karmann and Dominik Maltritz. The ADR shadow exchange rate as an early warning indicator for currency crises. Journal of Banking and Finance, 2009, 33(11): 1983 ~ 1995.

52. Stephen L. J. Smith. Defining tourism a supply – side view. Annals of Tourism Research, 1988, 15(2): 179 ~ 190.

53. Stephen L. J. Smith. The supply – side definition of tourism: Reply to Leiper. Annals of Tourism Research, 1991, 18(2): 312 ~ 315.

54. Stephen L. J. Smith. Return to the supply – side. Annals of Tourism Research, 1993, 20(1):226 ~ 229.

55. Sven A. Haugland, Håvard Ness, Bjørn – Ove Grønseth, Jarle Aarsta. Development of tourism destinations: An Integrated Multilevel Perspective. Annals of Tourism Research,

2011,38(1):268～290.

56. Teresa C. H. Tao, Geoffrey Wall. Tourism as a sustainable livelihood strategy. Tourism Management, 2009,30(1):90～98.

57. Teresa Garín－Muñoz, Luís F. Montero－Martín. Tourism in the Balearic Islands: A dynamic model for international demand using panel data. Tourism Management, 2007,28(5):1224～1235.

58. Turner, L. W., Kulendran, N., & Fernando, H. The use of composite national indicators for tourism forecasting. Tourism Economics, 1997, 3(4):309～317.

59. Turner, L. W., & Witt, S. F. Forecasting tourism using univariate and multivariate structural time series models. Tourism Economics, 2001, 7:135～147.

60. Tyrrell, T., & Johnston, R. A framework for assessing direct economic impacts of tourist events: Distinguishing origins, destinations, and causes of expenditures. Journal of Travel Research, 2001, 40(1):94～100.

61. Umut Avci, Melih Madanoglu, Fevzi Okumus. Strategic orientation and performance of tourism firms: Evidence from a developing country. Tourism Management, 2011,32(1):147～157.

62. Wagner, J. Estimating the economic impacts of tourism. Annals of Tourism Research, 1997, 24(3):592～608.

63. Wilson, K. Market/industry confusion in tourism economic analysis. Annals of Tourism Research, 1998, 25(4):803～817.

64. Wong, K. K. F. The relevance of business cycles in forecasting international tourist arrivals. Tourism Management, 1997,18(8):581～586.

65. Vincent－Wayne Mitchell. Using Delphi to Forecast in New Technology Industries. Marketing Intelligence & Planning, 1992, 10(2):4～9.

网站类资源：

1. 中国旅游研究院网站. http://www.ctaweb.org

2. 中国国家旅游局网站. http://www.cnta.com

3. 中国国家统计局. http://www.stats.gov.cn

4. 中国经济景气监测中心. http://www.cemac.org.cn

5. 世界旅游组织网站. http://unwto.org

6. 世界旅游及旅行理事会. http://www.wttc.org

7. 美国旅行协会. http://www.ustravel.org/research/poweroftravel-org

8. STR Global 酒店咨询公司. http://www.str.com

9. 华盛国际(HVS). http://zh-cn.hvs.com/Library/Articles

责任编辑：孙延旭

图书在版编目(CIP)数据

中国旅游经济监测与预警研究 / 戴斌等著. -- 北京
:旅游教育出版社,2013.6

ISBN 978-7-5637-2567-0

Ⅰ.①中… Ⅱ.①戴… Ⅲ.①旅游经济—经济管理—
研究—中国 Ⅳ.①F592.3

中国版本图书馆CIP数据核字(2013)第053772号

中国旅游经济监测与预警研究

戴　斌　周晓歌　李仲广　等著

出版单位	旅游教育出版社
地　　址	北京市朝阳区定福庄南里1号
邮　　编	100024
发行电话	(010)65778403 65728372 65767462(传真)
本社网址	www.tepcb.com
E-mail	tepfx@163.com
印刷单位	北京中科印刷有限公司
经销单位	新华书店
开　　本	787mm×1092mm　1/16
印　　张	13.25
字　　数	187千字
版　　次	2013年6月第1版
印　　次	2013年6月第1次印刷
定　　价	50.00元

(图书如有装订差错请与发行部联系)